찰스 해돈 스펄전의

크리스마스 메시지

찰스 해돈 스펄전 지음
유 지 은 옮김

기독교문서선교회

기독교문서선교회(Christian Literature Center: 약칭 CLC)는
1941년 영국 콜체스터에서 켄 아담스에 의해 시작되었으며
국제 본부는 영국의 쉐필드에 있습니다.
국제 CLC는 59개 나라에서 180개의 본부를 두고, 약 650여 명의
선교사들이 이동도서차량 40대를 이용하여 문서 보급에 힘쓰고 있으며
이메일 주문을 통해 130여 국으로 책을 공급하고 있습니다.
한국 CLC는 청교도적 복음주의 신학과 신앙서적을 출판하는
문서선교기관으로서, 한 영혼이라도 구원되길 소망하면서
주님이 오시는 그날까지 최선을 다할 것입니다.

Sermons about Christmas

Written by
Charles Haddon Spurgeon

Translated by
Yoo Ji Eun

All rights reserved

Korean Edition
Copyright © 2015 by Christian Literature Center
Seoul, Korea

❋ ❋ ❋

보라 처녀가 잉태하여 아들을 낳을 것이요
그의 이름은 임마누엘이라 하리라
하셨으니 이를 번역한즉
하나님이 우리와 함께 계시다 함이라(마 1:23).

Sermons about Christmas

추천사 1

피영민 목사
강남중앙침례교회

    목회자들이 겪는 어려움 가운데 하나는 매년 어김없이 돌아오는 각종 교회의 절기에 어떤 설교를 해야 하느냐 하는 문제입니다. 30년을 목회한다면 한 가지 절기에 대해서 30편의 다른 설교를 해야 한다는 계산이 나오기 때문입니다. 더구나 한 절기에도 주일 낮, 저녁, 수요설교까지 절기 분위기가 이어 진다면 한 절기에 대해서 거의 백편에 해당하는 다른 설교를 해야 하는 셈입니다. 절기에 관한 성경 구절이 무한정 많은 것도 아니기 때문에 같은 구절을 본문으로 해서 다른 설교를 작성해야 하는 현실이 어려움을 가중시키는 것입니다.

    그러므로 설교자들은 다른 설교자들의 설교를 참조하고 배워야 할 필요가 있는 것입니다. 설교 표절이라는 비난을 피하기 위해서 남의 설교를 전혀 읽거나 공부하지 않는다면 그것도 또한 연구부족이라는 비난의 대상이 될 것입니다. 설교자들은 다른 설교자들로부터 배울 수밖에 없는 것입니다. 학자들이 성경 본문에 관해서 해설해 놓은 것과 청중들의 주의를 끌기 위해서 설교를 구성하고, 진리를 표현하고 전달하는 것은 완전히 다른 문제입니다. 그러므로 설교자들은 학자들의 학문적 해석도 공부해야 하지만, 다른 설교자의 설교를 듣고 읽고 참조해야 할 필요성이 있는 것입니다.

스펄전 목사님의 설교는 청중 가운데 속기로 기록한 사람의 수고를 통해서 3500편 이상이 남아있고 시편 강해는 『다윗의 보고』라는 책으로 남아있습니다. 메튜 헨리 목사님의 주석과 스펄전의 설교집은 설교자들의 필수도서로 남아 있는 것입니다. 스펄전의 설교를 들은 영국 국교회 목사가 스펄전의 설교에는 세 가지가 들어 있다고 했습니다.

첫째, 성경을 잘 아는 성경지식,
둘째, 기도가 뒷받침된 감화력,
셋째, 청중의 주의를 끌 수 있는 재치라고 했습니다.

사실 스펄전의 설교에는 이 세 가지가 확실하게 녹아있습니다.

기독교교육학 박사인 유지은 박사가 기독교교육의 기술적인 측면보다도 영적인 내용의 측면을 중요시하여, 성탄절에 관한 스펄전 목사님의 10편의 설교를 번역하여 한국교회에 소개하였습니다.

도마동침례교회 목사 사모로서 목회현장의 경험과 함께 정통적인 신학 교육과정을 거친 학자로서 스펄전의 설교를 영적으로, 내용적으로 이해하고 번역한 번역서이기 때문에 성탄절 설교의 좋은 자료를 원하는 수많은 설교자들에게 큰 도움이 되리라고 확신하며 적극적으로 이 책을 추천합니다.

Sermons about Christmas

추천사 2

장경동 목사
중문침례교회

스펄전 목사는 19세기 영국의 침례교 목사였지만 시대와 교단을 초월한 위대한 설교가 중에 한 분 입니다. 한국에서도 목회자나 신학생 중에 스펄전 목사의 설교집을 한 두 권 정도 읽지 않은 사람은 없을 정도로 그의 설교의 탁월함은 유명합니다. 여러 이유가 있겠지만 그의 설교가 성경 본문에 충실하면서도 결코 건조하지 않으며 심령을 뜨겁게 만들고 감동을 주기 때문일 것입니다.

저는 목회 현장에 있으면서 이런 설교를 하는 것이 쉬운 일이 아님을 깨닫게 됩니다. 여러 다양한 집회에 초청을 받아 말씀을 전하면서 느끼는 것은 요즘처럼 말씀이 넘쳐남에도 불구하고 감동이 없는 시대는 없는 것 같습니다. 다양한 멀티미디어 기기를 통해서 유명하고 덕망 있는 설교를 언제 어디서나 들을 수 있기 때문이기도 하겠지만 홍수가 났을 때 오히려 마실 물은 귀한 것처럼 말씀이 풍성함에도 불구하고 귀한 말씀에 대한 갈급함은 여전히 있는 것 같습니다.

지금 이 시대에 스펄전 목사의 크리스마스에 관한 이 열 편의 주옥 같은 설교가 우리에게 주는 교훈이 무엇인지 생각해보았습니다. 얼핏 이 책은 예수님의 탄생을 전하는 평범한 크리스마스 메시지처럼 보이지만, 이 땅에서 계속 퇴색해 가는 성육신의 소중함과 하나님의 사랑을 다시 한 번 깊이 깨닫게 해줍니다. 특히 3장 "빈방이 없었다"와 8장 "애굽으로부터 불렀다"의 설교는 경제적으로나 정서적으로 그리고 영적으로 너무나 힘든 한국교회 성도들에게 위로와 도전이 되는 말씀으로 들립니다.

목회자의 설교 중 힘든 부분이 바로 절기 설교인데 이 스펄전 목사의 성탄절기 설교는 참으로 메마른 땅에 단비와 같습니다. 추운 겨울 주님의 사랑으로 우리의 마음을 뜨겁게 해주는 스펄전 목사의 열정을 느끼고 싶은 목회자가 있다면 스펄전 목사의 『크리스마스 메시지』를 추천합니다. 또한, 이번 성탄 시즌에 예수님이 전부였던 믿음의 선배의 고백을 듣고 싶은 성도가 있다면 개인적으로 우리 교단 같은 지방회에 속한 도마동침례교회의 담임목사 사모인 유지은 박사가 번역한 스펄전 목사의 이 『크리스마스 메시지』를 추천합니다. 한국교회 모든 성도님들에게 성탄의 축복이 넘치기를 기원합니다.

Sermons about Christmas

| 발간사

찰스 해돈 스펄전 생애와 설교

1. 신앙적 배경과 목회

   오늘날 사람들에게 찰스 해돈 스펄전(Charles Haddon Spurgeon, 1834-1892) 목사가 누구인지 물어본다면 그 대답이 너무 다양해서 놀랄지 모르겠습니다. 대부분의 사람들은 설교의 황태자, 청교도의 황태자로 부르며 유명한 설교가였다고 생각할 것이고, 다른 사람들은 침례교인이였다고 말할지도 모르겠습니다. 또 다른 사람들은 19세기에 영국에 살았던 목사라고 기억할 것입니다. 이 모든 말이 사실이지만, 찰스 해돈 스펄전에 관해 훨씬 더 많은 이야기들이 있습니다.

   스펄전은 1834년 회중교회 가정에서 17명의 자녀 가운데 맏아들로 태어났으며, 조부와 증조부 모두 독립파 교단의 목사였습니다. 이러한 집안 내력은 지금 보기에는 하나도 이상할 것이 없지만, 19세기 중반의 영국에서는 상황이 다릅니다. 그 당시 이런 집안이라는 것은 영국 국교회에 반대하여 비국교도에 헌신했다는 것을 의미했습니다. 그리고 스펄전 목사는 그 시절 영국을 사로잡았던 산업혁명 영향에서 멀리 떨어진 시골에서 자랐습니다.

1850년 1월 6일, 16세가 되던 해에 스펄전 목사는 콜체스터에 있는 프리미티브 감리교(Primitive Methodist) 집회에서 회심하였습니다. 설교자는 이사야 45장 22절 "땅의 모든 끝이여 내게로 돌이켜 구원 받으라 나는 하나님이라 다른 이가 없느니라"는 본문 말씀을 중심으로 "나를 바라 보라"는 제목의 설교를 하였습니다. 스펄전은 이 설교에서 깊이 감동하게 되었으며, 구원의 기쁨과 회심을 느꼈습니다.

비록 그의 어머니에게는 슬픔이었지만 곧 침례교인이 되어 바로 평신도 설교자로 설교를 시작하게 되었습니다. 그는 1852년 워터비치에 있는 한 작은 침례교회의 목사가 되었습니다. 그 후에 설교 천재로 여겨지면서 스펄전 목사는 엄청난 수의 청중을 매혹하며, 시골을 넘어서 런던으로까지 큰 명성을 얻게 되었습니다. 이러한 큰 성공의 결과로 스펄전 목사는 1854년 뉴파크스트리트교회(New Park Street Chapel)에서 설교하도록 초청되었는데, 그의 나이가 불과 19세에 불과하였습니다.

스펄전 목사가 그 교회에서 첫 설교를 했을 때, 200석 규모의 자리를 다 채울 수 없었지만 일 년 안에 1,200석 자리의 교회가 차고 넘치게 되었습니다. 스펄전 목사는 곧 더 크고 넓은 장소에서 설교를 하기 시작하였고, 교회는 더 부흥 성장하여 마침내 런던 중심가의 메트로폴리탄교회는 1861년에 6,000석 규모의 예배당을 완공하게 되었습니다. 1892년 57세의 일기로 이 땅에서의 생을 마칠 때까지 그의 명성은 그칠 줄 몰랐습니다.

1856년에 스펄전 목사는 수산나 톰슨(Susannah Thompson)과 결혼하여 곧 슬하에 쌍둥이 아들, 찰스와 토마스를 두었습니다. 두 아들은 후에 아버지의 뒤를 이어 목회자가 되었습니다. 스펄전 목사는 목회자 훈련학교인 목회자대학(Pastor's College)을 열어 그의 평생에 걸쳐 구백 명이 넘는 설교자를 양성하였습니다. 또한, 그는 불우한 소년 소녀들을 위해 고아원을 건립하였으며 고아들을 교육시켰습니다. 그리고 그의 아내 수산나와 함께 기독교 문서를 편찬하고 배포하는 사역을 성장시켰습니다.

스펄전 목사는 그의 40여 년의 목회사역 동안 천만이 넘는 사람들에게 설교했다고 전해집니다. 그의 설교는 매주 2,500부 이상 발간되어 팔렸고 20여 개의 언어로 번역되었습니다. 그는 135권의 저서를 출간했으며, 완전히 설교와 문서운동으로 복음을 전하는 데 헌신하였습니다.

스펄전 목사의 전 생애 동안 영국은 산업혁명으로 인해 시골 농경사회에서 도시 산업사회로 탈바꿈하고 있었습니다. 사회 전반의 급격한 변화로 여러 어려움과 공포가 영국 곳곳에 도사리고 있었습니다. 이 엄청난 변화의 소용돌이 가운데 공장 노동자나 가게 점원이 되기 위해 도시로 몰려들었던 사람들이 스펄전 목사의 회중이 되었습니다.

그 자신도 작은 시골에서 나고 자라서 거대하고 불친절한 도시로 이주해온 터라 보통사람으로서 보통 사람들의 영적인 갈급함을 뼛속 깊이 이해했습니다. 그는 복음을 친숙하게 만드는 화술가였으며 사람들의 마음속 깊숙이 자리 잡은 필요를 지혜롭게 말하여 듣는 사람으로 하여금 그 말씀을 기쁘게 받아들이도록 만들었던 사람이었습니다.

스펄전 목사가 지금의 마이크나 스피커가 있기 전 시절에 설교를 했던 분임을 잊지 마시길 바랍니다. 다시 말해 앰프의 도움 없이 설교를 하셨던 분입니다. 한번 설교를 할 때 마다 2,000-3,000명이나 되는 청중 앞에서 어떠한 기계 장비의 도움도 없이 설교를 하셨습니다. 그 자신이 강단 위의 증폭기가 되어 설교하셨습니다.

스펄전 목사는 단순히 서서 딱딱한 설교를 읽는 분이 아니었습니다. 설교의 개요를 만들어 놓고, 설교 주제를 즉흥적으로 그때 그때 상황에 맞게 발전시키면서, "보통의 언어로 보통의 사람에게" 전하는 설교를 하셨습니다. 그의 설교는 이야기와 시, 그리고 드라마와 감동이 있었습니다.

그는 생명력 있게 항상 큰 동작으로 단상 위를 성큼성큼 걸어 다니며 설교하셨습니다. 그는 감각적 호소를 통해 설교했습니다. 큰 제스처를 사용하면서 이야기를 표현했으며, 유머를 사용하였고 ,그림 언어를 이용하여 늘 자신의 설교에 큰 활력을 불어넣었습니다. 스펄전 목사에게 설교란 하나님의 진리를 이야기하는 것으로 이를 위해 어떠한 은사라도 마다하지 않고 사용하곤 했습니다.

스펄전 목사의 설교는 풍성한 기도와 말씀 연구로 가득한 그의 영적인 삶에 뿌리를 내리고 있습니다. 그는 신학적, 사회적, 정치적 유행에 현혹되지 않았습니다. 성경이 오직 그의 삶과 설교의 기초였습니다. 그는 성경 본문의 의미를 텍스트 안에서 파악할 뿐 아니라, 각각의 회중의 삶과 연관지어 이해하는 주해 설교자였습니다. 스펄전 목사에게 성경은 살아있었고, 특별히 성도들의 사회적 지위나 경제적 상황 그리고 살고 있는 시대가 어떠하든지 그들의 삶과 밀접한 연관이 있었습니다.

스펄전 목사는 하나님의 계시를 완전히 받아들였습니다. 하나님의 계시란 예수 그리스도를 통한, 성경을 통한, 그리고 자신의 기도와 말씀 연구를 통한 계시를 말합니다. 그에게 계시란 아직 끝나지 않은 행위입니다. 일단 사람이 받을 준비가 되어 있으면 하나님은 여전히 지금도 그 자신을 계시하고 계십니다. 혹자는 스펄전 목사 자신이 신비로웠고, 또 하나님의 비밀들을 기꺼이 그리고 열정적으로 탐구했다고 말하고 있습니다. 그는 칼빈주의적 청교도 신앙을 가졌으며, "이것은 알고, 이것은 모르지만, 분명한 것은 여전히 신뢰할 것이다"라고 편안히 말하면서, 진리와 함께 거하는 삶을 살았습니다. 스펄전 목사의 "감각적 호소의 설교"는 우리에게 도전이 되며 본받아야 합니다.

2. 감각적 호소의 설교

스펄전 목사는 강단에 서기 위한 공식적인 설교 훈련을 받지 못했습니다. 그러나 그는 생생한 연설이라는 자신의 스타일을 개발했는데, 꾸밈이 없으면서도 날카롭고 강하게 교리적이면서 엄밀하게 경험적인 '감각적 호소의 설교'의 대가였습니다. 설교는 성경을 본문으로 한 일종의 기독교적 연설입니다. 설교자의 설교내용이 효과적으로 전달되도록 하기 위해서는 전달기술, 즉 설교 행위가 지적인 터치, 감각적·감성적 터치 위에 놓일 때에 효과를 배가시킬 수 있습니다. 따라서 무엇을 이야기할 것인가 하는 설교내용이 중요한 핵심 사안이지만, 그것 못지않게 중요한 것이 어떻게 이 내용을 감동적으로 전달할 수 있을 것인가 하는 전달기술과 행위의 기법문제입니다.

왜냐하면 설교의 목표는 회중으로 단순히 지적인 만족에 머물게 하는 것이 아니라 궁극적으로 그들의 삶을 변화시키는 데까지 나아가는 것인데, 이것을 가능하게 하는 것 가운데 하나가 곧 감정적인 터치이기 때문입니다. 즉, 설교의 내용을 듣고 웃고, 울고, 감동하는 감정적 터치가 이루어질 때 그것은 회중의 뇌리에 깊이 각인되며 그것이 의지의 변화를 촉진시키는 동력을 제공하기 때문입니다.

따라서 설교자는 설교 내용과 의지의 변화 사이에 중요하게 자리 잡아야 하는 '감동적 수용'을 간과해서는 안 됩니다.

1) 감각적 호소

　설교의 전달행위와 관련하여 중요하게 부각하는 것이 '감각적 호소'(Sense Appeal)입니다. 말하자면 설교에서 감각적인 호소는 회중의 오감(시각·청각·촉각·미각·후각)을 자극하여 설교의 내용의 실감을 극대화하려는 기법으로 회중으로 오감의 터치를 통해 설교의 내용을 경험시키고, 이를 통해 전달의 효과를 높이려는 의도를 갖고 있습니다. 스펄전의 설교는 감각적 호소가 뛰어났습니다.

　감각적 호소를 위해 설교자에게 필요한 기본적인 요소는 무엇입니까?

　아담스(Jay E. Adams)는 이것과 관련하여 지각(Perception), 상상력(Imagination) 그리고 묘사(Description)를 핵심요소로 추천합니다.

　첫째, 지각은 단순히 어떤 사물을 자세히 관찰한다는 것만을 의미하지 않습니다. 감각의 지각이라는 것은 관찰력과 함께 풍부한 지식을 요구하기 때문에 평소의 꾸준한 연구 태도가 설교자들에게 요구됩니다.

　둘째, 종합적인 상상은 일차적으로 관찰된 개념을 확대시킴으로 가능케 됩니다. 이 확대 작업을 통해 우리는 모든 물질적인 실체를 궁극적으로 영적인 진리들과 연관시키는 데에 이르게 된다. 따라서 이 종합적 상상은 데일(R. W. Dale)이 지적하는 것처럼 영상 속에 있는 것을 다듬는 모방과 구분되어야 하며 오히려 이것을 구체화한 것(incarnating)이 되어야 합니다.

　셋째, 사실적인 묘사는 설교자가 설교를 준비하면서 경험한 것을 회중도 동일하게 경험하게 한다는 데 그 핵심이 있습니다. 이를 위해 요구되는 것은 눈에 보이는 선명한 묘사와 풍부한 어휘력이다. 특히 개념적이고 형이상학적인 단어나 표현 대신 단어 자체에 그림이 있는 단어들을 사용하는 것이 바람직합니다. 이상의 세 가지 요소는 적절하게 조화되어야 하며 동시에 각 요소는 철저히 훈련되어야 합니다.

2) 감각적 호소의 종류

(1) 시각적 호소

설교의 전달에서 가장 중요한 것의 하나가 회중을 설교의 내용 속에 동참하게 하는 것입니다. 즉, 설교자가 설교하는 내용을 들으면서 회중은 그들의 마음에 '마음의 그림'(mind painting)을 그리도록 '언어그림'을 시도하는 것입니다. 아담스가 주장하는 것처럼 몸이 육신의 눈으로 쉽게 볼 수 있듯이 마음도 영적인 눈으로 언어그림을 볼 수 있기 때문에 가능합니다.

설교 역사상 감각적 호소의 기법을 가장 완벽하게 설교에 도입한 인물로 찰스 스펄전을 들 수 있습니다.

> 그러나 여기를 보십시오!
> 십자가에 달려 있는 저분을 당신은 보십니까?
> 그의 가슴 위로 고요히 떨구어진 그의 고통스런 머리를 바라봅니까?
> 그의 볼 위로 뚝뚝 떨어져 내리는 핏방울의 원인이 되어 있는
> 저 가시 돋친 면류관을 봅니까?
> 꿰뚫려 갈라진 그의 두 손과 잔인한 두 못으로 거의 쪼개어진,
> 체중을 지탱하고 있는 그의 신성한 발을 당신은 봅니까?
> 갈보리의 십자가, 예수님의 피흘리는 손에서 자비가 뚝뚝 떨어집니다.

겟세마네 동산, 구주의 피 흘린 자국에 용서가 맺힙니다.
부르짖음이 들립니다.
"나를 앙망하라, 그리하면 구원을 얻으리라"
그곳을 보십시오…
당신을 위해 못박힌 두 손, 당신을 위해 피를 뿜어낸 두 발,
그 품이 당신을 향해 열려있습니다.
만일 그대가 어떻게 자비를 구해야 할지 모른다면, 자 여기 있습니다.

이런 시각적인 호소는 단지 사실적으로 일어난 사건이나 인물에만 해당하는 것이 아니라 어떤 상상적인 가상적인 장면들에 대해서도 가능합니다. 이런 시각적인 호소는 회중으로 설교자가 설명하는 사안에 대해 관념적인 수용 대신 '경험적'인 수용을 가능하게 하며 이렇게 일단 회화적으로 회중 스스로 그려낸 설교의 내용은 단지 언어 내용에만 의지하는 관념적·개념적 전달보다 훨씬 강력한 상을 회중으로 간직하게 한다는 점에서 긍정적입니다. 특히, 이렇게 제공되는 그림들은 동작에 의한 움직이는 그림이기 때문에 생동감을 가질 뿐 아니라 그 자체로 분명한 설명을 기도하기 때문에 더욱 극적인 효과를 거둘 수 있습니다.

그러나 여기를 보십시오!
십자가에 달려있는 저분을 당신은 보십니까?
그의 가슴 위로 고요히 떨구어진 그의 고통스런 머리를 바라봅니까?
그의 볼 위로 뚝뚝 떨어져 내리는 핏방울의 원인이 되어 있는
저 가시가 돋친 면류관을 봅니까?
당신은 그 십자가 밑에 무릎을 꿇어야 합니다.

그의 꿰뚫려 갈라진 두 손과 잔인한 두 못으로 거의 쪼개어진,
체중을 지탱하고 있는 그의 신성한 발을 당신은 봅니까?
죄인들이여!
당신은 그가 "엘리 엘리 라마 사박다니"라고 부르짖는
외마디 소리를 듣습니까?
당신은 그가 "다 이루었다"라고 외치는 소리를 듣습니까?
당신은 그의 머리가 죽음 속에 매달려 숙여져 있는 것을 목격합니까?
창으로 꿰뚫린 부분과 십자가에서 내려진 시체를 봅니까?
오, 그대여 이곳으로 오십시오!

(2) 청각적 호소

설교에서의 청각적 호소란 설교에 등장하는 구체적인 인물들의 대화를 표현하는 것뿐 아니라 각양의 소리를 묘사함에 있어 청각적 수용을 극대화시키기 위한 일체의 의성어 사용까지를 포괄함을 의미합니다. 스펄전 목사는 간접적인 청각적 터치를 자연현상이나 일반적인 청각적인 현상들을 실감 있게 묘사하는 방식으로 사용하였습니다.

만일 우리가 그를 찬양하기를 그친다 해서
예수 그리스도의 이름이 잊혀질까요?
아닙니다. 돌들이 노래할 것이며 언덕이 관현악단이 될 것이며
산들이 양처럼 뛰놀 것입니다.
태양이 합창을 지휘할 것이며 달은 그의 은빛 하프를 연주하면서
그 소리에 맞추어 달콤하게 노래할 것입니다.

별들은 그들의 율동적인 코스에 따라 춤출 것입니다.

  그림을 그리는 작업인 시각적 어필과 마찬가지로 청각적인 어필도 자연스럽게 회화적인 효과를 동반하면서 거기에 사용된 소재의 실감을 더해주기 때문에 이 두 가지 기법은 대개 병행해서 사용됩니다.
  당신의 손과 발을 묶고 있는 천사가 단숨에 깊은 구덩이로 당신을 데려갑니다. 그는 당신에게 아래로, 아래로 내려다보라고 명령합니다. 밑바닥이 없습니다(여기까지는 시각에의 호소입니다. 이제는 귀가 활동하게 됩니다). 당신은 심연(深淵)으로부터 올라오는 음산한 신음소리와 동굴에서 울리는 듯한 끙끙거리는 소리와 고문당하는 유령들의 찢어지는 듯한 비명 소리를 듣습니다(지금부터는 두 요소가 상호 교차하여 사용됩니다).

> 당신은 떨며, 당신의 뼈는 촛농처럼 녹고,
> 당신의 골수(骨髓)는 당신 속에서 흔들립니다.
> 지금 당신의 힘은 어디에 있습니까?
> 또한 당신의 자랑과 허세는 어디에 있습니까?
> 당신은 외마디 비명을 지르며 울부짖고 자비를 애걸합니다.
> 그러나 그 천사는 놀라운 한 손아귀에 당신을 재빨리 움켜쥐고
> "가라, 가라"고 소리치며 힘껏 아래로 당신을 내던져 버립니다.
> 그러면 당신은 밑바닥의 휴식할 장소를 결코 발견하지 못할
> 저 아래쪽으로, 아래쪽으로, 아래쪽으로 영원히 굴러
> 당신은 내던져 버려지게 됩니다. 내려가게 됩니다.
> 지옥으로 떨어집니다.
> 저주받은 자들이 고통의 불타는 쇠사슬 소리를 쩔렁쩔렁 낼 때 그들은

"영원히"라고 말하게 될 것입니다.
고통 속에서 외치는 그대의 끊임없는 고함소리가
하나님의 마음을 움직일 수 없을 것이며,
그대의 신음소리와 짠 눈물이 당신을 동정하도록
하나님을 움직이지 못할 것입니다.
그러나 당신은 먼 곳으로부터
증상과 냉소의 으르릉거리는 소리를 듣습니까?
포근히 싸여있는 북 같은 우리의 심장이
무덤을 향한 장송곡에 맞춰 뛰고 있습니다.

(3) 촉각적 호소

촉감이란 것은 접촉하여 뜨겁거나 찬 온도에 의해 견고하거나 부드러운 혹은 습하거나 건조한 밀도에 의해 거칠거나 고른 피류의 바탕에 의해 혹은 고통과 같은 감각 등에 의해 활동됩니다. 촉각적인 호소라는 것은 이런 촉감을 회중이 느끼도록 묘사하는 기법입니다. 이것은 앞의 시각적, 청각적 호소와 비교해 볼 때 상대적으로 그리 자주 사용되지 않는 기법이지만 설교내용을 현재화시키고 '실감나는 전달'을 위해서는 적극적으로 설교에 도입되어야 합니다.

스펄전 목사는 그의 설교에서 촉각적인 호소를 적절하게 사용하였습니다. 특히 그는 회중으로 촉감을 느낄 수 있도록 '터치'에 많은 주의를 기울였습니다.

마음은 매우 미끄럽습니다!

그렇습니다.

마음은 모든 복음의 낚시꾼들이 잡기에 괴로움을 주는 고기입니다.

뱀장어처럼 미끈둥거려 당신의 손가락 사이를 미끄러져 나갑니다.

특별히 촉각적인 호소는 인간의 고통의 문제나 환희 등을 표현할 때 매우 유용하게 사용할 수 있는 기법입니다. 설교의 내용과 촉감적인 터치를 연결지어 설명하면 더욱 효과적인 전달이 가능합니다.

당신의 손가락을 내미십시오.

사랑하는 여러분!

당신의 손가락을 내미십시오.

당신의 손가락을 내미십시오.

당신이 믿음의 기도나 혹은 소망으로

주님과 접촉할 때까지 가버리지 마십시오.

(4) 미각적 호소

미각적 호소란 혀로 느낄 수 있는 감촉과 관련된 것으로 짜고, 쓰고, 맵고, 시고, 단 혀의 촉감을 설교에 도입하는 기법입니다. 설교의 내용에 따라 모든 미각적인 현상들을 다 취급할 수 있지만 특히 선과 악으로 대별되는 메시지가 주류를 이루는 설교에서는 주로 쓰고, 단 두 가지 미각이 주로 사용됩니다. 스펄전 목사의 설교에서는 주로 유쾌한 것과 불쾌한 것의 두 가지 범주로 미각적 호소가 사용되고 있습니다. 특히 "꿀로 가득 찬

두 손"(Hands Full of Honey)이라는 설교는 미각적 호소가 가장 극명하게 나타난 대표적인 설교라 할 수 있습니다.

> 시들지 않는 것은 기쁨입니다.
> 당신은 해마다 그것을 입 속에 간직할 수 있습니다.
> 그렇지 않다 할지라도 그것은 결코 싫증나게 하지 않습니다.
> 세상의 남자들은 술에 곧 진저리가 나고
> 그리스도인들은 즐거움을 갖고 있는데,
> 그것은 꿀과 같고 꿀벌 집과 같습니다.
> 양손에 꿀을 가지고 잔치를 계속하면서
> 그는 주위에 둘러서 있는 모든 사람들에게
> 하늘의 즐거움을 보이면서 말합니다.
> "오 ! 맛을 보고 주의 선하심을 알라. 그를 믿는 자는 복되도다."

(5) 후각적 호소

후각이란 냄새를 통해 느껴지는 느낌을 말하는 것으로 이 후각적인 느낌을 설교에 도입하려는 시도가 곧 후각적 어필입니다. 일차적으로 후각적 어필에서는 그것이 어떤 냄새이든 설교에서 그 냄새가 회중에게 느껴지도록 묘사하는 것을 말합니다.

후각적인 호소는 이차적인 사용이 가능한데 설교자가 의도적으로 설교의 메시지를 좋고 나쁜 냄새라는 도식으로 나타내는 것이 그것입니다. 가령 복음을 아름다운 장미향기로 묘사한다든지 죄의 부패성을 코를 찌르는 시체 썩은 냄새로 묘사한다든지 어떤 경우이든 비유적으로 끌어들인 후각적인 소재가 생생하게 회중에게 전달되어야 합니다. 스펄전 목사는 특히 이차적인 방식을 그의 설교에 적극적으로 도입하여 복음에 대한 설명을 시도했습니다.

> 그 지하 납골당에는 죽음의 안개로 덮인 습기나
> 마땅히 있어야 할 부패한 공기도 없습니다.
> 일반적인 무덤 속에는 부패하는 유독한 냄새가 있습니다.
> 그러나 그리스도의 무덤 속에는 어떤 냄새도 없습니다.
> 오히려 향기가 있을 따름입니다.
> 한 어린이가 회심할 때 나는 한 가족이 회심할 거란 희망을 갖습니다.
> 은혜는 값진 연고(軟膏)와 같기 때문입니다.
> 그것은 향기를 사방에 뿌립니다.
> 향기로운 향로 상자 하나가 방안에 놓이면
> 그 향기는 곧 온 방을 채웁니다.
> 그리고는 조용히 윗층으로 올라가 윗방으로 들어갑니다.
> 온 집으로 채우기까지 그 일을 쉬지 않습니다.

스펄전 목사는 영혼들을 구원하고자 하는 강렬한 소망이 있다면 그 목적을 이룰 만한 진리들을 전해야 함은 물론, 영혼들을 구원으로 인도하는 데 도움이 될 만한 방식을 사용하여 그 진리들을 다루어야 함을 알았습니다. 설교자는 모든 사람들에게 모든 것이 되어야 합니다(we are to be all things to all men). 그러므로 논리를 따지는 사람들에게는 논리를 제시하고, 명확한 귀납적 사실들과 필수적인 연역적 사실들을 제시하여야 한다고 말했습니다. 그러나 그는 "논리적인 증명을 요하는 부류의 사람들보다는 감정적인 설득의 방법으로 호소할 필요가 있는 사람들의 숫자가 훨씬 많습니다. 이들에게는 이성적인 추론이 아니라 마음의 논리가 더욱 필요하다"고 지적했습니다. 스펄전 목사는 마음의 논리를 다음과 같은 예를 들어 설명합니다.

> 다시는 속을 썩이지 말라고 아들을 타이르는 어머니의 논리나 아니면 집으로 돌아와 아버지와 화해하라고 오빠를 설득하는 누이동생의 논리와 같은 것이 필요합니다. 곧 분명한 논리에 뜨거운 사랑이 생생하게 담겨있어야 합니다.

스펄전 목사의 설교는 청교도적 특징을 많이 갖고 있었습니다. 청교도 설교는 진리에 대한 합리적인 이해를 추구하면서, 그에 못지않게 가슴과 의지를 중요하게 여겼습니다. 그는 청중들의 전인격에 호소하였습니다. 리차드 백스터(Richard Baxter)는 말합니다.

> 인간은 깊은 감동과 영향을 받지 않고서는 그 진리에 따라 살려고 하지 않는다…진리에 대한 이해는 반드시 의지에 영향을 주어야 한다. 그 진리가 열정적으로 듣는 이의 가슴을 향하여 파고들 때 듣는 이의 가슴을 뜨겁게 하며 그렇게 살도록 결단하게 만든다.

스펄전 목사는 마음을 설교자의 소명의 중요한 도구(the instrument)로 보았습니다. 그는 "우리의 일은 그저 정신적인 일만이 아니다. 그것은 마음의 일이요, 우리의 가장 은밀한 영혼의 수고인 것이다"(ours is more than mental work, it is heart work, the labour of our inmost soul)라고 확신하였습니다. 설교는 단지 정신의 일만은 아닙니다. 이 마음의 원리는 스펄전 목사의 설교에 강하게 배어있습니다. 스펄전 목사는 말합니다.

> 나는 우리의 마음 깊은 곳에서 솟아나는 설교를 좋아합니다. 우리의 마음에서 나온 설교가 아니라면 청중들의 마음에 닿을 수 없기 때문입니다.

아담스가 말한대로 스펄전 목사는 그의 설교에서 감각적 호소(sense appeal), 즉 오감을 통해 청중들의 감동을 이끌어내는 설교를 했습니다. 스펄전 목사는 분명한 칼빈주의적 신학과 교리를 가지고 있었지만, 그의 설교는 메마르고 쥐어짜는 설교가 아니었습니다. 스펄전 목사는 깊은 묵상과 고민 없이 교리의 구조에만 맞추어 설교하거나 말씀의 의미만을 잘 정리하여 설교하는 행위를 비판하였습니다. 그는 또한 설교가 너무나 고상한 문화나 심오한 학식이나 언변적으로 나아가는 것을 경계하였습니다. 하지만 그는 설교에서 신학이나 교리의 가치를 무시한 것은 아닙니다. 단지 신학이나 교리가 성령의 사역을 자칫 제한할 수 있는 것을 주의해야 한다고 하였습니다.

스펄전 목사 당시의 설교자들은 회중의 상황과 필요를 고려하지 않고, 오히려 회중의 삶과 무관한 메마르고 지루한 산문체의 설교를 하고 있었습니다. 많은 설교자들은 고전문학에서 화려한 문구를 인용함으로써 그들의 학문적인 실력을 과시하는 경향이 많았습니다. 반면에 스펄전 목사는 모든 사람이 이해할 수 있는 평이하고도 쉬운 구어체를 사용했으며, 회중의 삶과 연관되어 적용할 수 있는 설교를 하였습니다. 그의 설교는 은유, 직유, 이야기, 유추와 이미지로 가득 찬 신선하고도 회중의 마음에 깊이 새겨지며 감동을 주는 설교였으며 풍성한 상상력을 불러일으키는 설교였습니다.

아담스는 『스펄전의 설교에 나타난 센스어필』(Sense Appeal in the Sermons of Charles Haddon Spurgeon)이란 책에서 스펄전 목사가 이야기, 유추, 상상을 어떻게 효과적으로 설교에서 사용했는지 다음과 보여주고 있습니다.

> 당신은 십자가 위에 못 박힌 주님을 상상 속에서 주시합니까?
> 그의 손과 발에서 흐르는 보혈을 보십니까?
> 당신은 그를 보고 있습니까?
> 그를 바라보십시오.
> 만일 우리가 그를 찬양하기를 그친다고 해서
> 예수 그리스도의 이름이 잊혀질까요?
> 아닙니다.
> 돌들이 노래할 것이며 언덕이 관현악단이 될 것이며
> 산들이 양처럼 뛰놀 것입니다.

스펄전 목사는 그의 설교를 듣는 회중이 능동적으로 참여할 수 있도록 이끄는 설교자였다고 할 수 있습니다. 스펄전 목사의 설교가 사람들에게 감동을 주고 변화를 이끌어낼 수 있었던 것은 그가 풍성하고 다양한 상상, 유추, 비유, 이야기 등을 통하여 청중들과 호흡하는 설교를 하였을 뿐만 아니라, 더 중요한 것은 그의 설교는 청중의 정신에만 호소한 것이 아니라 청중의 마음에 호소하였기 때문입니다.

이 설교집에 있는 스펄전 목사의 크리스마스 메시지는 감각적 호소를 충분히 반영하고 있습니다. 독자들이 주의 깊게 읽고 느껴 보시기 바랍니다. 물론 이 책의 각각의 설교들은 스펄전 목사가 자신의 목회 사역 중 각기 다른 시기에 설교한 것으로 각각의 독특한 특징들이 있습니다.

이 설교들은 시리즈가 아니며, 순차적으로 의도되어 만들어진 것도 아니고 하나로 묶을 수 있을 정도로 조화를 이룬다거나 편집된 것도 아닙니다. 대신에 이 크리스마스 메시지들은 설교자인 스펄전을 그대로 반영하고 있습니다. 놀라운 설교가인 스펄전 목사가 독자로 하여금 특정한 이야기, 특정한 사건, 즉 하나님의 특별한 계시를 자신과 함께 경험하도록 인도하고 있습니다. 이 책을 통해 독자들은 스펄전 목사의 성탄절 목소리를 분명히 들을 수 있을 것입니다.

이 설교집 『크리스마스 메시지』를 읽으면서 주님의 목소리를 '들을 수' 있기를 간절히 바랍니다. 말구유에 계신 아기 예수를 만나시기를 바랍니다. 이 귀한 말씀들을 읽는다는 것은 단순히 책 읽듯이 읽는 것이 아니라 듣는 것을 말합니다. 주의 깊게 듣는다면 무수한 세월이 지났지만 하나님의 영원한 진리의 말씀의 메아리인 이 설교가 놀랍도록 아름다운 운율이 되어 독자들의 귀에 들릴 것입니다.

이 설교집을 읽는 독자들은 무엇보다도 시대를 초월하여 우리와 연합하고자 하시는 창조주의 초대를 깨닫고 반응하고자 했던 스펄전 목사의 열정, 그의 헌신, 그의 언어로 풀이된 메시지를 느낄 수 있을 것입니다. 즐거운 크리스마스 계절을 벅찬 감격으로 보내시기 바랍니다.

Merry Christmas!

Sermons about Christmas

역자 서문

유지은 박사

스펄전 목사의 『크리스마스 메시지』(*Sermons about Christmas*)는 2015년 내 인생에 운명처럼 다가왔습니다. 스펄전 목사의 설교집을 번역하는 일은 전에는 한 번도 생각해 본 적이 없는 아니 상상조차 해본 적이 없는 일이었습니다. 가끔 유명한 설교 속에 등장하는 위대한 설교가 중 하나로 여겨졌을 뿐 한 번도 스펄전 목사의 책이나 설교집을 읽은 적이 없었기 때문입니다.

그러나 이 책의 첫 장을 읽기 시작하면서 지금 이 시점에 왜 스펄전 목사의 설교를 읽어야 했는지 바로 이해되기 시작했습니다. 특히 올 여름 전교인 수련회 첫 번째 말씀이 그 당시 번역하고 있던 부분과 겹칠 때는 말할 수 없는 감동이 밀려왔습니다. 또 번역을 위해 정독하면서 왜 스펄전 목사를 위대한 설교가라고 하는지 깨달을 수 있었습니다. 그리고 현재 한국의 기독교인에게 꼭 필요한 말씀이라는 것을 가슴 깊이 느낄 수 있었습니다.

너무 복음만 말하고 예수만 강조하는 하드코어(hardcore)적인 설교는 21세기에 어울리지 않는 것이 아닌가라고 생각했던 적이 있었습니다. "번영신학"이라는 거창한 말을 하지 않더라도, 예수도 흥하고 나도 더불어 같이 흥하는 것을 말하는 설교나, 피곤하고 지친 영혼에게 위로의 메시지를 중점적으로 전하는 설교가 현대인에게 적합하다고 생각한 적도 있었습니다. 미국 유학 생활 내내 들었던 말이 "이민 목회는 위로하는 목회"였습니다. 그런데 한국에 와보니 경쟁이 치열하고 각박한 한국 사회에도 역시나 위로하는 목회가 필요하다고 합니다.

정말 따뜻한 위로의 말씀이 필요한 시대를 사는 것일까요?

그러나 복음은 그렇지 않다고 성경이 우리에게 증거하고 있습니다. 복음은 부드러운 솜사탕 같은 것이 아니라 래디칼(radical) 할 수 밖에 없는 것이기에 설교도 듣기 좋은 말만으로 이루어질 수 없다는 사실을 목회현장에서 알 수 있었습니다. 그리고 지금 이 시간 스펄전 목사도 동일하게 이 크리스마스 메시지을 통해 전하고 있습니다.

크리스마스 시즌이 되면 예수님 생일잔치에 예수님은 찾아볼 수 없다는 식의 너무나 뻔한 크리스마스 이야기로 도배되는 것이 좀 따분하고 식상했습니다. 그렇게 말로만 주장할 것이 아니라 어떤 대안이 있어야 하지 않을까 고민하기도 했습니다. 나와 비슷한 생각을 하는 독자라면 이 스펄전 목사의 열 가지 크리스마스 메시지를 통해 그 답을 찾을 수 있을 것이라 생각합니다. 이 설교를 통해 왜 예수님이 이 땅에 오셔야만 했는지, 그리고 그 일이 나와 무슨 상관이 있는지, 그래서 올해 크리스마스가 왜 중요한 의미로 다가오는지 분명히 알 수 있을 것이라고 생각합니다.

요즘 들어 한국교회를 생각하면 예수 그리스도의 복음에 근거한 사랑과 평화의 긍정적인 이미지보다는 열정도 식고 부흥과는 거리가 먼 무기력한 모습의 부정적인 이미지가 떠오르는 것이 사실입니다. 심지어 한국교회는 세상 사람들의 기대와 신뢰를 져버린 지 오래고, 오히려 그들이 걱정해주는 지경에 이르렀다고 한탄하는 목소리도 들립니다. 사실, 한국교회가 당면하고 있는 어려움에 대해 여러 가지로 이야기하고 있지만 복음에서 멀어져 가고 있는 것이 가장 큰 이유라는 데에는 대부분의 목회자와 평신도들도 공감하고 있는 것이 현실입니다.

이 책은 한국 목회자와 평신도들에게 크리스마스 시즌에 예수님의 성육신을 재조명하면서, 이 복음의 핵심이 바로 한국교회의 위기에 가장 교과서적인 답이라고 말하고 있습니다. 설교를 하는 목회자뿐만 아니라 복음의 능력이 나타나지 않는 한국교회 현실을 걱정하는 모든 성도들에게 이 책이 큰 도움이 되기를 소망합니다.

Sermons about Christmas

목차

추천사 1 (피영민 목사, 강남중앙침례교회)		5
추천사 2 (장경동 목사, 중문침례교회)		7
발간사 : 찰스 해돈 스펄전의 생애와 설교		9
역자 서문		27

1장	첫 번째 크리스마스 캐럴	31
2장	크리스마스에 생긴 한 가지 질문	56
3장	빈방이 없었다	84
4장	크리스마스를 위한 거룩한 사역	114
5장	성육신, 그 두려움의 끝	142
6장	하나님이 우리와 함께 계시다	170
7장	위대한 성탄	198
8장	애굽으로부터 불렀다	225
9장	그가 큰 자가 되고	253
10장	위대한 탄생과 우리의 성숙	282
부록	크리스마스 핵심 성경 구절	309

Sermons about Christmas

1장
첫 번째 크리스마스 캐럴

1857년 12월 20일 로얄 서레이 가든 음악당에서 찰스 스펄전 목사가 전한 주일 오전 설교문이다.

지극히 높은 곳에서는 하나님께 영광이요 땅에서는 하나님이 기뻐하신 사람들 중에 평화로다(눅 2:14).

우리가 천사들을 단지 사랑한다면 괜찮은 일이지만 사랑을 넘어서 경배한다는 건 미신적으로 보이는 일입니다. 가장 강한 천사를 조금만 흠모한다고 하더라도 그것은 죄가 되거나 하늘의 법정에 대항하는 경범죄의 행위가 될 수도 있을 것입니다. 그러나 거룩한 천사들을 우리 마음속 가장 따뜻한 사랑의 자리로 초대하지 않는다면 다소 친절하지 못하고 좋지 않게 보일 수 있을 것입니다. 천사들의 성품을 깊이 생각하고 천사들이 사람들에게 베푼 호의를 중요하게 생각하는 사람은 천사들을 향한 사랑을 억누를 수는 없을 것입니다.

오늘 본문에 언급된 이 찬양은 천사 역사상 중요한 사건 중 하나로 우리의 마음이 천사들과 영원히 연합되기에 충분한 사건입니다. 천사들은 시기심에서 이 얼마나 자유롭습니까! 사실 예수님은 천사들이 죄에 빠졌을 때 그들을 구하러 하늘에서 오신 것이 아닙니다. 가장 강한 천사인 사탄이 하늘의 별의 삼분의 일을 끌어다가 땅에 던졌을 때도(계 12:4), 예수님은 그들을 위해 자신의 보좌를 내어놓지 않으셨습니다. 오히려 마지막 때까지 타락한 천사들이 어둠 속 쇠사슬에 결박당한 채 갇혀 지내도록 내버려 두셨습니다.

그러나 천사들은 인간을 부러워하거나 시기하지 않았습니다. 천사들은 예수님께서 자신들을 높이지 않으시고 아브라함의 자손을 높이셨다는 사실을 기억하고 있었지만 불평하지 않았습니다. 또 축복의 주이신 예수님이 천사의 형상을 취하기 위해 자신을 낮춘 것이 아니라 인간을 위해 아기의 몸을 취하고 오셨다는 사실을 알았을 때에도 기쁨을 표현하는 일에 주저하지 않았습니다.

천사들은 자존심에서 이 얼마나 자유롭습니까! 그들은 양치는 목자들에게 이 기쁜 소식을 전하는 것을 전혀 부끄러워하지 않았습니다. 생각건대 천사들은 그날 밤 양 치던 목자들 앞에서 찬양의 노래를 부르면서 매우 기뻐하였을 것입니다. 아마 우리 주인 되신 예수님께서 로마 황제 앞에서 찬양의 노래를 부르라고 명하셨더라도 천사들은 똑같이 찬양의 노래를 부르면서 기뻐하였을 것입니다.

자존심이 센 사람이라면 왕이나 왕자 앞에서 설교하는 것은 좋은 일이라 여기겠지만 초라한 군중을 대상으로 사역하는 것은 때때로 큰 겸손을 필요로 하는 일이라고 여길 것입니다. 그러나 천사들은 그렇지 않았습니다. 천사들은 기꺼이 자신의 날개를 펴고 즐거이 자신의 높고 영화로운 자리를 떠나서 그날 밤 언덕에서 양 치던 목자들에게 성육신되신 하나님에 관한 놀라운 이야기를 전했습니다.

그리고 천사들이 그 이야기를 얼마나 잘 전달하였는지 주목하여 본다면 여러분들은 그들을 사랑하지 않을 수 없을 것입니다. 천사들은 우리가 재미없고 흥미가 떨어지는 이야기를 말 할 때처럼 우물거리지 않았습니다. 또 자기 자신이 관심도 없으면서 다른 사람의 마음을 움직일 때 하는 가식적인 모습으로 이야기하지도 않았습니다.

천사들은 자신들만이 알 수 있었던 환희와 기쁨으로 그 이야기를 전했습니다. 그래서 그들은 무미건조한 산문으로 전하지 않고, 노래로 전했습니다. 그들은 "지극히 높은 곳에서는 하나님께 영광이요 땅에서는 하나님이 기뻐하신 사람들 중에 평화로다"(눅 2:14)라고 노래했습니다. 천사들은 마치 사람들에게 기쁜 소식이었던 그 소식이 자신들에게도 기쁜 소식인 것처럼 환희의 눈으로 불타오르는 사랑의 마음으로 기쁨이 충만한 가슴으로 노래했습니다. 참으로 그 소식은 그들에게도 기쁘고 복된 소식이었고, 그들의 기쁜 마음이 다른 사람에게도 전달되어 기쁘고 복된 소식 그 자체가 되었습니다.

그러니 어찌 천사들을 사랑하지 않을 수 있겠습니까?

여러분이 천사에게 경배하지 않을 것이고, 경배하지 않는 것이 진짜 옳은 일이긴 하지만, 그렇다고 어찌 그들을 사랑하지 않을 수 있겠습니까?

하늘에서 공의로운 영들과 거룩한 천사들과 함께 거할 것이라는 소망이 여러분들이 가지는 천국에 대한 기대를 완벽하게 만들어 주지 않습니까?

이렇게 거룩하고 사랑스러운 존재들이 매 순간 우리의 수호자가 되어준다는 사실 또한 얼마나 사랑스러운 일인지요!

그들은 우리가 불타오르는 전성기에 있을 때에도 밤처럼 깜깜한 어둠 속에 있을 때에도 우리를 계속 지켜보고 보호해 줍니다. 그들은 모든 방법을 동원해서 어떠한 경우에도 우리가 어려움에 처하지 않도록 두 손 모아 지켜 줍니다. 그들은 구원의 상속자인 우리를 끊임없이 보살펴 줍니다. "여호와의 사자가 주를 경외하는 자를 둘러 진 치고 계신다"(시 34:7)라고 말씀하신 것을 우리가 미처 눈치채지 못한다 할지라도 밤낮으로 우리의 수호자가 되어 줍니다.

여기까지 잠시 동안 천사들에 대해 생각해 보는 시간을 가져 보았습니다. 이번에는 천사들이 부른 찬양에 대해 생각해 보기로 하겠습니다. 키토[1]가 아래와 같이 훌륭하게 언급한 것처럼 이 찬양은 간결하지만 가장 위대한 축복의 진리를 나타내는 천사들의 귀한 표현이었습니다.

> 지극히 높은 곳에서는 하나님께 영광이요 땅에서는 하나님이 기뻐하신 사람들 중에 평화로다(눅 2:14).

이 찬양의 의미심장한 의미를 단순히 몇 마디 말로 표현한다는 것은 확실히 조심스럽고 어쩌면 괴로운 일일 것입니다. 이 시간 성령의 도우심을 구하면서 이 천사들의 찬양을 네 부분으로 나누어 살펴보겠습니다.

첫째, 교육적인 부분입니다.
둘째, 정서적인 부분입니다.
셋째, 예언적인 부분입니다.
넷째, 교훈적인 부분입니다.

---

[1] 존 키토(John Kitto, 1804 – 1854): 당대 영국의 성서학자 – 역주.

1. 교육적인 고찰

첫 번째로 많이 등장하는 교육적인 고찰에 대해 살펴보도록 하겠습니다. 천사들은 사람이 이해할 수 있었던 것, 아니 이해해야만 하는 것, 다시 말해 사람들이 이해한다면 훨씬 깊은 이해로 이끌어 주는 것에 관해 노래했습니다. 천사들이 노래한 것은 바로 구유에서 태어나신 예수님이었습니다. 우리는 이 기초 위에 세워진 천사들의 노래를 우러러 보아야 합니다. 그들은 이 땅에 오신 구원자 예수님을 노래했습니다. 천사들이 노래한 이 구원은 첫째로 하나님께 영광이었고, 둘째로 사람에게 평화였으며, 셋째로 인류를 향한 하나님의 선한 뜻의 징표였습니다.

1) 하나님께 영광

천사들은 이 구원이 하나님께 영광을 돌리는 일이라고 말했습니다. 천사들은 거룩하고 위엄 있는 곳에 많이 등장 했으며 전능한 창조주를 찬양하는 장엄한 합창에도 많이 동참했습니다. 그들은 "그 때에 새벽 별들이 기뻐 노래하며 하나님의 아들들이 다 기뻐 소리를 질렀느니라"(욥 38:7)에 나타난 것처럼 창조 때에도 함께 했습니다. 그들은 여호와의 손으로 지으시고 무한대의 공간 속에서 그의 영원한 손으로 운행하시는 많은 별들을 보았습니다. 그들은 위대한 주가 창조하신 세상을 향해 위엄 있는 노래를 불렀습니다.

창조 사역 속에 스스로를 나타내신 이에게 "보좌에 앉으신 이에게 찬송과 존귀와 영광과 위엄과 능력과 통치와 권능을 돌릴찌어다"(계 5:13)라며 찬양을 드렸습니다. 저는 이 천사들의 노래들이 세월이 지나면서 더 큰 능력을 가진다고 생각합니다.

처음 하나님께서 그들을 만드셨을 때, 그들의 첫 호흡은 노래가 되었습니다. 하나님께서 새로운 세상을 만드신 것을 보았을 때, 그들의 노래는 또 다른 찬양이 되었습니다. 그들은 찬양의 전 음계를 통해 더 높여 찬양했습니다.

하나님께서 자신의 보좌에서 내려와 아기가 되어 한 여인의 품에 안겨 있는 것을 보았을 때도 그들은 여전히 높여 찬양했습니다. 그들은 천사의 음악 중 최상의 경지에 도달하여 하나님께 드리는 찬양의 최고의 높은 음색을 얻었습니다. 그리고 그들은 자신들의 생각에 하나님께서도 갈 수 없다고 여겨지는 더 높은 곳이 있다면 그곳을 향해 "지극히 높은 곳에서는 하나님께 영광이요"(눅 2:14)라고 찬양했습니다. 그들은 가장 높은 하나님께 가장 높은 찬양을 드렸습니다.

천사들에게 위엄과 권위가 층층이 있어 천사들 사이에 위계질서가 있습니다. 또 사도들이 천상의 세계에 거하는 축복받은 자들 중에 '천사들, 주권, 보좌, 통치'가 있다고 우리에게 가르칩니다. 저는 천상의 세계 주변에 있는 천사들에게 처음으로 그 소식이 전해지고 나서 그들이 하늘로부터 내려와 아기 예수를 보았다고 생각합니다. 그리고 난 후 그 천사들이 그 기적이 일어난 곳으로 다시 돌아가 다음과 같이 노래하며 그 소식을 전했다고 생각합니다.

> 영광으로부터 온 천사들
> 이 땅으로 날갯짓하며 내려와
> 창조 이야기를 노래하네.
> 메시아의 탄생을 선포하네.

와서 경배하세.

새로 태어나신 왕, 그리스도를 경배하세.

마침내 이 메시지는 또 다른 천사들, 하나님의 보좌 주변을 영원히 지키는 네 그룹에게로 전해지고 또 전해져서 모든 하위계급 천사들의 숭고한 찬양의 소리와 천상의 하모니를 이루었습니다.

"가장 높은 천사들이 주님을 찬양하네" 다시 말해 "지극히 높은 곳에서는 하나님께 영광이요"(눅 2:14).

오! 그 노래가 얼마나 장엄한지 인간은 상상도 할 수 없었을 것입니다. 이 세상이 창조되었을 때, 천사들의 할렐루야가 온 땅 가득히 웅장하게 퍼졌던 것처럼, 천사들이 동정녀 마리아에서 인류를 구원할 아기 예수님의 태어나심을 보았을 때, "지극히 높은 곳에서는 하나님께 영광이요"(눅 2:14)라고 찬양했던 것을 기억하십시오.

이 천사들의 노래의 첫 번째 소절에서 배울 수 있는 교육적인 교훈은 과연 무엇일까요?

구원이 하나님께도 지극히 높은 영광이라는 것입니다.

하나님은 매일 아침 빛나는 태양 아래 반짝이며 떨어지는 모든 이슬 속에서도 영광을 받으십니다. 하나님은 작은 숲 속 잘 보이지 않지만 향기로운 꽃향기를 피우는 모든 꽃나무를 통해서도 영광을 받으십니다.

하나님은 공중의 지저귀는 모든 새를 통해서도 영광을 받으십니다.

하나님은 초원을 뛰노는 모든 양떼들을 통해서도 영광을 받으십니다.

바다 속 물고기들도 하나님을 찬양하지 않을 수 있을까요?

아주 작은 물고기로부터 고래 같은 거대한 바다 생물까지 바다 속에 거하는 모든 생명체가 하나님의 이름을 높이고 찬양하지 않을 수 있을까요?

그렇다면 모든 피조물들이 하나님을 찬양하지 않을 수 있을까요?

하늘 아래 어떤 것이라도 하나님께 영광 돌리지 않을 수 있을까요?

별들이 어두운 밤하늘을 금빛 문자로 수놓을 때, 하나님을 높이지 않을 수 있을까요?

번개가 깜깜한 한 밤중을 관통하며 번쩍일 때, 그 빛들이 어찌 하나님을 흠모하지 않을 수 있을까요?

천둥도 마치 행군의 북을 치는 듯 만군의 주이신 하나님을 높이지 않을 수 있을까요?

세상에서 가장 작은 것에서 가장 큰 것까지 모든 만물이 주님을 높이지 않을 수 있을까요?

온 땅이 지쳐 성육신하신 주님을 찬양할 수 없을 때 까지 찬양, 찬양하였습니다.

창조의 일이 장엄한 오르간으로 연주하는 찬송이라 할지라도 그것은 황금 찬송이 되는 성육신의 노래에는 미치지 못할 것입니다. 창조의 사건보다 그리고 가장 높으신 보좌의 위엄보다 구유에 누인 예수님 안에 더 많은 찬양의 멜로디가 있습니다.

성도 여러분! 잠시 생각해 보시기 바랍니다. 이 모든 속성들이 어떻게 찬양되는지 보시기 바랍니다.

아! 여기 지혜를 보십시오. 하나님이 사람이 되어 죄 많은 사람들의 정의가 되셨습니다.

아! 여기 권능을 보십시오.

이 세상 어떤 능력이 위대해서 하나님의 권능을 막겠습니까?

하나님이 자신을 벗어 인간이 되신 이 권능을 말입니다.

보십시오. 어떠한 사랑이 우리에게 예수님이 인간이 되신 것을 밝히는지 말입니다.

보십시오. 그 신실하심을 말입니다.

얼마나 많은 약속들이 이 날까지 지켜졌습니까?

얼마나 숭고한 의무들이 이 시간까지 이행되었습니까?

예수님 속에 명백하게 나타나지 않은 하나님의 속성이 하나라도 있다면 말해보시기 바랍니다. 여태껏 당신이 보지 못했다면 그 이유는 당신의 무지 때문이었을 것입니다. 하나님의 모든 속성이 그리스도 안에서 영광 받으십니다. 비록 온 땅 가운데 하나님의 이름의 일부가 기록된다 하더라도 여기 인자가 되시고 하나님의 아들이셨던 예수님 안에서 그 이름을 가장 잘 읽을 수 있습니다.

그러나 다음 장으로 넘어가기 전에 한 마디만 드리겠습니다. 우리는 만약 구원이 하나님을 최상으로 영광스럽게 하는 것이고 가장 높은 피조물들로 하나님을 찬양하게 하는 것이라면 이 구원에서 사람을 영광스럽게 하는 교리는 복음이 될 수 없다는 생각을 하게 됩니다. 천사들은 알미니언들이 아니었습니다. 천사들은 "지극히 높은 곳에는 하나님께 영광"(눅 2:14)이라고 찬양했습니다. 그들은 인간의 머리에 영광의 관을 씌우고 예수님에게는 씌우지 않는 어떠한 교리도 믿지 않았습니다. 그들은 구원이 사람의 자유의지에 달려 있어서 피조물에게 구원이 달려있다고 하는 어떠한 신앙 체계도 믿지 않았습니다.

형제자매 여러분! 절대 아닙니다. 사람의 능력을 과장하는 교리를 설교하는 것에 기뻐하는 설교가들이 몇몇 있을지 모르겠습니다. 그러나 그들의 복음을 천사들이 기뻐하지 않습니다. 천사들이 노래하도록 만드는 유일한 기쁜 소식은 피조물의 구원 사역에 하나님을 첫째로, 마지막으로, 중심으로, 전부로 모시는 것입니다. 아무 도움 없이 구원을 이루신 주님의 머리에 다른 것이 아니라 구원의 면류관을 씌어드리는 것입니다. "지극히 높은 곳에는 하나님께 영광이요"(눅 2:14)라는 천사들의 노래처럼 말입니다.

2) 사람에게 평화

천사들이 이 노래를 불렀을 때 전에 한 번도 불러본 적이 없는 노래를 부른 것이었습니다. 하지만 "지극히 높은 곳에는 하나님께 영광이요"(눅 2:14)는 오래되고 오래된 노래입니다. 그들은 천지가 만들어 지기 전에 그 노래를 불렀습니다. 그러나 지금 그들은 하나님 보좌 앞에서 새로운 노래를 부르는 것처럼 부릅니다. 그들은 "땅에는 평화로다"(눅 2:14)라는 한 절을 더 추가 했습니다. 그들은 에덴동산에서 부른 적은 없었습니다. 그곳엔 평화가 있었지만 이 찬양을 부르기에는 충분해 보이지 않았습니다. 사실 그곳에는 평화 그 이상이 있었습니다. 거기에는 하나님께 드리는 영광이 있었습니다.

그러나 사람은 타락했고, 화염에 싸인 칼로 그룹이 인간을 내 쫓은 그 날 이후로 그 땅에는 평화가 없었습니다. 단지 성육신이신 그리스도의 살아있는 근원으로부터 얻어지는 평화를 지닌 몇몇 신자들의 마음속에 평화가 있을 뿐이었습니다. 전쟁은 세계 도처에서 맹렬히 일어났습니다. 사람들은 서로를 살육하고 그 시체를 쌓아올렸습니다. 사람 밖의 전쟁뿐 아니라 사람 안의 전쟁들도 있었습니다. 양심이 사람들과 싸웠고 사탄은 죄 된 생각으로 사람을 괴롭혔습니다. 아담이 죄를 범한 이후로 이 땅에 평화는 없었습니다.

그러나 새로 태어난 왕의 등장으로 그가 싸여진 구유의 강보는 평화의 하얀 깃발이 되었습니다. 구유는 사람과 양심사이에 그리고 또 양심과 하나님 사이에 있는 전쟁을 멈추게 하는 평화 협정이 체결된 그런 곳이었습니다. 그날은 나팔이 울려퍼지는 바로 그날이었습니다.

사람아, 싸움의 칼을 넣으시오.
양심아, 그 싸움의 칼을 넣으시오.
하나님이 우리와 화평하시고 사람은 하나님과 평화로다.

형제자매 여러분!
하나님의 복음이 사람에게 평화라는 것을 느끼지 못하십니까?
예수의 소식 외에 어디서 평화의 메시지를 찾을 수 있겠습니까?
법률가들 여러분! 고통스럽게 평화를 위해 애쓰고 수고하여도 평화를 얻지 못할 것입니다. 여러분들이 시내 산으로 간다고 해도 불꽃 앞에서 떨며 절망하는 모세를 만날 것입니다. 세상 어디에도 평화를 찾을 수 없지만 "이 사람은 평강이 될 것이라"(미 5:5)라는 성경 말씀처럼 그분 안에서 평화를 찾을 것입니다.
사랑하는 성도 여러분!
평화가 무엇입니까?
그것은 강 같은 평화와 바다의 파도 같은 의로움입니다. 하나님의 평화는 우리 주이신 예수 그리스도를 통해 우리의 마음과 생각을 지키며 모든 이해를 관통해 나갑니다. 용서받는 영혼과 용서하는 하나님 사이의 이 고귀한 평화가 그리고 죄인과 심판자 사이에 존재하는 이 놀라운 '구속'이 바로 천사들이 불렀던 땅위에 평화입니다.

3) 인류를 향한 하나님의 선한 뜻의 징표

'그리고 그들은 지혜롭게 세 번째 마디로 노래를 마쳤습니다.'[2] "하나님이 기뻐하시는 사람들"(눅 2:14)이라고 노래했습니다. 철학자들도 하나님은 사람을 기뻐하시고 사람을 향한 선한 뜻을 가지고 있다고 말하지만 이러한 철학적 확신으로부터 오는 평안함을 누리는 사람을 찾아보기란 쉽지 않습니다. 현명한 자들은 피조 세계에서 보이는 것으로부터 하나님께서 사람들을 기뻐하시고 선한 뜻을 가지고 있다는 것을 알아 왔습니다. 그러나 그의 피조세계가 그들의 편안함을 위해 만들어진 것은 결코 아닐 것입니다. 저는 자신의 영혼의 평화를 그와 같은 희미한 희망과 맞바꿀 정도로 위험을 감수하는 사람이 있다고 들어본 적이 없습니다.

그러나 저는 하나님이 사람들을 기뻐하시고 선한 뜻을 가지고 있다는 것을 확신하는 사람들을 알고 있을 뿐만 아니라 수천 명의 사람들에게서 이같이 들었습니다. 여러분들이 만일 그 이유를 물어본다면 그들은 충분하고 완벽한 대답을 할 것입니다. 하나님은 사람을 기뻐하시고 선한 뜻을 가지고 있습니다. 왜냐하면 그의 아들을 주셨기 때문입니다. 창조주가 그의 사랑하는 독생자 아들이 죽기까지 우리를 사랑하셨다는 것보다 더 큰 사랑의 증명은 없을 것입니다.

첫 번째 절은 하나님에 관한 것이고 두 번째 절은 평화에 관한 것이지만 이 세 번째 절이 제 마음을 가장 녹입니다. 어떤 사람들은 하나님을 마치 모든 인류를 증오하는 성미가 까다로운 존재로 여길지 모르겠습니다.

---

2   영어 원문에는 하나님이 기뻐하시는 good will toward men 이 맨 마지막에 나온다. Glory to God in the highest, and on earth peace, good will toward men.(Luke 2:14) 지극히 높은 곳에서는 하나님께 영광이요 땅에서는 하나님이 기뻐하신 사람들 중에 평화로다 – 역주.

어떤 사람들은 하나님을 마치 우리 사람의 일에는 전혀 관심이 없으신 약간 추상적인 존재로 묘사할지 모르겠습니다.

그러나 들어보십시오. 하나님은 사람을 기뻐하시고 사람을 향한 선한 뜻을 가지고 계십니다. 여러분들은 선한 뜻이 무엇인지 잘 압니다. 그것은 하나님이 아담의 후손인 여러분을 향한 뜻을 가지고 계신 것을 의미합니다. 그런데도 여러분은 하나님을 비난하고 저주했습니다.

하지만 하나님은 여러분에게 그의 저주로 되갚지 않으셨습니다. 그는 여러분을 기뻐하시고 여러분을 향한 선한 뜻을 가지셨습니다. 비록 여러분들이 하나님을 기뻐하고 하나님을 향한 선한 뜻을 품지 않았다하더라도 말입니다. 이교도처럼 여러분은 지극히 높으신 분에 대항하여 죄를 범하였습니다. 하나님은 여러분을 거슬려 반대하는 어떤 나쁜 것도 말하지 않으셨습니다. 왜냐하면 하나님은 여러분을 향한 선한 뜻을 가지셨기 때문입니다. 그러나 죄인인 여러분들이 하나님의 법을 깨뜨렸습니다.

여러분은 하나님께서 거절하지 않을까 해서 은혜의 보좌로 나아오는 것을 다소 두려워했습니다. 여러분, 이 말을 잘 들으시고 편안해 지시기 바랍니다. 하나님은 여러분을 기뻐하시며 여러분을 향한 선한 뜻을 가지고 계십니다. 이 선한 뜻을 그가 말씀하셨고 또 맹세로 말씀하셨습니다. 주께서 "죽는자의 죽는 것도 내가 기뻐하지 아니하노니 그는 내게로 돌이키고 살지니라"(겔 18:32)고 말씀하셨습니다. 하나님께서 그의 선한 뜻을 겸손히 낮추어 말씀하십니다.

> 오라 우리가 변론하자 서로 변론하자 너희의 죄가 주홍 같을지라도 눈과 같이 희어질 것이요 진홍 같이 붉을지라도 양털 같이 희게 되리라(사 1:18).

만약 여러분들이 "주님, 당신이 저를 기뻐하시고 저를 향한 선한 뜻을 가지고 있다는 것을 제가 어떻게 알겠습니까?"라고 말한다면 주님은 저쪽에 있는 구유를 가리키시며 말씀하십니다.

죄인아, 내가 너를 기뻐하지 않고 선한 뜻이 없다면
내가 내 아들과의 관계를 왜 끊겠느뇨?
내가 사람을 기뻐하지 않고 선한 뜻이 없었다면
내가 사람이 되어 내 아들을 포기하고 또 그렇게 함으로써
죽음에서 그들을 구해내겠느뇨?

주님의 사랑을 의심하는 여러분, 영광의 빛으로 동그랗게 둘러싸인 천사들을 보십시오. 그리고 그들의 노래를 들어보십시오. 여러분의 의심은 그 아름다운 찬양 속에서 사라지고 천상의 화음 속에 묻혀 버릴 것입니다. 하나님은 사람들을 기뻐하시고 사람들을 향한 선한 뜻을 가지고 계십니다. 하나님은 죄, 극악무도한 죄도 기꺼이 용서하십니다. 사탄이 "인간을 향한 하나님의 선한 뜻이 있다하더라도 하나님 자신이 자신의 의를 막을 수 없으며 그의 자비는 효력이 없어서 결국 당신들은 죽고 말 것이다"라며 말할지도 모르겠습니다.

그러나 천사들의 노래 첫 소절을 들어보십시오. "지극히 높은 곳에는 하나님께 영광이요"(눅 2:14)라며 사탄과 그의 모든 유혹에 대답합니다. 하나님께서 죄를 뉘우치며 회개하는 자를 기뻐하시고 선한 뜻을 가지고 있다는 것을 보여주셨을 때, 이것은 죄인의 마음에 평화를 줄 뿐 아니라 하나님의 모든 성품에 영광을 돌리는 것이었습니다. 그래서 하나님은 의가 되셔서 죄인을 의롭게 여기시고 자신을 영화롭게 하신 것입니다.

이 찬양의 세 소절에 포함된 모든 교훈과 모든 가르침을 풀어 설명할 수 없습니다. 그러나 한 주 동안 이 말씀이 여러분을 훈련의 묵상으로 이끌어가도록 여러분을 인도할 것입니다. 한 주 내내 이 말씀의 힘을 느끼시면서, 또 말씀의 열정을 생각하시면서, 진정한 성탄의 기쁨을 누리시길 바랍니다.

2. 정서적인 고찰

두 번째로 정서적인 부분에 대한 고찰을 살펴보도록 하겠습니다.
성도 여러분!
천사들의 이 노래가 여러분의 마음을 행복으로 요동치게 합니까?
이 부분을 읽고 천사들이 노래하는 것을 발견했을 때 저는 이렇게 생각했습니다.
천사들이 노래로 찬양으로 복음의 위대한 정수를 안내했다면 나도 노래로 설교를 해야 하지 않을까?
나의 성도들도 노래로 삶을 살아야하지 않을까?
그들의 마음은 기쁘고 그들의 영혼은 즐거워야 하지 않을까?
12월 깜깜한 밤에 태어난 심각한 종교주의자들처럼 얼굴의 미소는 가식적인 것으로 생각하고 크리스천이 기뻐하고 즐거워하는 것은 신앙에 모순되는 것이라고 생각한다면 이런 분들은 천사들이 예수님께 노래하는 것을 꼭 보기를 바랍니다. 비록 천사 자신들의 관심은 아니었지만 천사들이 그의 나심을 노래했다면 사람들은 사는 날 동안에도 죽을 때에도 심지어 천국에서 사는 동안에도 영원히 주님을 찬양해야 할 것입니다. 저는 교회에서 더 많은 크리스천들이 찬양하는 모습을 보기를 간절히 바랍니다.

지난 몇 년간 우리 가운데 불평하고 불신하는 기독교가 팽배해졌습니다. 지금 저는 기독교의 진실함을 의심하지 않지만 그것의 건강성에 대해서는 의심합니다. 저는 기독교가 충분히 진실하고 진짜라고 생각합니다. 하나님은 제가 그 건강하지 못한 기독교를 성실히 행하는 자들을 반대하는 말을 하지 못하도록 하셨지만 그것은 병든 종교입니다.

와츠[3]는 이렇게 강조했습니다. 종교는 결코 우리의 기쁨은 반감시키려고 의도된 것이 아니다. 종교는 우리에게서 기쁨을 빼앗아 가는 듯합니다. 하지만 그것을 채워주는 더 많은 것을 우리에게 가져다줍니다. 오, 여러분에게 의심을 불러 일으켜 여러분의 두 뺨 위로 눈물을 흐르게 하는 것을 버리고 예수님을 보십시오. 여러분들은 항상 말합니다. 주님, 우리에게 아무것도 주지 않은 이 비참한 땅을 보십시오.

성도 여러분! 여기로 와서 천사들을 보시길 바랍니다.

그들이 슬픔과 탄식과 한숨으로 그들의 이야기를 합니까?

아닙니다. 그들은 "지극히 높은 곳에서는 하나님께 영광이요"(눅 2:14)라고 크게 외쳐 말합니다. 사랑하는 형제자매 여러분! 지금 그들을 따라해 보십시오. 여러분들이 주일학교 교사라면 항상 즐겁고 활기찬 태도를 가지십시오. 다른 사람들이나 슬퍼하도록 하십시오.

왜 왕의 자녀들이

그들의 날을 슬퍼해야 합니까?

---

[3] 이삭 와츠(Isaac Watts, 1674-1748): 영국의 신학자. 찬송가 작곡가 – 역주.

당신의 머리에 기름을 바르고 얼굴을 씻으십시오. 다른 사람에게 금식하는 사람으로 보이지 않게 하십시오. 항상 주안에서 기뻐하십시오. 다시 말씀 드립니다. 기뻐하십시오. 특별히 이번 주에 기뻐하는 것을 부끄러워하지 마십시오. 여러분들이 행복해 하는 것이 나쁜 일이라고 생각할 필요가 없습니다. 속죄, 고행, 불행은 더 이상 고귀한 것이 아닙니다. 저주받은 자들이 불행한 자입니다. 구원받은 자는 행복한 자입니다.

왜 여러분들이 영원한 슬픔에 빠져있는 잃어버린 자들과 교제를 해야 합니까?

왜 하늘의 기쁨을 기대하지 않습니까?

이 땅에서 멈출 필요가 없는 노래를 시작조차 하지 않습니까?

우리 마음에 품어야 할 그 첫 번째 감정은 기쁨과 즐거움입니다.

자, 그렇다면 다음은 무엇입니까? 정서적인 부분에서 감성의 또 다른 이름은 확신입니다. 제가 확신을 감성이라고 부르는 게 맞는다고 자신 할 수 없지만, 틀리는 것을 감수 하더라도 여전히 저는 확신에 가까운 뜻이라고 생각합니다.

자, 예수님이 이 땅에 오셨을 때 하나님은 하늘로부터 천사를 보내 "지극히 높은 곳에서는 하나님께 영광이요 땅에서는 하나님이 기뻐하신 사람들 중에 평화로다"(눅 2:14)라고 우리에게 말씀하도록 하셨습니다. 만약 눈썹을 찡그리며 더듬는 말로 천사가 이 소식을 전했다면 그리고 내가 거기 그 자리에 있어 그 소식을 들었다면 나는 그가 전하는 소식을 믿는 데 틀림없이 주저했을 것입니다. 아마 나는 이렇게 말했을 것입니다.

"말을 더듬는 당신과 주변 동료들을 보니 당신은 하나님이 이 기쁜 소식을 전하라고 보내신 사자처럼 보이지 않군요."

그러나 천사들이 왔을 때 그들이 말했던 것의 진실성을 의심할 필요가 없었습니다. 왜냐하면 천사들이 그 소식을 믿었다는 것이 확실하기 때문입니다. 그리고 그들이 기쁨과 즐거움으로 노래하며 말했기 때문입니다. 만약 어떤 친구가 당신에게 유산을 남기며 근엄한 얼굴로 다가와 장례식 종소리 같은 목소리로 "아무개 씨가 10,000파운드나 남겼다는 걸 아나요?"라고 말한다면 당신은 아마도 "아, 제게요?"라고 말하며 웃을 것입니다. 그러나 당신의 형이나 동생이 갑작스럽게 당신의 방으로 달려와서 "내가 진심으로 말하는데 어떤 부자 아무개 씨가 너에게 10,000파운드을 남겼대"라고 소리친다면 여러분은 형이 진짜 기뻐서 오는 걸 보니 진짜일 것 같다고 생각하지 않겠습니까?

이 천사들이 하늘로부터 와서 그들이 믿고 있는 그대로 그 소식을 전했습니다. 저는 종종 주님의 기뻐하시고 선하신 뜻을 의심하기도 하지만 그 천사들이 노래하는 것을 들었다면 결코 의심할 수가 없다고 생각합니다. 절대로 의심할 수가 없습니다. 저는 "말씀을 전하는 메신저 자신들이 그 사실을 증명합니다. 왜냐하면 그들은 하나님의 입에서 나오는 말을 직접 들었기 때문입니다. 그 소식을 얼마나 기쁘게 말하는지 들어본다면 그들은 그 소식을 의심하지 않을 것입니다"라고 말하고 싶습니다.

불쌍한 영혼이여! 여러분은 하나님께서 당신을 망하게 하실까 걱정만 하고, 당신에게 어떤 자비도 내리시지 않을까 생각만 합니다. 노래하는 천사들을 바라보면서도 용기가 있다면 의심하십시오. 하나님은 사람들을 기뻐하시며 그들을 향한 선한 뜻을 가지고 있다고 콧소리로 설교하지만, 우울한 얼굴을 하고 있는 사역자의 설교를 듣기 위해 그 위선자들의 회당에 가지 마십시오. 저는 그가 말하는 것을 여러분이 믿지 않을 거라는 것을 압니다. 왜냐하면 그의 얼굴에 기쁨이 없기 때문입니다. 그가 툴툴거리며 기쁜 소식을 전한다면 여러분은 아마 잘 받아들이지 않을 것입니다.

그러나 지금 당장 그 날 밤 베들레헴 목자들이 있었던 언덕으로 가십시오! 천사들의 그 찬양하는 소리를 들을 때 여러분은 하나님의 은혜로 말미암아 그들이 그 값진 이야기를 확실히 느끼고 있다는 것을 믿지 않을 수 없을 것입니다. 축복받는 성탄절, 그날은 사람을 기뻐하시는 하나님의 선한 뜻을 우리의 믿음으로 확신하도록 천사들을 보내신 날입니다.

3. 예언적인 고찰

세 번째 핵심인 이말 속에 포함된 예언적 말을 살펴보겠습니다. 천사들은 "지극히 높은 곳에서는 하나님께 영광이요 땅에서는 하나님이 기뻐하신 사람들 중에 평화로다"(눅 2:14)라고 노래했습니다.

그러나 이 넓고 광활한 세상에 제가 볼 수 있는 것이 무엇이겠습니까?

아무리 둘러 보아도 이 세상 어디에도 영광스런 하나님이 보이지 않습니다. 우상들 앞에서 경배하는 이교도들이 보이고, 다 썩어가는 유물의 넝마 앞에 자신을 내던지는 가톨릭교도들이 보입니다. 사람들의 몸과 영혼을 지배하는 독재자가 보입니다. 사람들이 하나님을 잊어버리는 것이 보입니다. 세상 사람들이 맘몬[4]에 깊이 빠져 있는 것이 보입니다. 피 흘리는 잔인한 사람들이 몰렉[5]에 빠져있는 것이 보입니다. 니므롯[6]과 같이 야망이 이 땅을 지배하고 하나님은 잊혀지고, 그의 이름이 더럽혀지는 것, 치욕스러워지는 것이 보입니다.

---

4 눅 16:13; 마 6:24.

5 레 18:21; 20:2; 20:3; 20:4; 20:5; 렘 32:35; 사 57:9.

6 창 10:8-9.

이 모든 것을 그 천사들이 노래했던 것입니까?

이 모든 것이 그들로 "지극히 높은 곳에서는 하나님께 영광이요 땅에서는 하나님이 기뻐하신 사람들 중에 평화로다"(눅 2:14)라고 노래하게 한 것입니까? 아닙니다! 더 밝은 날들이 다가오고 있습니다. 그들은 "땅에서는 평화로다"(눅 2:14)라고 노래했습니다. 그러나 여전히 전쟁의 나팔 소리가 들립니다. 무서운 대포소리도 굉음을 냅니다. 아직 그들은 칼을 두들겨 보습을 만들고 창을 두들겨 낫을 만들지 않았습니다. 전쟁은 여전히 이 땅을 다스리고 있습니다.

이 모든 것이 천사들이 노래한 것입니까?

이 땅 끝까지 전쟁이 일어나는 것이 천사들이 기대한 것이라고 믿어야 합니까?

아! 형제자매 여러분, 결코 아닙니다! 천사들의 노래는 큰 예언을 가지고 있습니다. 그것은 영광의 산고를 겪는 것입니다. 수 년 후에 왜 천사들이 노래했는지 그 이유를 볼 것입니다. 수 년 후에 오실 그가 반드시 오실 것이고 지체하지 않을 것입니다. 그리스도이신 주님은 다시 오실 것이고 그가 왔을 때 왕좌에 있는 우상들을 척결하고 우상의 모든 모양과 이단들의 모든 관습을 다 내 던질 것이며 비할 데 없는 통치로 곳곳을 다스리실 것입니다. 그는 저 두루마리같이 펼쳐진 푸른 하늘이 사라질 때 까지 다스리실 것입니다.

어떠한 분쟁도 메시아의 통치를 망치지 못할 것입니다. 어떠한 피도 흘리지 않을 것입니다. 그들은 더 이상 쓸모없는 투구를 높이 올려놓고 더 이상 전쟁에 골몰하지 않을 것입니다. 야누스[7]의 신전이 영원히 닫히고

---

7 야누스(Janus): 로마신화에 나오는 얼굴이 머리의 앞뒤에 있는 출입문의 수호신 – 역주.

잔인한 마르스[8]가 이 땅에서 비웃음 당할 시간이 다가오고 있습니다.

사자가 소처럼 풀을 먹고 표범이 어린 아이와 같이 눕고 젖 뗀 어린 아이가 독사의 굴에 손을 넣고 장난할 때가 올 것입니다. 그 때가 되면 태양의 섬광이 우리가 사는 이 시대를 꾸밈없이 환히 밝혀 줄 것입니다. 보십시오. 그가 나팔 소리와 함께 영광의 구름 중에 오실 것입니다. 그는 우리가 기쁜 기대감으로 찾을 때 오실 것입니다. 그의 오심은 구속 받은 자들에게는 영광스러운 일일 것이고 죄인들에게는 혼돈 일 것입니다.

오, 형제자매 여러분!

천사들이 이것을 노래했을 때 영광스러운 미래의 긴 복도를 통해 메아리가 울려 퍼졌을 것입니다. 그 메아리는 다음과 같습니다. "할렐루야! 그리스도이신 주님이, 전능하신 주님이 다스리시네"[9]

아, 그리고 의심할 여지없이 천사들은 믿음으로 그 찬양의 전체를 들었습니다.

> 들어라! 축제의 노래를 그 소리는 천둥이 울리는 것처럼 우렁차며 해변에 부딪힐 때의 바다의 충만함 같아라.[10]

> 그리스도 우리 주 하나님 곧 전능하신 이가 통치하시도다(계 19:6).

---

8 마르스(Mars): 고대 로마의 군신으로 주피터와 주노의 아들 – 역주.
9 Hallelujah Chorus 의 한 부분 – 역주.
10 Hark! the Song of Jubilee의 한 소절 – 역주.

4. 교훈적인 고찰

네 번째로 교훈적인 부분에 대해 말씀드리겠습니다. 저는 올해 성탄절을 지내는 모든 사람들이 천사들이 지켰던 것처럼 이 성탄절을 지키기를 바랍니다. 성탄절을 지킨다는 말을 할 때 일 년에 하루 동안 자신들의 종교에서 벗어나 마치 그리스도가 무질서의 주인인 것처럼 혹은 바쿠스[11]의 야단 법석한 잔치같이 아기 예수를 축하해야 한다고 생각하는 사람들이 있습니다. 성탄절 아침에 잊지 않고 교회에 가는 매우 종교적인 사람들도 있습니다. 그들은 장로들의 전통을 존중하며 성탄절을 일요일만큼 거룩한 날이라고 믿습니다.

그러나 그 날 오후를 보내는 방법이 매우 놀랍습니다. 만약 그들이 그날 밤 자신들이 계단을 올라가 침대로 가는 방식을 본다면 깜짝 놀랄 것입니다. 폭식과 술 취하지 않았다면 그들은 자신들이 성탄절을 제대로 지키고 있다고 여기지 않을 것입니다. 흥겨움과 떠들썩한 웃음이 없다면 그리고 거기에 죄가 시끌벅적하게 더해지지 않는다면 성탄절이 잘 지켜질 수 없다고 생각하는 사람들이 있습니다.

자, 형제자매들이여!

비록 청교도의 계승자인 우리가 성탄절을 다른 어느 날과 다름없이 보내거나 어떠한 종교적인 분별력을 가지고 그 날을 지키지 않는다 하더라도 매일이 성탄절인 것처럼 믿고 또 매일을 성탄절로 지키기를 바라야 할 것입니다. 할 수만 있다면 우리는 그날 어떻게 행동해야 하는지 본을 보여야 할 것입니다. 특별히 천사들이 하나님께 영광을 돌렸던 것처럼 우리

11　바쿠스(Bacchus): 로마신화에 나오는 주신 - 역주.

도 똑같이 해야 할 것입니다.

한 번 더 천사들이 "사람들 중에 평화로다"(눅 2:14)라고 말했습니다. 할 수 있다면 우리는 다음 성탄절을 평화로 만들기 위해 애써야 할 것입니다. 장년 여러분, 여러분은 여러분의 자녀를 잘 받아들이지 못할 것입니다. 그들이 여러분의 마음을 상하게 했기 때문입니다. 성탄절에 그들을 데리고 오십시오. "땅에서는 평화로다"(눅 2:14). 이것이 바로 크리스마스 캐럴입니다. 가정에서 평화를 이루십시오.

형제자매 여러분! 여러분들의 형제에게 결코 말한 적이 없는 맹세를 하십시오. 뒤쫓아 가서 "오 내 형제여, 해가 지도록 분을 품지 마십시오"라고 말하십시오. 그를 데리고 와서 손을 내미십시오. 여러분이 상인이어서 최근에 반대쪽 사람과 거래할 때 심한 말을 했다고 합시다. 여러분이 오늘이나 내일이나 혹 빠른 시간 안에 화해하지 않을 생각이었다면 당장 하십시오. 이것이 이 땅에서 성탄절을 평화롭게 지키고 주님께는 영광을 돌리는 일입니다.

그리고 여러분 마음속에 평화를 방해하는 어떤 것이 있다면 당신의 방으로 가서 주님께 평화를 달라고 기도하십시오. 그것은 이 땅의 평화이면서 당신의 마음속의 평화, 당신과 거하는 평화, 당신 주변 동료들과의 평화, 그리고 하나님과 함께하는 평화입니다.

"오! 주님, 잠들기 전에 이 세상에, 제게, 당신에게 평화가 있기를"[12] 이라고 말할 수 있을 때까지 그날을 잘 축하해야 한다고 생각하지는 마십시오.

주 되신 그리스도가 당신의 평화가 되었을 때, 한 가지 더 기억하십시오. 그것은 하나님이 사람들을 기뻐하시고 사람들을 향한 선한 뜻을 가지

---

12 All praise to thee, my God, this night 라는 찬송 중 한 소절 – 역주.

고 계신다는 것입니다. 이 의미를 가지지 않은 채 성탄절을 보내지 마십시오. 여러분은 신사이며 하인들을 데리고 있습니다. 굴뚝에 연기를 피우며 고급스럽고 커다란 고기를 충분히 준비하십시오. 부유하다면 이웃 중에는 가난한 사람들이 있을 것입니다. 헐벗은 자들에게 옷가지를 찾아 입혀주고, 굶주린 자들을 먹이고, 슬퍼하는 자들을 기쁘게 해주십시오.

기억하십시오. 이것이 사람을 기뻐하시며 사람을 향하여 선한 뜻을 갖고 있는 하나님의 마음입니다. 할 수 있다면 이 특별한 시즌에 주님의 기뻐하시는 선한 뜻을 보여 주십시오. 그렇게 한다면 가난한 자들이 정말로 '일 년에 성탄절이 한 여섯 번 정도였으면 좋겠다'라고 말할 것입니다.

이곳에서 결심한 우리들이 비록 일 년 내내 화가 나는 상황이 있다할지라도 다음 주는 예외가 되기를 바랍니다. 만약 우리가 작년에 모두에게 으르렁거렸다고 할지라도 이번 성탄절은 서로에게 다정하고 친절하게 대하도록 노력하시기 바랍니다. 만약 우리가 증오하는 마음으로 일 년 내내 살았다면 이번 주는 성령님의 도우심으로 하나님께서 평안을 주시도록 기도하겠습니다. 형제자매 여러분, 그러면 우리 인생에 가장 즐거운 성탄절이 될 것입니다.

젊은이들이여! 여러분은 이 시간 후에 집에 갈 것이고 여러분 중 많은 수가 가게에 들러서 집에 갈 것입니다. 여러분은 제가 지난번 성탄 시즌에 설교했던 것을 기억할 것입니다. 여러분의 친구들과 함께 집에 가서 주님이 당신의 영혼에게 하신 일을 말하고 성탄절 벽난로에 앞에 앉아 축복의 이야기를 넘치도록 하라고 했습니다. 이번에는 여러분들 각자가 우리 주님이 어떻게 기도의 집에서 당신을 만나 주셨는지 부모님께 말하십시오. 그리고 집을 떠나 방탕하고 거친 젊은이였지만 지금은 당신의 어머니의 집으로 돌아와 당신의 아버지의 성경을 읽고 있다고 말하십시오.

이 얼마나 행복한 성탄절입니까?

제가 더 이상 무엇을 말할 수 있겠습니까?

하나님께서 당신에게 평안을 주시길, 그리고 당신과 당신의 모든 친구들, 적들, 이웃들을 기뻐하시고, 그들을 향한 선한 뜻을 주시길, 마지막으로 하나님께서 당신에게 지극히 높은 곳에서는 하나님께 영광을 드리는 은혜를 주시길 빕니다. 설교를 마치면서, 마지막으로 여러분에게 이 말씀만 드리겠습니다. 여러분, 그날이 오면 여러분의 인생에서 가장 행복한 성탄절을 맞이하게 될 것입니다.

> 케루빔[13]과 세라핌,[14] 보좌를 둘러싼 천사들
> 항상 하나인 교회, 엄숙한 찬양을 돌리세.
> 스스로 위대하신 분께 영광!
> 희생제물 되신 어린 양께 영광!
>
> 찬송과 존귀와 영광과 권능, 그리고 영원한 통치를
> 우리 주 아버지께, 성령님께 태초에 계신 말씀에게
> 영원히 돌릴지어다.

---

13 케루빔(Cherubim): 구품 천사 가운데 상급에 속한 천사 – 역주.

14 세라핌(Seraphim): 구품 천사 중 가장 높은 천사 – 역주.

Sermons about Christmas

2장
크리스마스에 생긴 한 가지 질문

> 1859년 12월 25일 스트랜드가 엑서터홀에서
> 찰스 스펄전 목사가 전한 주일 오전 설교문이다.

이는 한 아기가 우리에게 났고 한 아들을 우리에게 주신 바 되었는데
(사 9:6).

저는 성탄절 설교에서는 주로 이사야 9장 6절의 핵심 부분인 "그의 어깨에는 정사를 메었고 그의 이름은 기묘자라, 모사라, 전능하신 하나님이라"에 중점을 두면서 설교를 합니다.

하나님께서 기회를 주신다면 언젠가는 '영존하시는 아버지라, 평강의 왕이라'라는 제목으로 설교하길 소망합니다.

그러나 오늘 아침 우리의 관심을 사로잡은 부분은 "이는 한 아기가 우리에게 났고 한 아들을 우리에게 주신 바 되었는데"(사 9:6)입니다. 한 문장 속에 두 문장이 있는 듯 보이지만 동일어의 반복은 아닙니다. 주의 깊은 독자는 곧 그 차이를 발견할 것입니다.

> 이는 한 "아기"가 우리에게 났고 한 "아들"을 우리에게 주신 바 되었는데(사 9:6).

예수 그리스도가 인간의 성품을 지닌 아이로 이 땅에 태어나셨고 성령으로 잉태되사 동정녀에게서 나셨습니다. 그는 이 땅에 살았던 다른 어느 사람과 같이 어린 아이로 확실히 태어나셨습니다. 따라서 그는 인성을 가진 아이로 태어났습니다. 그러나 하나님의 아들로서 예수 그리스도를 바라보면 그는 태어나신 것이 아닙니다. 온 세상이 있기 전에 그는 하나님 아버지께로부터 아버지와 같은 본성으로 만들어진 것이 아니라 보내심을 받으셨습니다.

그리스도가 영원한 하나님과 연합하심은 우리 기독교의 의심할 여지가 없는 진리로 받아들여집니다. 그러나 그 진리를 설명하는 데 있어 무모하게 행동해서는 안 됩니다. 왜냐하면 그 진리는 하나님의 깊고 신성하고 정말로 신비로운 것 중 하나여서 천사들도 감히 볼 수 없었던 것이기 때문입니다. 잠시 들추어 보고자 소망하지도 못했던 것이고 그 진리는 완전히 어떤 유한한 존재의 이해력을 뛰어 넘어 사람들조차도 알아낼 시도조차 못했던 신비로운 것이기 때문입니다. 그것은 모기가 대양에서 마실 물을 찾는 것처럼 유한한 생명체가 영원한 하나님을 이해하는 것과 같습니다. 우리가 이해할 수 있는 하나님이라면 그분은 더 이상 하나님이 아닙니다. 우리가 그분을 확실히 파악했다면 그분은 더 이상 무한하신 분이 아닙니다. 우리가 그분을 정확히 알고 있다면 그분은 더 이상 신성하신 분이 아닙니다.

제가 말씀드린 대로 예수 그리스도는 아들로 우리에게 태어나신 것이 아니라 보내심을 받으신 것입니다. 그분은 우리에게 보내지신 은혜입니다.

> 하나님이 세상을 이처럼 사랑하사 독생자를 주셨으니(요 3:16).

성경은 말씀합니다. 그분은 하나님의 아들로 이 세상에 태어나지 않으셨습니다. 그 분은 '보내심'을 받으셨습니다. 이 차이는 우리에게 훌륭한 진리를 전달해 주며 시사를 하는 것이 아주 많습니다.

> 이는 한 아기가 우리에게 났고 한 아들을 우리에게 주신 바 되었는데 (사 9:6).

그러나 오늘 아침 제 설교의 주된 주제이자 유일한 핵심은 '우리에게'라는 이 작은 단어의 힘에서 나오는 것입니다. 여러분은 여기 단락에 놓여 있는 충분한 힘을 인지하게 될 것입니다.

> 이는 한 아기가 우리에게 났고 한 아들을 우리에게 주신 바 되었는데 (사 9:6).

저의 설교를 간단히 세 부분으로 나누어 설명하겠습니다.

첫째, 그렇지 않습니까?
둘째, 그렇다면 다음은 무엇입니까?
셋째, 그렇지 않다면 다음은 무엇입니까?

1. 그렇지 않습니까?

"이는 한 아기가 우리에게 났고 한 아들을 우리에게 주신 바 되었는데"라는 말은 사실입니까?

한 아이가 난 것은 사실입니다. 거기에는 논쟁의 여지가 없습니다. 역사 속 어떤 다른 사실보다 충분히 입증된 것입니다. 하나님의 아들이 인간이 되어 베들레헴에 태어나셨고 강보에 싸여 구유에 누이셨다는 것을 우리는 사실로 받아들입니다. 아들이 우리에게 주신 바 된 것 또한 사실입니다. 거기에는 의문을 가질 수 없습니다. 신앙이 없는 사람들은 논쟁거리라 생각할 수 있지만 성경을 믿는 자로 고백하는 우리는 하나님이 인류의 구세주로 그의 독생자 아들을 주셨다는 사실을 부정할 수 없는 진리로 받아들입니다.

그렇다면 질문의 요지는 이것입니다. '이 아이가 우리에게 나신 바 되었나 그리고 그가 우리에게 주신 바 되었나? 하는 것입니다. 이것은 어려운 탐구의 문제입니다.

우리는 베들레헴에 태어나신 그 아이에게 개인적인 관심이 있습니까?

우리는 그가 우리의 구세주라는 것을 알고 있습니까?

그가 우리에게 기쁜 소식을 전해주었다는 것을 알고 있습니까?

그가 우리에게 속하고 우리는 그에게 속하였다는 것을 알고 있습니까?

저는 이 질문이 매우 진지하면서 동시에 장엄한 탐구의 문제라 말하고 싶습니다.

예수에 관한 이러한 질문들로 때때로 사람들은 어려움을 겪기도 합니다. 반면에 그 문제에 관해 전혀 어려움을 겪지 않는 사람들은 매우 **뻔뻔**스러운 사기꾼처럼 보이기도 하고 그 질문에 전혀 상관하지 않는 것 같습니다. 저는 종종 확신에 차있다고 느끼는 사람들의 일부가 그들 스스로 확신이 없는 사람들이라는 것을 보곤 합니다.

옛날 런던에 시몬 브라운이라는 이름의 한 신실한 사역자의 삶이 떠오릅니다. 어느 날 그는 마음이 극도로 슬프고 영적으로 낙담되어 마침내 그의 영혼이 진멸되는 듯한 생각에 사로잡혔습니다. 훌륭한 사람과 이야기하는 것도 소용없었고 아마 여러분이라도 그에게 영혼이 있으니 괜찮다고 설득할 수 없을 것입니다. 그는 항상 설교할 때마다 기도할 때마다 일할 때마다 두 영혼을 가진 것처럼 했습니다. 그가 설교할 때 그의 눈에서 홍수 같은 눈물이 쏟아져 나오고 그가 기도할 때 그의 모든 간구 속에 신성한 열정이 있어서 하늘로 상달되는 역사가 있었습니다.

지금 많은 기독교인들에게도 일어나는 일입니다. 그들은 신앙심이 두터워 보입니다. 그들의 삶은 훌륭합니다. 그들은 하늘의 대화를 하지만 항상 울부짖습니다.

> 간절히 알기를 원합니다.
> 종종 걱정스러운 생각이 몰려옵니다.
> 제가 주님을 사랑하는 걸까요?
> 제가 주님의 것일까요?[1]

몇몇 사람들은 속으로 생각하는 반면에 몇몇 사람들은 질문을 할 것입니다. 심각하게 의문을 가졌던 영원한 운명에 대해 그리고 명백하고 확연한 삶의 부조화에 대해 고민하던 사람들을 나도 봐왔습니다. 다른 사람들

---

1 The Olney Hymns: 1779년에 실린 존 뉴턴의 찬송가 – 역주.

이 스스로 잘 속아 넘어간다고 믿는다 하더라도 이스라엘 안에 자신의 유업과 분명한 희망에 대해 걱정하며 떠들어 대던 사람들 또한 저는 봐왔습니다. 우리는 이 무모한 사람들에게 무슨 설명을 해줄 수 있을까요?

이 일화를 통해 그것을 배워보길 원합니다.

여러분은 수많은 사람들이 바다 끝에 작은 길을 따라 말을 타고 가는 것을 보고 있습니다. 그 길은 매우 위험한 길입니다. 왜냐하면 울퉁불퉁하고 소름끼칠 정도의 절벽이 그 길 왼쪽으로 솟아 있기 때문입니다. 말의 발이 한번 미끄러지면 말이나 말을 탄 사람이나 파멸의 길로 빠지게 됩니다. 말을 탄 사람이 얼마나 조심스레 그 길을 가는지 보십시오, 그 말이 얼마나 조심스레 발을 내딛는지 보십시오.

그러나 말 타는 사람이 엄청난 속도로 달려가는 것이 보입니까?

마치 사탄과 함께 장애물 경주에서 달리기하는 것처럼 빨리 달려가고 있습니다. 여러분은 매 순간 말의 발이 미끄러져 떨어지지 않길 바라며 두려워 떨리는 두 손을 꼭 붙들고 있습니다. 여러분은 속으로 생각합니다.

'왜 말 탄 사람이 그렇게 부주의하게 빨리 달릴까?'

알고 보니 이 사람은 시각장애를 가진 말을 타고 있는 시각장애인이었습니다. 그는 어디로 가는지 볼 수 없으면서 분명한 길이라고 확신해서 그렇게 빨리 말을 모는 것입니다.

다른 장면을 생각해 봅시다. 어떤 사람들은 잠들었을 때 산책을 하기도 하고, 다른 사람들이 위험을 무릅쓰며 올라갈 생각조차 못하는 곳에 올라가기도 합니다. 우리 머리로는 이해가 되지 않는 현기증이 날 만한 높은 곳이 그 사람들에게는 충분히 안전해 보이는 듯합니다. 우리 중에 자신들은 깨어있다고 생각하지만, 영적으로 몽유병 환자인 사람들이 많이 있습니다. 겁 없이 넘치는 자신감으로 높은 곳까지 모험을 하는 것을 보면 그들이 몽유병 환자라는 것을 알 수 있습니다. 깨어있지 않고 자면서 걷고 말합니다. 한 아이가 우리에게 났고 한 아들을 우리에게 주신 바 된 것이 마침내 옳다고 여겨지겠지만, 그 전까지는 정말이지 사람들이 심각하게 질문할 수 있는 문제입니다.

지금 여러분들이 그 질문에 대답할 수 있도록 도와드리겠습니다.

1) 참된 회심

만약 믿음의 눈으로 베들레헴 구유 위에 강보에 싸여있는 이 아이가 '당신'에게 태어났다고 믿는다면 '당신도 다시 태어나게 됩니다.' 이 아기가 당신과 상관없이 태어났다면 당신도 이 아이로 인해 다시 태어나지 않게 되는 것입니다. 예수를 알고자 하는 모든 사람들은 은혜로 변화되어 새롭게 되었습니다. 아직 회심하지 않았더라도 구속된 모든 사람들은 변화될 것입니다. 죽음의 시간이 오기 전에 변화될 것이고 그들의 죄는 씻어질 것이고 죽음에서 생명으로 옮겨질 것입니다. 비록 그가 거듭남을 경험하지 못했지만 그리스도가 구원자라고 말하는 사람이 있다면 그 사람은 잘 알지 못하는 것을 말하는 사람입니다. 그의 종교는 헛되고 그의 희망은 망상입니다. 오직 다시 태어난 사람만이 베들레헴 아이가 구원자라고 주장할 수 있습니다.

그러나 어떤 이는 말할 것입니다.

"내가 다시 태어났는지 어떻게 알 수 있습니까?"

그렇다면, 또 다른 질문에 대답해 보시길 바랍니다.

당신 안의 거룩한 은혜로 변화되었습니까?

이전 것과 다른 것을 사랑할 수 있습니까?

당신은 한때 존경해마지 않던 헛된 것들을 지금 미워하고 있습니까? 아니면 당신이 한때 경멸했던 값비싼 진주를 찾고 있습니까? 당신의 마음은 목적으로 완벽하게 변화되었습니까? 당신의 소망의 방향이 바뀌었다고 말할 수 있습니까? 당신의 얼굴은 천국으로 향하고 당신의 발은 은혜의 길 위에 있습니까? 당신의 마음이 한때 깊은 죄 가운데 있었지만 지금은 은혜 가운데로 나아가고 있습니까?

한때 당신은 이 세상의 쾌락을 사랑했지만 지금은 오직 하늘의 기쁨을 사랑하기에 그 이전 것들이 당신에게 하찮은 것으로 다가오고 있습니까? 다음 세상에서 하늘의 기쁨을 충만하게 만끽하기 위해 이 땅에서 하늘의 기쁨을 더 갈망하고 있습니까?

당신은 새롭게 되었습니까?

성도 여러분! 새롭게 태어나는 것은 컵이나 접시의 바깥을 닦는 것이 아니라 내면을 씻는 것입니다. 무덤 위에 돌을 쌓고 그것을 아주 깨끗하게 씻고 지금 계절에 만발한 꽃으로 장식하는 것은 모두 헛된 것입니다. 무덤 그 자체가 씻겨야 합니다. 마음속 영안실과 같은 곳에 누어있는 죽은 사람의 뼈는 반드시 씻겨야 합니다. 사실 그 뼈들은 다시 살아나도록 만들어진 것임에 틀림없습니다. 그 마음은 더 이상 죽음의 무덤일 수 없으며 오히려 생명의 성전입니다.

성도 여러분도 그렇습니까?

회상해 보건데 여러분들은 밖으로는 다르게 보일지 몰라도 내면으로 더 이상 변화하지 않았다면 이 한 아이가 여러분들에게 태어나지 않은 것입니다.

다른 질문을 해보겠습니다. 회심의 문제가 내면의 문제이긴 하지만 회심 그 자체가 분명히 증거하고 있습니다.

외적으로 변화가 있었습니까?

다른 사람들이 당신을 바라보고 "이 사람은 예전의 그 사람이 아니다"라고 말하고 있습니까?

아니면 당신의 동료들이 변화를 알아채지 못했습니까?

그들이 당신의 위선이나 당신의 종교적 청빈함, 엄격함으로 인해 비웃지 않았습니까?

한 천사가 당신의 비밀스러운 삶 속으로 그리고 당신의 옷장 깊숙한 곳까지 따라와 당신의 무릎 꿇은 모습을 보고 있습니까?

본다면 그 천사가 그 전에는 전혀 본 적이 없는 당신의 변화를 알아차렸을 것이라고 생각하십니까?

성도 여러분! 외적인 삶은 변화된 것이 분명하지만, 내적인 삶은 변화가 없습니다. 여러분들이 나를 나무 가까이 데리고 가서 나무의 성질이 변했다고 말해도 소용없습니다. 그 나무가 야생 포도를 열매로 만들어 낸다면 그것은 여전히 야생 포도나무입니다. 만약 여러분이 소돔에 있는 사과와 고모라에 있는 포도를 만들어 낸다면 여러분은 여전히 저주받은 파멸의 나무인 것입니다. 크리스천의 증거는 삶 속에 있습니다. 우리 크리스천의 회심의 증거는 당신이 '느끼는 것'이 아니라 당신이 '행하는 것'입니다.

여러분에게는 여러분이 느끼는 것이 충분한 회심의 증거가 될 수 있을지 모르지만, 당신을 판단해 줄 수 있는 사역자나 외부사람들에게는 외적으로 보이는 당신의 모습이 증거가 되는 것입니다.

제가 어떤 한 사람이 겉으로는 크리스천의 삶과 비슷한 삶을 살지만 그 안에는 신앙이 전혀 없는 삶을 사는 사람을 관찰한다고 합시다.

혹 여러분은 칼을 가지고 거리에서 서로 싸우는 체하는 곡예사를 보신 것이 있습니까?

그 사람들이 어떻게 칼로 자르고, 베고, 찌르는지 보십시오. 그걸 보신 여러분들은 곧 살인이 일어날까봐 두려워할지 모르겠습니다. 여러분들은 싸우는 그 사람들을 떼어 놓으려고 경찰을 부를지도 모르겠습니다. 한 사람이 다른 사람의 머리를 심하게 가격하려고 하자 그가 교묘히 타이밍을 맞춰 피하는 모습을 보십시오. 한 일분만 그들의 행동을 보면 여러분은 그 치고 가격하는 모든 모습들이 미리 준비된 순서대로 진행되고 있다는 것을 알게 될 것입니다. 그 싸움에는 진정성이 없습니다. 마치 진짜인 양 거칠게 싸우지만 사실은 아닙니다.

때때로 저는 죄에 대해 매우 화내는 것처럼 보이는 사람을 봅니다. 그러나 잠시만 그를 관찰하면 곧 펜싱 선수들이나 하는 속임수 기술을 곧 보게 될 것입니다. 그 사람의 펀치는 순서가 정해져 있고, 진정성이 없으며, 가식으로 가득차서 흉내만 내는 연극으로 보일 것입니다. 자신의 경기가 끝난 후 펜싱 선수는 다른 선수와 악수를 한 뒤 관중들이 자신들에게 주는 돈을 나눕니다. 마찬가지로 이 사람은 은밀히 악마와 악수를 하고 그 대가를 서로 나누어 갖습니다. 위선자와 악마는 결국 좋은 친구이며, 그들이 얻은 이익으로 서로 기뻐합니다. 악마는 신앙인의 영혼을 사서 기뻐하고 이 사람은 돈을 얻어서 기뻐합니다.

조심하십시오. 바깥에 보이는 삶은 단지 무대 위에 올린 연극 같은 것입니다. 당신이 죄에 대해 반대하는 것이 진짜이고 강렬한 것입니다. 마치 당신이 그 괴물을 죽이려고 천국의 바람으로 그 날개를 잘라버리는 것처럼 당신이 그 죄를 좌우로 쳐내는 것이 진짜인 것입니다.

다른 질문을 하겠습니다. 여러분들이 다시 태어났다면 자신을 시험해 볼 다른 문제가 있습니다. 내면의 자아와 외면의 자아를 변화시키는 것뿐만 아니라 당신의 삶의 근간이 되는 신념도 새롭게 변해야 합니다. 우리가 죄에 속했을 때는 우리를 위해 살았다면 새롭게 되었을 때는 하나님을 위해 살아야 합니다. 우리가 거듭나지 않았을 때는 우리 자신의 기쁨이나 발전을 추구하는 삶을 삽니다. 진정으로 거듭나지 않은 사람은 이와 아주 비슷한 목적을 가지고 삶을 삽니다. 한 사람의 신념을 변화시킨다는 것은 느낌뿐 아니라 행동의 변화도 포함합니다.

   은혜가 사람의 신념을 변화시킵니다. 그것은 나무를 뿌리째 뽑아놓는 것과 같습니다. 큰 나뭇가지를 잘라낼 필요도 없고, 수액을 변화시킬 필요도 없고, 오히려 새로운 뿌리를 가지고 새로운 토양에 자라도록 해주면 됩니다. 마음속 깊은 곳의 자아, 즉 자신의 신념의 깊은 바위들이 행동의 토양 위에서 자신의 영혼을 완전히 변화시켰다면 그는 예수 안에서 새로운 피조물입니다.

   그러나 "다시 태어나야 할 이유는 없습니다"고 말하는 사람이 있습니다.

   불쌍한 피조물이여! 그것은 자기 자신을 잘 보지 못하기 때문입니다.

   당신이 하나님 말씀의 거울 속에 비춰진 한 사람을 본적이 있습니까? 완전히 낯선 괴물 같은 사람 말입니다. 그 사람은 선천적으로 발이 있어야 할 곳에 심장이 있는 사람입니다. 다시 말해 바닥 위에 심장이 있어서 걸을 때마다 발아래 심장을 계속 밟아야 합니다. 이상하게도 심장이 있어야 할 곳에 발꿈치가 있어 정작 사랑을 나타내야 할 곳에서 하늘의 하나님을 발로 걸어차고 있습니다. 선천적으로 그 사람은 아래만 내려다보고 자신 밑에 있는 것만 볼 수 있습니다. 그는 위에 있는 것은 볼 수 없습니다. 이상하게 들리겠지만 천국의 빛이 그의 눈을 멀게 하고 찾지 못하게 합니다. 그가 어둠 속에서 빛을 구하지만, 이 땅은 그에게 천국이고 그는 진흙 탕 속에서 빛을 보고 오물더미 속에서 별을 봅니다. 사실 그는 모든 것이 뒤집어진 사람입니다. 죄의 결과 우리의 본성이 파괴되어 이 땅에서 가장 괴물 같은 모습으로 변화되었는데, 그것이 바로 타락한 인간의 모습입니다.

고대 사람들은 그리핀[2]이나 키메라, 용, 같은 모든 종류의 괴물을 그리곤 했습니다. 솜씨 있는 사람이 사람을 정확히 그릴 수 있었더라면 우리 누구도 그 그림은 바라볼 수 없었을 것입니다. 왜냐하면 그 그림 속에는 지옥에 떨어진 사람만이 볼 수 있는 그런 장면이 묘사되어 있기 때문입니다. 그 장면은 견딜 수 없는 고통을 나타내면서 동시에 항상 그 장면을 보도록 강요하고 있습니다. 자, 여러분이 다시 태어난 것이 아니라면, 거듭난 것이 아니라면, 이 한 아이는 여러분께 태어난 것이 아닙니다.

2) 어린 아이 같은 순전한 믿음

그럼 좀 더 이야기를 발전시켜 보겠습니다. 만약 이 한 '아이'가 당신을 위해 태어났다면 당신은 '아이'가 된다는 의미인데, 여기서 질문이 생깁니다.

당신은 정말 그렇습니까?

사람은 자연적으로 유아기를 거쳐 성인으로 성장합니다. 하지만 사람들은 은혜로 성인기에서 유아기로 자라기도 합니다. 우리가 진정한 유아기로 가까이 가게 되면 될수록 점점 더 그리스도의 형상으로 가까이 갑니다.

그리스도가 하늘로 승천하신 후에도 "한 아이"로 부름 받지 않았습니까? 그 아이는 "거룩한 아이인 예수님"입니다.

형제자매 여러분!

---

[2] 그리핀(griffins): 독수리의 머리와 날개, 사자 몸뚱이를 한 괴물 – 역주.

여러분들이 아이로 만들어졌다고 말할 수 있습니까?

하늘의 아버지께서 단지 그렇게 말씀하셨기 때문에 있는 그대로 하나님의 말씀을 취하십니까?

여러분은 어떤 설명을 요구하지 않고 그 신비로운 것을 믿는 데 만족하십니까?

여러분은 아이의 자리, 소자의 자리에 앉도록 준비되었습니까?

당신은 기꺼이 교회의 가슴에 매달려 순전한 하나님의 말씀을 받아 마실 준비가 되었습니까?

주님이 밝히실 때를 의심하지 않고 여러분의 이성을 뛰어 넘어도, 또는 이성에 못 미쳐도, 아니면 이성에 반하는 것처럼 보여도 하나님의 권위를 믿으시겠습니까?

너희가 돌이켜 어린 아이들과 같이 되지 아니하면(마 18:3).

이 한 아이가 여러분에게 난 바가 되지 않습니다. 어린아이와 같이 하나님의 뜻에 겸손하고, 가르침을 따르고, 순종적으로 기뻐하지 않는다면 그리고 기꺼이 그에게 모든 것을 맞기지 않는다면 이 아이가 '여러분'에게 태어났는지에 대해 심각한 의문이 생깁니다.

그러나 정말로 즐거운 광경은 한 사람이 변화되어 작은 아이로 다시 돌아가는 것을 보는 것입니다. 전에는 그리스도를 대적하는 데 이성을 사용했으며, 그리스도의 사람들을 너무 싫어해서 말하기도 싫어하던 엄청난 불신자였던 그가 주의 은혜로 복음을 믿게 되었을 때, 저의 마음은 기쁨으로 요동칩니다. 그 사람이 가만히 앉아 눈물을 흘리며 자신을 구원하기에 충분한 그 구원의 힘을 느낍니다. 그가 전에 가졌던 모든 의문들은 사라지고, 지금은 이전의 자신과 완전히 반대가 되었습니다.

그는 가장 초라한 신자보다 그 자신이 더 보잘 것 없다고 생각합니다. 이제 그는 그리스도의 교회를 위해 가장 보잘 것 없는 일을 한 것에 만족합니다. 로크나 뉴턴 같은 위대한 기독교 철학자들과 자리를 같이하지 않고, 예수님의 발 앞에 앉아 듣고 배웠던 순전한 구도자 같은 마리아의 자리에 있습니다. 만약 여러분들이 자녀가 아니라면, 이 한 아이가 여러분을 위해 태어나지 않은 것입니다.

3) 하나님의 자녀가 되는 기쁨

두 번째 문장으로 가서 질문을 이어보겠습니다.

한 아들이 우리에게 주신 바 된 것입니까?

이 시간 여러분에게 개인적으로 집중해 주실 것을 부탁하면서 일 분간 설교를 멈추겠습니다. 저는 설교 중에 여러분들이 스스로에게 질문을 하도록 하고 있습니다. 여러분 중 어느 누구도 이 불편한 시간을 피하지 않고 스스로에게 '나에게 한 아들이 주신 바 된 것이 진실인가?'라고 질문해 보시기를 기도합니다. 한 아들이 '여러분'들에 주신 바 되었다면 여러분 자신이 아들인 것입니다.

> 영접하는 자 곧 그 이름을 믿는 자들에게는 하나님의 자녀가 되는 권세를 주셨으니(요 1:12).

> 그리스도가 아들이 되어 그가 범사에 형제들과 같이 되심이 마땅하도다(히 2:17).

내가 하나님의 아들이 아니라면, 그분을 기뻐하고 사랑하고 즐거워하는 것은 온전히 나의 것이 아닙니다.

성도 여러분!

하나님 앞에서 '두려움'을 가진 적이 있습니까?

그 두려움은 부모 자식 간의 두려움, 다시 말해 부모의 마음을 괴롭게 할까 하여 자녀가 가지는 두려움입니다.

여러분들은 자녀로서 하나님께 '사랑'을 말한 적이 있습니까?

여러분들은 하나님을 아버지로, 공급자로, 친구로 신뢰하고 있습니까?

여러분의 가슴 속에 "양자의 영을 받았으므로 우리가 아빠 아버지라고 부르짖느니라"(롬 8:15)고 말하고 있습니까?

무릎을 꿇고 "나의 아버지 나의 하나님"이라고 말하는 시간이 있습니까?

당신이 하나님으로부터 났다고 성령님이 증언해 줄 수 있습니까?

이 증인이 태어났을 때 당신의 마음은 기쁨으로 충만해서 오래 전 그 사랑의 언약 안에 있는 그의 은혜의 팔 안에 있었습니다.

그런데 지금 당신의 마음은 하나님 아버지께 날아올라 가고 있습니까?

성도 여러분! 여러분들이 하나님의 자녀가 되는 기쁨을 갖지 못했다면, 여러분들이 시온의 아들과 딸이 아니라면, 여러분을 속이지 마십시오. 이 아들이 여러분들께 주신 바 되지 않은 것입니다.

4) 그리스도에게 자신을 드림

그럼 그 질문을 다른 쪽에서 생각해 보겠습니다. 한 아들이 주신바 되었다면 '우리도 그 아들에게 주신 바' 된 것입니다.

자, 그러면 다음 질문에 여러분은 어떻게 대답하시겠습니까?

여러분들은 온전히 자신을 그리스도께 드렸습니까?

여러분들은 예수님의 영광만을 위해 이 땅에서 살아가십니까?

여러분들은 진심으로 마음속에서 우러나와 "위대하신 하나님, 제가 온전히 당신의 것입니까?"라고 분명한 질문을 할 수 있습니까?

오늘 여러분들은 주님께 헌신 서약을 다시 쓸 준비가 되어있습니까?

여러분은 이렇게 말할 수 있어야 합니다.

주님, 제 자신과 제가 가진 전부는 당신의 것이오니 받아주시옵소서.

나의 모든 것, 나의 힘, 나의 시간, 전적으로 당신의 것이오니 주께 드립니다.

> 너희는 너희 자신의 것이 아니라 값으로 산 것이 되었으니(고전 6:20).

이 하나님의 아들이 여러분들께 주신 바 되었다면 여러분은 여러분 전부를 그 분께 전적으로 드려야 할 것입니다. 그의 영광이 여러분의 삶의 목적이고 그의 영광은 영혼의 소망 중 하나입니다. 정말 그렇습니다. 여러분, 스스로에게 질문해 보십시오. 여러분 스스로 거짓 답변하지 않기를 기도해 봅니다.

위에서 말한 네 가지 설명을 다시 한 번 정리하겠습니다. 저에게 한 아이가 났다면 저는 다시 태어난 것입니다. 게다가 저는 한 아이의 새로운 탄생이라는 중요한 사건 속에 있습니다. 다시 말해 한 아들이 나에게 주신 바 되었다면 나는 아들이 되는 것입니다. 나에게 주신 바 된 그 아들에게 저는 드려지는 것입니다. 그 문장이 제시하는 방식대로 이 테스트를 해보려고 합니다. 저는 여러분들이 이 테스트를 집에 가져가시길 기도합니다. 여러분들이 그 말을 다시 생각하지 않는다면 여러분 자신을 찾기 위해 다시 생각해 보시고, 여러분들이 '나에게 이 아들이 주신 바 되었다' 고 말할 수 있는지 보시기 바랍니다.

정말로 그리스도가 나의 주인이 아니라면 그는 저에게 가치가 없다는 말입니다.

그가 나를 사랑하셔서 나를 위해 자기 자신을 내어주셨다고 말할 수 없다면 그의 의로움이나 그의 완전한 대속이 무슨 소용이겠습니까?

한 빵집에 빵이 많이 있지만 내가 배고파도 먹을 수 없는 것과 마찬가지 입니다. 곡식이 창고에 가득차도 굶어 죽는 것과 마찬가지입니다. 강에 물이 많아도 사막에 있어서 그 강가에 이르지 못하거나 저 멀리서 강물이 흘러가는 소리를 들어도 가지 못해 안타깝게도 정말 갈증으로 죽어가는 것과 마찬가지입니다.

그리스도의 이름이 영원히 찬송되고 그의 영광이 높임을 받는 곳에 살지만 복음 속 축복을 누리지 못하고 그의 피로 씻기지 못하고 그리스도의 의로 덧입혀지지 않는 삶을 사는 것은 호텐토트인[3]처럼 사라지거나 버려진 땅에 거주민처럼 무덤으로 내려가는 것 같은 삶을 사는 것보다 나을 것이 없습니다. 하나님은 여러분들이 그 축복 속에 거하며 "한 아기가 우리에게 났고 한 아들을 우리에게 주신 바 되었는데"(사 9:6)라고 사랑의 고백을 하도록 여러분을 도우십니다.

---

3 호텐토트(Hottentot): 아프리카 부시맨 – 역주.

2. 그렇다면 다음은 무엇인가?

우리가 다음에 생각해 볼 것은 '그렇다면 다음은 무엇인가?' 하는 것입니다. '한 아기가 우리에게 났고 한 아들을 우리에게 주신 바 되었는데,'
오늘 나는 왜 의심하고 있습니까?
왜 내 영은 의문을 갖고 있습니까?
왜 나는 그 사실을 깨닫지 못하고 있습니까?
아들이 여러분들께 주신 바 되었다면 여러분들이 그리스도에게 속하였는지 아닌지 여러분들에게 왜 질문하고 있습니까?
그의 부르심과 선택을 확실하게하기 위해 왜 애쓰지 않습니까?
왜 여러분은 의심의 광야에서 머무르고 있습니까?
일어나 확신의 산으로 오르십시오. 그리고 나는 "나의 구원자가 살아계시고 그에게 온전히 헌신하도록 하신다는 것을 안다"라고 두려움 없이 말할 때까지 쉬지 말고 오르십시오. 그런데 저는 여기 계신 많은 분들이 그리스도가 여러분의 주인인지 아닌지 확신하지 못하는 듯 보입니다.

성도 여러분! 여러분이 그리스도 안에 거하고 그리스도가 여러분 안에 거하는 것에 확신이 서지 않는다면 쉴 수 없는 것입니다.

만약 여러분이 내일 자 신문을 미리 볼 수 있고 어떤 부유한 사람이 막대한 부동산을 여러분들에게 기부한다고 가정해 봅시다. 여러분들이 그것을 읽으면서 언급됐던 그 부자가 여러분의 친척이라는 것을 알았다고 가정합시다. 아마 여러분들은 가족회의를 준비하고 형제 존과 자매 메리 그리고 그들의 자녀들까지 다함께 모여 여러분과 성탄절 식사하는 것을 기대할지 모르겠습니다. 그 뉴스가 사실인지 궁금해 할 수 있습니다.

아마 "내가 이게 사실인지 확신할 수 있다면 이 크리스마스 만찬이 더 기쁠 텐데"라고 말할지 모르겠습니다. 하루 종일 큰 기대감으로 지낼지 모르겠습니다. 아마 그게 사실인지 아닌지 알 때까지 가시방석에 앉은 듯 마음을 졸일 수도 있을 것입니다.

자, 여기 예수 그리스도가 죄인을 구하러 이 땅에 오셨다는 사실이 오늘 공포되었습니다. 그가 여러분을 구원했는지 정말 여러분들이 그 안에 거하는지 의문이 들지 모르겠습니다.

저는 여러분께 간청합니다. 여러분들이 '천국의 집 가까이'라는 찬양을 부를 때 어서 잠에서 깨어 일어나십시오.

세상에! 여러분의 운명을 영원히 결정짓는 이것이 정녕 여러분께 불확실한 문제입니까?

천국입니까? 지옥입니까?

이 갈림길에서 어느 것이 여러분의 영원한 유업인지 확실히 알 때까지 그냥 머무르고 있을 것입니까?

하나님이 여러분을 사랑하시는지 진노하시는지 의문을 갖는 것에 그냥 만족하십니까?

여러분들이 죄로 비난받을지 아니면 예수 그리스도 안에서 믿음으로 의롭다 하심을 받을지에 대해 여전히 의문을 가지고 그대로 살고 있을 것입니까?

여러분, 지금 당장 일어나십시오. 여러분께 살아계신 하나님의 이름으로 간청합니다. 일어나 성경에 나와 있는 이 기록을 읽으십시오. 찾아보시고 그 기록이 어떠한지 여러분 자신에게 질문해 보십시오.

'그 아들이 나에게 주신바 되었는데 왜 나는 확신에 차서 그것을 알지 못할까?'

'그 아이가 나에게 났는데 왜 나는 주님의 자녀가 되며 우리가 그의 영광에 다다르기까지 결코 완전히 알 수 없는 그 특권과 가치의 기쁨 속에 살지 못할까?라고 말입니다.

다시 다른 질문을 해보겠습니다.

"왜 우리는 슬퍼합니까?"

저는 우울해 보이는 것과는 정 반대로 즐거워 보이지만 가슴 아픈 마음을 그 미소로 가린 채 살아가는 사람들의 얼굴을 지금 보고 있습니다.

형제자매 여러분! 한 아이가 우리에게 났고, 한 아들이 주신 바 되었습니다.

오늘 아침 우리는 왜 슬퍼하고 있습니까?

저기서 "축제의 만찬이요, 축제의 만찬이요"라고 외치는 소리에 귀 기울여 보십시오. 추수를 축하하는 축제 기간입니다. 춤추는 처녀들과 즐거운 시간을 보내는 젊은이들을 보십시오.

왜 이렇게 왁자지껄한 웃음소리가 납니까?

그것은 땅에서 값진 과일을 수확하고 곧 먹게 될 밀을 창고에 저장했기 때문입니다.

형제자매 여러분!

영원한 생명을 유지할 수 있는 빵을 가지고 있는데 왜 행복하지 않습니까?

세상 사람들은 자신이 먹을 양식이 많아지면 즐거워하는데 왜 우리는 "한 아기가 우리에게 났고 한 아들을 우리에게 주신 바 되었는데"(사 9:6) 기뻐하지 않습니까?

저쪽에서 나는 소리를 잘 들어보십시오!

런던 타워의 축포가 무엇을 의미합니까?

런던의 모든 사람이 미친 듯이 기뻐하고 교회 첨탑의 종들이 왜 모조리 다 울리고 있습니까?

영국 왕실의 왕자가 태어난 것입니다. 왕자의 탄생에 경의를 표하고 모든 종들이 울려 퍼집니다.

그리스도인 여러분! 여러분 마음의 종소리를 울리십시오. 환희의 노래로 경의를 표하십시오.

> 한 아기가 우리에게 났고 한 아들을 우리에게 주신 바 되었는데
> (사 9:6).

진정으로 춤을 추고 기쁨의 종을 울리십시오!
여러분 모두 춤을 추십시오!
오! 나의 모든 신경은 하프 현이 된 듯합니다.
천사의 손길이 여러분을 악기로 연주하게 하십시오.
내 입술의 혀가 내 눈물을 씻으신 그를 찬양하며 외칩니다.
한숨을 멈추십시오. 조용히 하십시오.
당신의 가난이 무슨 문제입니까?
여러분께 한 아이가 났습니다.
당신의 병이 무슨 문제입니까?
여러분께 한 아들이 주신 바 되었습니다.
당신의 죄가 무슨 문제입니까?
이 아이가 그 죄를 가져갔고 이 아들은 천국에 갈 당신을 위해 그 죄를 씻어 주십니다. 저는 다음과 같이 외치고 싶습니다.

> 마음을 높이고 목소리를 높여라.
> 크게 기뻐하라! 성도여, 기뻐하라!

그렇다면 그 다음은 무엇입니까?

여러분들의 마음은 왜 그렇게 냉담합니까?

이렇게 베푸신 그 분께 우리는 왜 아무것도 드리지 못하고 있습니까?

예수님은 정말 당신의 것입니까?

정말 구원받은 자입니까?

그렇다면 어떻게 미약하게 사랑을 표할 수 있습니까?

저도 설교할 때 좀 더 간절하게 하지 않고, 기도할 때 좀 더 열심히 하지 않는지 모르겠습니다.

왜 우리는 우리에게 전부를 주신 그리스도께 인색합니까?

우리를 완벽하게 섬겨주신 그 분을 실망시키며 섬기고 있습니까?

그는 온전히 자기 자신을 바쳤습니다. 왜 우리의 헌신은 온전치 못하고 불완전 합니까?

왜 끊임없이 우리 자신을 희생하여 그분께 드리지 못 합니까?

사랑하는 형제 여러분! 오늘 아침에 여러분 자신의 본 모습을 분명하게 드러내십시오.

이 세상에서 무엇을 얻었습니까?

어떤 분은 이렇게 말할 것입니다.

"아무것도 없습니다. 가난해서 동전 한 푼도 없고 노숙자와 다름없습니다."

여러분 자신을 그리스도께 드리십시오. 여러분은 그리스 철학자의 제자들에 관한 이야기를 들어본 적이 있을 것입니다.

옛날 어느 특별한 날에 철학자에게 선물을 주는 풍습이 있었습니다. 한 사람이 와서 그에게 금을 주었습니다. 다른 사람은 그에게 금을 줄 수 없어 은을 주었습니다. 어떤 사람은 옷을 주었고 또 어떤 사람은 진미를 주었습니다. 그들 중 하나가 나와서 말했습니다.

"오, 현인이여! 나는 가난해서 당신께 드릴 것이 없습니다. 그러나 여기 드려진 선물보다 더 낳은 것을 드리겠습니다. 바로 제 자신을 드리겠습니다."

만약 여러분이 금이나 은을 가지고 있고 세상의 어떠한 좋은 물건을 가지고 있던지 간에 그리스도에게 드리십시다. 그러나 무엇보다 여러분 자신을 드리십시오.

주님, 제가 당신을 사랑하지 않습니까?
제 마음을 감찰하시고 살피소서.
당신을 감히 대적하는 더러운 우상을 밝히소서.

주님, 제 영혼이 당신을 사랑하지 않습니까?
아무것도 사랑치 말게 하시고,
예수님이 아니면 내 마음에 모든 기쁨은 사라지게 하소서.

3. 만약 그렇지 않다면 다음은 무엇인가?

진지하게 생각해 볼 것은 만약 그렇지 않다면 그 다음은 무엇인가 하는 것입니다.

성도 여러분! 여러분들이 어디에 있는지 찾기가 힘듭니다. 이 홀 어디에 있는지 나의 마음의 눈이 여러분을 찾고 있습니다. 만약 나의 눈이 여러분과 마주쳤다면 내 눈을 보신 여러분은 울고 있을 저를 발견할 것입니다. 아, 희망도 없이, 예수님도 없이, 하나님도 없이 사는 불쌍한 사람들이여! 여러분에게는 크리스마스의 환희도 없습니다. 왜냐하면 당신에게 한 아이가 나지 않았기 때문입니다. 그리고 이 아들이 보내신바 되지 않았기 때문입니다.

극도의 배고픔과 추위에 못 견디고 거리에서 쓰러져 죽음을 맞이하는 가난한 사람들의 이야기는 슬픈 이야기입니다. 그러나 여러분의 운명은 더 측은합니다. 타들어가는 혀를 시원하게 하려고 물 한 방울에 울부짖는 그 날에 여러분의 상황은 더 끔찍합니다. 오히려 으스스하고 스산한 죽음을 갈구하지만 주님은 어디에도 없고, 그 죽음도 거절당할 것입니다.

지옥의 불이 여러분을 태우지 못하고, 엄청난 공포가 여러분을 삼키지 못할 것입니다. 죽음을 간절히 바라지만 매시간이 죽을 것 같지만 그렇게 갈망하는 죽음의 은혜를 얻지 못하고, 여러분은 영원한 죽음에 메어 있습니다.

제가 오늘 아침 여러분께 무엇을 말하고 있습니까?

오! 주님, 이 성탄 시즌에 말 할 수 있도록 저를 도우소서! 여러분께 간청합니다. 만약 그리스도가 오늘 이 아침에 여러분의 것이 아니라면, 하나님의 영의 도움으로 제가 간청한 것을 여러분이 할 수 있기를 원합니다.

무엇보다 먼저 여러분의 죄를 고백하십시오. 제 귀나 어떤 다른 사람의 귀에다 대고 하라는 것이 아닙니다. 당신의 방으로 가서 당신이 더러운 죄인이라는 것을 고백하십시오. 그분께 그분의 크신 은혜가 없이는 당신이 한낮 불쌍한 사람임을 고백하십시오. 고백에 무슨 유익이 있을까 생각하지 마십시오. 사실 아무것도 없습니다. 비록 하나님께서 사람이 죄를 고백하고 그 죄에서 떠나면 용서해 주신다고 약속하셨지만, 당신의 고백이 용서의 유익을 얻는 것은 아닙니다.

상상해보십시오. 한 채권자에게 천 파운드를 빚진 자가 있습니다. 그 채권자는 본인 돈을 갚으라고 요구할 것입니다. 그러나 빚진 자가 "전 빚진

게 없습니다"라고 말한다면 그는 곧 체포되어 교도소에 보내질 것입니다. 그러나 채권자가 "당신에게 은혜를 베풀기 원합니다. 솔직히 고백하면 제가 그 모든 빚을 탕감해 주겠습니다"라고 말 합니다. 그래서 그 사람은 채무자에게 "사실 제가 당신에게 이백 파운드 빚졌습니다"라고 말합니다. 그 채권자가 "아닙니다"라고 말하자 "사실 오백 파운드를 빚졌습니다"라고 하면서 점점 더 천 파운드에 가까이 빚졌다고 합니다.

이 고백에 어떤 유익이 있습니까?

없습니다. 여러분은 어떤 채권자라도 빚진 자가 제대로 알지 못하는 빚에 대해 탕감해 줄 수 없다는 것을 알 것입니다. 이점 때문에 여러분들이 최소한 여러분의 죄에 대해 인식할 수 있어야 한다는 것입니다. 고백에 어떠한 유익이 없다고 해도 하나님께서 그리스도를 통해 용서해 주실 거라는 그의 약속에는 변함이 없습니다.

한 가지 더 조언을 하겠습니다. 저는 여러분들이 오늘 여러분의 죄를 고백하시길 기도합니다. 제 말을 바람에 그냥 흘려버리지 마십시오. 이 건물을 나가자마자 잊어버리지 마십시오. 꼭 기억하셔서 오늘이 바로 여러분의 죄를 고백하는 날이 되길 바랍니다. 그래서 다음번에는 이미 고백을 하신 여러분들께 여러분 자신을 부인하라고 간청할 수 있길 바랍니다.

여러분들 중에는 여러분 스스로 더 나아질 수 있다고 생각해서 여러분 자신을 부인하지 않으려 하는 사람이 있을지 모르겠습니다. 어서 잘못된 망상에서 벗어나십시오. 여러분은 누에를 본 적이 있을 것입니다. 비단실로 몸을 돌리고, 돌리고, 또 돌려서 고치를 만듭니다. 여러분이 지금 하는 일은 죽은 영혼으로 여러분의 몸을 감싸는 것과 같습니다. 영원한 생명을 위해 여러분은 최선의 기도와 눈물과 선행 이외에는 할 수 있는 것이 없습니다. 왜 하나님께 돌이킨 크리스천들이 스스로 거룩한 삶을 살

수 없는지 말 해 줄 것입니다.

바다 위에 있는 배가 스스로 바르게 방향을 돌릴 수 없고, 목수의 마당에 있는 나뭇조각들이 스스로 모여 배를 만들어 바다를 건너 아메리카로 갈 수 없는 것입니다. 하나님의 작품인 크리스천들은 스스로 할 수 있는 것이 없지만, 어리석게도 여러분들은 여러분이 무언가를 할 수 있다고 생각합니다. 자, 여러분 자신을 드리십시오. 하나님께서 당신이 할 수 있다고 한 모든 생각을 버리시도록 하실 것입니다.

최근에 저는 여러분이 자신의 죄를 고백하고, 자기 구원의 모든 희망을 포기하고, 예수님께서 고통스러워 하셨던 그 겟세마네 동산으로 갈 때 하나님께서 여기에 계신 여러분을 도우시도록 기도했습니다. 갈보리로 가십시오. 예수님께서 매달려 계십니다. 좌우에 있는 두 사람과 함께 가운데 계십니다. 그 분을 지금 보고 있다고 생각해 봅시다. 그분의 야윈 얼굴을 바라봅니다. 주님의 외관은 그 어느 누구보다 훼손되었습니다. 거친 가시 면류관의 자국과 창에 찔려 몸에서 핏방울이 떨어지는 것을 봅니다. 아! 저는 그분의 벗은 몸, 수치심을 바라봅니다. 우리는 그의 몸에 대해 말하고 있습니다.

거친 쇠못으로 찢겨진 그의 손과 발을 보십시오. 못이 그의 몸을 찢었습니다. 못 박힌 곳에는 구멍 뿐 아니라 온 몸의 무게로 인해 발은 움푹 파였고, 그 쇠못이 몸의 살들을 찢어 놓습니다. 두 팔에 온 몸의 무게가 달립니다. 못이 부드러운 신경을 갈기갈기 찢어 놓습니다. 땅이 놀라 흔들리는 소리를 들으십시오. 주님이 울부짖으십니다.

엘리, 엘리, 라마 사박다니(마 27:46).

오, 죄인들이여!

공포의 비명소리가 들리는 것 같지 않습니까?

하나님께서 그를 버리셨습니다. 하나님께서 그분에게 은혜 베풀기를 멈추셨습니다. 그의 영혼은 슬픔으로 가득차고 심지어 죽음에 이릅니다. 그분이 울부짖는 것을 다시 들어 보십시오.

내가 목마르다(요 19:28).

그분께 물을 가져다 드리십시오. 그분께 물을 가져다 드리십시오. 거룩한 여인들이 그가 물을 마시도록 했습니다. 그러나 살인자들은 그를 괴롭힙니다. 그들이 해면을 가져다가 신 포도주에 적시어 갈대에 꾀어 마시게 합니다.

죄인들이여, 여기 여러분의 희망이신 예수님의 소리를 들으십시오. 저는 그분이 장엄히 그의 머리를 떨구고 계신 것을 봅니다. 하늘의 왕이 죽으셨습니다. 이 땅을 창조하신 하나님이 사람이 되셨고, 그 사람이 죽으셨습니다. "다 이루었다"(요 19:30)라고 우시는 그분의 소리를 들으십시오. 자신의 영혼을 포기하셨습니다. 예수님의 대속은 끝이 났습니다. 그의 피 값으로 지불되었습니다. 그분의 희생으로 드려졌습니다.

다 이루었다(요 19:30).

그리스도 안에 믿는 죄인이신 여러분, 여러분 자신을 그분께 드리십시오. 그 분 안에 깊이 잠겨 그 안에 거하여서 그 분이 여러분의 전부가 되게 하십시오. 그 피묻은 몸을 여러분의 떨리는 두 팔로 만지십시오. 그 십자가 아래 앉으십시오. 그의 값진 핏방울이 떨어지는 것을 느끼십시오. 여기서 나가서 여러분 각자 마음속으로 말하길 바랍니다.

> 죄로 물들고, 약하고 무력한 벌레같은
> 내가 주님의 친절한 두 팔에 안기네.
> 그는 나의 힘이요, 나의 의로우심이라.
> 나의 전부이신 주님이여.

하나님께서 예수 그리스도로 말미암아 은혜를 주셨습니다. 우리 주 예수 그리스도의 은혜와 하나님의 사랑과 성령님의 교통하심이 영원히 여러분 삶의 전부가 되길 바랍니다. 아멘. 아멘.

Sermons about Christmas

3장
빈 방이 없었다

1862년 12월 21일 뉴윙턴, 메트로폴리탄 태버나클에서 찰스 스펄전 목사가 전한 주일 오전 설교문이다.

첫아들을 낳아 강보로 싸서 구유에 뉘었으니 이는 여관에 있을 곳이 없음이러라(눅 2:7).

우리 주님이 유대 출신이라는 것은 모든 논쟁을 뛰어넘어 분명히 입증되어야 할 필요가 있습니다. 그리고 미가 선지자에 의해 전해진 하나님의 말씀에 따르면 예수님은 베들레헴 에브라다에서 태어나셨는데, 이것도 입증할 필요가 있습니다. 대중들이 어떻게 무명의 목수와 아가씨의 족보에 대해 알 수 있겠습니까?

숙박자 명부에 어떻게 이 두 가난한 사람들의 기록이 있겠습니까?

두 번째 문제로 마리아는 갈릴리 나사렛에서 살았는데, 거기서 예수님께서 태어나셨을 가능성이 있습니다. 정말로 그녀의 출산이 너무 임박했기에 강요된 것이 아니라면 마리아는 유대 남부 지방까지 길고 지루한 여행을 택하지 않았을 것입니다. 이 두 문제가 해결될 수 있을까요? 저는 해결될 수 있고 또 해결되어야 한다고 생각합니다.

　로마 제국의 공식 우표에도 장차 오실 다윗의 아들의 족보에 관한 설명이 있고, 베들레헴은 예수님의 탄생의 장소로 여겨지고 있습니다. 독재자 헤롯왕이 독자적 노선을 표하면서 아우구스투스 황제의 비위를 거스르게 되었습니다. 아우구스투스는 더 이상 그를 친구로 여길 수 없었고, 부하로 여긴다고 알렸습니다. 헤롯은 가장 비참한 항복을 했으며, 로마 법정에 있는 그의 친구들이 탄원을 했습니다. 그러나 아우구스투스는 불쾌감을 나타냈습니다.

　그는 한 십 년이 지나도록 제대로 시행하지 못했지만, 세금을 거두려는 명목으로 모든 유대 사람들의 인구 조사를 명령했습니다. 심지어 바람이나 갈대도 그 왕의 뜻보다 더 흔들리지는 않았을 것입니다. 성난 폭풍우의 주인만이 왕자들의 사악한 영혼들을 어떻게 다스리는지 알 뿐입니다. 우리의 주되신 하나님께서 가장 거친 전쟁마를 다스릴 재갈을 가지고 계시고, 가장 끔찍한 리워야단[1]을 묶을 고리를 가지고 계십니다. 독재자 시저는 단지 만왕의 왕 앞에서 보이지 않는 줄로 묶여 단순한 끌려가는 애완동물에 불과합니다.

　아우구스투스는 헤롯에게 화가 났음에 틀림없습니다. 그는 사람들에게 세금을 부과하라고 강요합니다. 인구조사가 행해지는 것은 피할 수 없는 사항입니다. 불편하고 가혹한 심지어 독재적인 규제가 공포되면서 모든 사람들이 자기가 속하였던 곳으로 복귀해야합니다.

　따라서 마리아는 베들레헴으로 가야했고, 예수 그리스도는 예정대로 거기서 태어나셨습니다. 게다가 그의 어머니 마리아가 다윗의 혈통을 잇는

---

[1] 리워야단(Leviathan): 물속에 사는 거대한 짐승, 욥 41:1 - 역주.

사람으로 베들레헴으로 와서 거기 머물렀으며, 의심의 여지없이 갈릴리로 갔기 때문에 예수님은 공식적으로 다윗의 자손으로 인식되었습니다. 가문에 다른 여성들의 질시가 있다고 하더라도, 위험을 무릅쓰고 지금 메시아의 탄생에 관한 예언들이 확정해 주었던 그 장소를 차지하기 위해 갔습니다. 여기서 하나님의 지혜를 기억하십시오. 모든 것들이 순서대로 진행된다는 것을 믿으시길 바랍니다.

다윗의 가문의 모든 사람은 베들레헴으로 가도록 되었을 때 그 작은 마을에 있는 아주 작은 숙박 시설은 곧 동이 났습니다. 의심할 여지 없이 모든 집이 사람으로 가득 찼습니다. 요셉은 그 마을에서 일가친척 하나 즉 기업 무를 자가 하나 없었습니다. 거의 모든 마을에는 여행자들에게 무료로 방을 주는 큰 여관 같은 곳이 있는데도, 이 또한 먼 거리로부터 오는 사람들 때문에 다 차고 말았습니다. 게다가 여행자들이 너무 많아 밀리고 밀려서 이 불쌍한 부부는 그 날 늦게 마을에 도착했습니다. 큰 벽돌로 된 방은 이미 사람들로 가득 차서 더 나은 숙박 장소는 남아 있지 않았고, 산통을 겪는 여자에게 남은 곳은 짐을 부리는 짐승들에게나 적합한 변변찮은 공간 외에 없었습니다. 앞에다 천을 매달고, 그 통로를 막기 위해 바깥쪽에 동물을 밧줄로 묶고, 격리시킨 후에 여기 이곳 마구간에서 영광의 왕이 태어 나셨습니다. 그리고 구유에 누이셨습니다.

오늘 아침 저는 여러분들을 베들레헴 그 마구간으로 데리고 가서 묵상할 수 있도록 안내하려고 합니다. 여러분은 구유에 놓인 구세주의 위대한 광경을 볼 수 있을 것입니다. 구원자인 예수님이 이 낮고 낮은 구유에 누인 이유를 생각해 보시기 바랍니다.

　　이는 여관에 있을 곳이 없음이러라(눅 2:7).

1. 왜 그리스도가 구유에 누이셨을까?

1) 겸비함을 나타냄

저는 '왜 그리스도가 구유에 누이셨을까?'라는 질문에 대한 다른 이유들이 있을 거라 생각하며 이야기를 시작하겠습니다. 저는 그분의 '겸비함을 나타내고자' 구유에 누이셨다고 생각합니다. 그는 예언대로 오셨습니다.

> 그는 멸시를 받아 사람들에게 버림받았으며 간고를 많이 겪었으며 질고를 아는 자라(사 53:3).

> 그는 마른 땅에서 나온 뿌리 같아서 고운 모양도 없고 풍채도 없은즉(사 53:2).

십자가에 벌거벗은 채로 죽임을 당하신 그가 태어날 때는 자색 옷을 입는 것이 어울린다고 생각하십니까?

다른 이의 무덤을 빌려 장사되신 구세주가 가장 비천한 마구간 외에 어디서 태어나며, 가장 비참하게 버려지는 방법 외에 어디서 기거하실 수 있겠습니까?

이 땅에서 구원자의 삶의 양극단에 서 있는 구유와 십자가는 어찌 보면 어울리는 것처럼 보입니다. 그는 사는 동안 목수의 옷을 입고 있었고, 어부들과 어울렸으며, 낮은 계층의 사람들이 그의 제자가 되었고, 추운 산등성이가 그의 안식처였으며, 심지어 그 자신도 "여우도 굴이 있고 공중의 새도 거처가 있으되 인자는 머리 둘 곳이 없다"(마 8:20; 눅 9:58)고 하셨습니다. 영광의 자리를 떠나 이 땅에 오셨을 때, 어떤 것도 그의 겸비함을 대신 할 수 없었기에 종의 모습으로 오신 그는 가장 비천한 곳인 구유에 누이셔야 했습니다.

2) '가난한 자들의 왕'으로 선포됨

구유에 누이신 그가 '가난한 자들의 왕'으로 선포되었습니다. 가난한 자들이 그를 보았을 때, 그의 위치에서부터 그들과의 관계가 확실히 이해될 수 있었습니다. 천사들이 목자들에게 다가와 "너희가 가서 강보에 싸여 구유에 뉘어 있는 아기를 보리니 이것이 너희에게 표적이니라"(눅 2:12)고 했을 때 목자들 가운데 형제애 같은 따스하고 부드러운 느낌이 있었으리라 믿습니다.

가난한 자들의 눈에 황제의 의복은 매력이 없습니다. 자신의 옷을 입은 사람이 그들의 신뢰를 얻을 수 있습니다. 지도자의 지시에 따라 열심히 일하는 노동자들은 자신들의 수고를 잘 알고, 슬픔을 위로해주고, 자신들의 모든 근심에 관심을 갖고 있는 그를 신뢰하면서, 열심히 성실하게 일합니다. 위대한 장군은 그의 휘하에 있는 부하들의 고충과 각 계급의 어려움을 잘 알아서 그들의 마음을 얻을 준비가 되었습니다. 베들레헴에 태어난 왕이신 주님도 가난한 자들과 보통사람들의 고난을 태어날 때부터 겪으셨습니다. 심지어 그의 인생은 그 가난한 자들보다 더 힘들었습니다. 저는 목자들이 구유에 누인 아기 예수를 보고 그의 친구들에게 무어라 말했는지 지금도 들리는 것 같습니다.

그는 헤롯왕 같지 않습니다. 그는 구유를 기억하고 있어서 가난한 사람들을 잘 이해 할 것입니다. 가난하고 힘없는 아기 예수님께 사랑을 느낍니다. 이 차가운 세상은 구원자에게 비천한 자리를 주었습니다. 오늘 태어나신 분은 로마 황제가 아닙니다. 로마황제는 그의 군대로 그의 통치 아래 있는 우리의 밭을 짓밟고, 우리의 가축을 도살했습니다. 하지만 예수님은 가난한 자의 친구이자 왕이십니다. 우리의 목자 되신 왕께서 사람들의 가난함을 살피시고, 도움의 손길이 필요한 아이들을 구원하실 것입니다.

확실히 이 땅에서 가난한 계층이었던 목자들은 여기 보통 사람들을 위한 왕이 계신다는 것을 즉시 알아차렸습니다. 우리 주님께서 예수님을 "백성 중에서 택함 받은 자"(시89:19)로 여기신 것처럼 목자들은 여전히 그가 혈통으로는 고귀한 분이심을 알았습니다.

위대한 평화의 왕이여! 그 구유는 왕실의 요람이었습니다. 온 인류의 왕으로 모든 나라에 나셨습니다. "야만인이나 스구디아인이나 종이나 자유인" 모든 사람의 왕이셨습니다.

여러분들이 영광의 주님을 알았더라면 여러분들의 금과 은을 그에게 아낌없이 드렸을 것입니다. 여러분들이 그를 몰랐으므로 그는 사람들에게 그저 지도자이자 증인으로 선언되었습니다. 그분 아래 '의미 있는 어떤 것'도 무의미한 것이 될 것입니다. '하나님께서 선택하신 주님은 십자가에서 멸시 당하였지만' 주님의 권세 아래 인간의 능력과 존귀함과 위엄은 산산이 조각날 것입니다.

3) 가장 비천하고 낮은 자들을 초대하심

게다가, 구유에 누이신 그가 '가장 비천하고 낮은 자들에게 오라고 초대'하셨습니다. 우리가 보좌에 나아간다고 생각하면 덜덜 떨릴지 모르겠습니다. 하지만 구유에 다가간다고 생각하면 어떠한 두려움도 없을 것입니다. 우리 주님이 처음으로 나귀에 올라타 예루살렘에 입성하실 때, 사람들이 겉옷을 길에 놓고, 종려나무 가지를 흔들며, "호산나"라고 큰 소리로 외쳤습니다.

우리는 그 장면이 우리 주님과 어울리지 않는다고 생각할지 모르겠습니다. 심지어 나귀 새끼에 올라탄 그는 기백도 없이 초라해 보였을 것입니다. 하지만 어린 아이들도 떼 지어 목청껏 "호산나!"라고 외칠 수 있을 때 그리스도께 누구나 다가갈 수 있었습니다.

어떤 경비병도 거칠게 가난한 사람들의 청을 뿌리치지 않았습니다. 절박한 과부나 아들이 전부인 한 남자의 외침도 뿌리칠 수 없었습니다. 그의 옷자락이라도 만지고자 하는 병든 사람들의 손길이 그를 뒤따랐고, 그분 자신도 병든 자를 어루만져 치료하려고 항상 준비되어 있었습니다. 태양 빛이 골고루 어느 곳이나 다 비치고 있듯이 그는 은혜의 빛을 간구하는 비참한 사람들의 희미한 음성을 들을 준비가 항상 되어있었습니다.

구유에 누인 채로 우리와 같은 고통을 당하시며 나약함을 느끼시는 인간이셨지만 제사장으로 자신을 증명하셨습니다. 사람들은 "예수께서 죄인 및 세리들과 함께 잡수시는 것"(막 2:16) 보고 "죄인을 영접하고 음식을 같이 먹는다"(눅15:2)고 비난했습니다. 그러나 구유에 누이신 채로 죄인의 친구가 되셨습니다.

수고하고 무거운 짐 진 자들은 다 그에게로 나아오십시오.

마음이 상하고 가난한 사람들은 다 그에게로 오십시오.

자신을 멸시하고 다른 사람에게서 멸시받는 사람들은 다 그에게로 오십시오.

세리와 창녀들도 다 그에게로 오십시오.

도적질하는 자, 술주정뱅이들 모두 다 그에게 오십시오.

구유에 누이신 그가 여러분의 손길과 눈길을 마다하지 않습니다.

무릎 꿇고 하나님의 아들께 입 맞추십시오.

그를 여러분의 구원자로 받아들이십시오.

그분은 여러분들이 다가 오도록 구유에 누인 자신을 내어 놓았습니다. 솔로몬의 보좌는 당신을 두렵게 할지 모르지만 다윗의 자손이 누이신 구유는 당신을 기꺼이 초대합니다.

4) 죄인들을 맞아주심

생각해보면 아직 또 다른 미스터리가 있습니다.

형제자매 여러분! 여러분들은 이 장소가 '모두에게 무료'라는 것을 기억할 것입니다. 한 여관이 있었습니다. 예수님이 머문 그 곳은 숙박하는 데 비용을 지불해야만 하는 호텔 같은 곳이 아니라는 것을 기억하십시오. 예전에는 이방인을 환대하는 것은 명예로운 일이라 여겨졌습니다. 후에 여행은 보다 일상적인 것이 되면서 많은 사람들이 그 영광과 기쁨을 이웃에게 전가하기 시작했습니다. 그런 까닭에 그들은 대접하는 것에 온 힘을 쏟지 않았습니다. 그래도 그때까지는 어떤 한 사람이 각 마을에서 선정되어 휴게소라는 이름으로 이방인을 환대하도록 되었습니다.

그러나 시간이 지나면서 초기 형제애가 사라지고 커다란 구역이 세워지면서 여행객들을 위한 방이 마련되었습니다. 아래층에는 짐승들이 물을 공급받을 수 있게 되었고, 어떤 경우에는 소를 위해 남겨진 짚을 잘라 여행객 스스로 자신의 잠자리를 만들어야만 했습니다. 큰 여관에 들어갈 여유가 없는 사람에게 그곳은 무료였고, 마구간도 그랬습니다. 그런 여관에 태어나신 사랑하는 우리 주 예수 그리스도께서 몸소 얼마나 모든 사람들이 자유롭게 자신에게 다가올 수 있게 하셨는지 보여주십니다. 그래서 복음은 모든 이들에게 전해져야 하며 막힘이 없어야 합니다. 여기 성경의 초대장이 있습니다.

> 자신을 스스로 제외하는 사람 외에는 누구도 거부해서는 안 됩니다. 예수님의 은혜로 왕자는 구원받을 수 있었고, 가난한 자는 자기 몫을 가질 수 있었고, 우리 인간은 절망의 구렁텅이에서 멸망하지 않을 수 있었습니다. 배운 자나 겸손한 자나 무지한 자나 무례한 자나 다 환영합니다.

여기에는 제외되는 계층이 없으며 카스트 제도의 최상 계층도 여기서는 소용없습니다. 이 마구간에 들어오는 데는 아무런 격식이 필요 없습니다. 공공의 여행객이 마구간에 들어가는 데는 어떠한 공격이 있을 수 없습니다. 여러분이 그리스도를 만나길 원한다면 있는 모습 그대로 오시면 됩니다. 지금 오셔도 됩니다. 여러분 중 누구나 마음속에 그리스도를 믿고자 한다면 그냥 나오십시오. 예수님께서 여러분을 맞아주시고 기쁨으로 환영하실 것입니다.

죄인들은 종종 거절당하는 것을 상상할지 모르겠습니다. 종종 양심의 가책이 은혜를 거부하기도 합니다. 그러나 하나님께서 여러분을 거절하지 않으신다면 여러분 스스로 거절하지 마십시오. 여러분들이 그리스도를 신뢰하지 않아서 그리스도가 여러분을 구원할 수 없다든지 하는 글을 성경에서 찾기 전에 저는 여러분들이 다음의 구절 "그가 자기를 힘입어 하나님께 나아가는 자들을 온전히 구원하실 수 있으니"(히 7:25)를 취하시기를 기도합니다. 그 약속의 말씀을 담대히 믿고 그리스도께로 믿음으로 나아오십시오. 여러분들은 주님께 나아오는 자 모두를 반기시는 그 분을 볼 것입니다.

5) 죄인들에게 희망을 주심

우리들은 왜 하나님의 아들이 구유에 뉘여 있는지에 대한 더 많은 이유를 생각할 수 있습니다. '짐승들이 먹이를 먹는 곳'이 바로 구유였습니다. 피곤한 짐승들이 그날의 꼴을 받아먹는 곳에 우리 구원자가 누워계십니다.

이것이 미스테리가 아니면 무엇입니까?

양심은 떠나고 죄로 인해 잔인해지고 자신의 욕심으로 타락한 사람들에게 바로 위대한 의사이신 예수님의 치료가 필요합니다. 우리는 절대 변하지 않는 사람들의 관한 글을 읽는다고 합시다. 우리는 이 변하지 않는 사람들이 가혹하게 처벌받아야 한다고 강력하게 주장하는 것은 일반적인 일이라고 생각합니다. 몇 년 전까지만 해도 이 세상은 거짓으로 포장된 인간성으로 미쳐갔습니다. 희망 없이 거친 징벌만이 답이 아니라고 주장하며 온유함으로 야만적인 도둑을 변화시켜야 한다고 소리치고 있었습니다. 지금 이런 주장이 큰 흐름이 되어 사람들은 현재 시스템의 폐기를 요구하고 있습니다.

저는 범죄인을 우아하게 취급하는 것을 지지하지 않습니다. 그들이 죄에 합당한 분량의 고통을 받게 하십시오. 어떤 방법이 있어서 그들이 변화될 수 있다면 그런 방법들이 사용되길 기도하십시오. 교수형에 대한 격한 반응이 끝나는 그날은 올 것입니다. 우리는 지금까지 성공적으로 시행했던 훌륭한 제도에 대해 바보 같이 두려움에 사로잡혔다는 사실을 부끄럽게 생각할 것입니다. 현재 제도 아래에서 경이로운 것은 범죄의 횟수가 줄어들고 총 범죄자의 등급이 실질적으로 떨어졌다는 것은 사실입니다.

1844년에는 18,490명의 범죄자가 식민지로 옮겨갔습니다.[2] 1860년에는 인구 증가에도 불구하고 범죄자의 수는 11,533명으로 줄었습니다. 범죄자를 고용하게 해서 그들에게 새로운 일자리를 얻도록 기회를 주는 제도인 가출옥제도가 잘 실행되어 일 년 내에 재범할 확률이 1퍼센트를 조금 넘는 정도이고 감옥에 가는 비율도 연간 5퍼센트에 불과했습니다.

지금 이 5퍼센트가 좋은 것이 아니라며 더 나빠질 수 있다고 말하는 사람이 있을 것입니다. 아니면 우리는 다른 95퍼센트를 고려하지 말아야 한다고 말하는 사람도 있을 것입니다. 그러나 복수심이나 수그러들지 않는 가혹함을 주장하며 오랫동안 야만스럽게 통치해온 것을 위해 희망 가득한 자비의 기독교 시스템이 변화되어야 한다고 주장하기 전에 잠시 멈춰서야 합니다.

시민 여러분! 개혁의 희망에도 불구하고 사람들은 죄를 지었던 옛 생각으로 되돌아갈 수 있다는 것을 명심하십시오. 그렇지 않으면 여러분은 지금 우리를 괴롭히는 것보다 더 심각한 죄를 생산해낼 것입니다. 드라코의 법들[3]은 반드시 폐기되어야 합니다. 크리스천 정신이 제안하는 법들이 궁극적으로 승리하기 위해 두려워하지 말아야 합니다.

이 주제로 제 마음은 여러 갈래로 흩어졌습니다. 저는 제가 진정한 인류

---

[2] 그 당시 범죄자들의 형벌로 교수형을 제외하고 해외 식민지로 격리되는 경우가 있음 – 역주.
[3] 드라코(Draco): 고대 그리스 아테네의 법 – 역주.

애에 반하는 죄로부터 몇몇 사람을 구했다고 생각했습니다. 그러나 그것은 오산이었습니다. 전 즉시 구유와 그 아기에게 돌아갈 것입니다. 저는 우리 주님이 '심지어 짐승 같은 사람들이 그에게 다가와 생명을 얻을 수 있다는 것'을 보여주시기 위해 짐승들이 먹던 그 구유에 누어계셨다고 믿습니다. 어떤 피조물도 그리스도가 높일 수 없을 정도로 낮아질 수는 없습니다. 바닥에 떨어질 수 있고 심지어 지옥까지 떨어져 있는 것처럼 보여도 그리스도의 길고 강한 팔이 절망적인 그 밑바닥까지 뻗어 그 희망 없는 폐허로부터 구해낼 것입니다. 오늘 아침 이 사회에서 버림받고 여기저기 배회하는 사람이 있다면 그 짐승들이 있는 마구간에 누워 계시는 우리 주님이 가장 천하고 가장 최악인 그 사람들을 구원하신다는 것을 받아들이시길 바랍니다.

6) 그리스도의 임재와 함께하는 영광

그리스도가 짐승들이 먹이를 먹는 곳에 누워 계셨지만 여러분은 그가 간 뒤에 '거기에는 짐승들만이 다시 먹이를 먹고' 있을 거라고 생각할 것입니다. 이 구유가 영광스러울 수 있는 것은 단지 그의 임재 때문입니다. 그리스도가 떠나면 '이 세상은 전에 이방인들이 있던 어두움으로 다시 돌아갈 것이라는 것'을 우리는 압니다. 예수님을 믿는 믿음이 사라지면 최소한 적은 부분이라 할지라도 우리 인간들을 문명화시켰던 그 문명은 사라질 것입니다. 그리스도가 우리의 마음에서 떠난다면 가장 거룩했던 것은 다시 바닥으로 추락할 것이고, 천사들과 친밀했던 사람들도 곧 마귀들과 관계를 맺게 될 것입니다. 영광의 주님이 사라진 그 구유는 짐승들을 위한 구유로 남을 것이고, 그리스도가 그의 영광을 거두어 버리신다면 우리는 죄와 정욕에 사로잡힐 것입니다. 생각건대 이러한 이유들이 그리스도가 구유에 계신 이유입니다.

2. 여관 외에 다른 곳은 없었을까?

여전히 성경은 그가 여관에 있을 곳이 없다고 말하고 있습니다. '그리스도를 위한 방이 없다면 여관 외에 다른 곳은 없었을까?'하는 생각을 하게 합니다.

'황제의 궁전과 왕의 연회장은 고귀한 이방인에게 거처를 제공할 수 없었던 것일까요?'

형제자매 여러분! 아, 유감스럽게도 그 궁전에는 그리스도를 위한 방이 없었습니다.

이 땅의 왕들이 주님을 어떻게 영접했습니까?

주님은 평화의 왕이었지만 그들은 전쟁을 즐겨했습니다. 주님은 그들의 활을 부러뜨리고 창을 부수셨습니다. 주님은 그들의 병거를 불로 태우셨습니다.

그런 왕들이 어떻게 겸비한 구원자를 받아들일 수 있었겠습니까?

그들은 웅장하고 화려한 것을 사랑했지만 그는 소박하고 온화함 그 자체였습니다. 그는 목수의 아들이었고 어부의 친구였습니다.

이 땅의 왕자들이 새로 태어난 왕을 위한 방을 찾을 수 있었겠습니까?

정치적이고 교활한 술수와 탐욕스럽고 야망이 가득한 계획을 가진 왕들은 그와 연합하는 것이 매우 힘들다는 것을 알았습니다. 그는 우리가 해야 하는 것을 다른 사람들에게도 하라고 가르치셨습니다. 저는 여러분들이 기쁘거나 즐겁거나 전쟁 중이거나 상황에 관계없이 기름 부은 자를 잊어버리고 만왕의 주님을 버린다는 사실에 많이 놀랐습니다.

왕들에게는 그리스도를 위한 방이 없었습니다. 지금 이 땅의 나라들을 둘러보십시오. 여기 저기 예외 없이 "세상의 군왕들이 나서며 관원들이 서로 꾀하여 여호와와 그의 기름 부음 받은 자를 대적하고"(시 2:2) 있습니다. 천국에서 우리는 이곳저곳에서 등장하는 한 왕을 볼 것입니다. 그러나 정말이지 주님이 머무실 곳이 없습니다. 한 아이가 이렇게 씁니다.

> 육체를 따라 지혜로운 자가 많지 아니하며 능한 자가 많지 아니하며
> 문벌 좋은 자가 많지 아니하도다(고전 1:26).

매사에 조심스럽게 여행하는 여행객들이 인도의 정글이나 늪을 지나는 여행을 할 가능성이 거의 없는 것처럼 그리스도를 의전실이나, 공식 알현실이나, 왕궁에서 만날 일은 거의 없습니다. 왕이 거주하는 곳보다 시골의 오두막집에 그리스도는 거하셨고, 이것이 왕의 연회장에는 예수 그리스도를 위한 방이 없는 이유입니다.

> 영원한 하나님이 하늘을 굴복시켜
> 땅의 것을 만나러 오시네.
> 왕궁의 탑에 거하는 거만한 왕들을
> 신령한 경멸의 눈으로 바라보네.
> 모든 가난한 영혼을 만나러
> 그의 눈은 기쁨으로 하늘로부터 내려온
> 장엄한 마차가 가도록 명하시네.

'상원의원도 있고, 정치적 토론이 있는 좌담회도 있고, 법을 만든 사람들이 있는 장소도 있는데' 거기 그리스도를 위한 방이 하나 없습니까?

아, 형제자매 여러분! 방 하나가 없었습니다. 이날까지 국회에 그리스도를 위한 방이 없습니다. 정치인들은 신앙을 좀처럼 인식하지 못합니다. 물론 국교가 있지만 국교는 힘없고 잘 길들여진 이빨 빠진 사자 같아서 갈기 털은 다 빠졌으며 그 발톱은 다 깎여있는 상태입니다.

진리 되신 그리스도와 이 악한 세대 속에서 예수님을 따르고 그의 말을 순종하는 사람들을 위한 방은 어디 있습니까?

아, 이것은 종파적이고 치욕적이며 가치가 없는 일입니다.

누가 의회에서 예수님을 위해 탄원을 합니까?

종파의 이름아래 예수님의 종교는 모든 당의 공포가 되지 않았습니까?

누가 수상을 위해 예수님의 황금률을 인용합니까?

누가 국가 정책을 위해 예수님의 용서를 전합니까?

한 두 사람들은 예수님에 대해 좋은 말을 해 줄 수 있지만 만약 주인 되신 예수님께 순종해야 하느냐 마느냐로 투표를 한다면 많은 시간이 지나야만 통과될 것입니다. 정당, 정책, 구직자, 한량들은 땅의 대표들 사이에서 하늘의 대표를 배재시킵니다.

'좋은 사회라고 불리는 곳'에 진정 예수를 위한 방을 발견할 수 없단 말입니까?

베들레헴에 존경할 만하지만 다수의 대중의 인기에 영합하지 않은 사람은 정녕 없었습니까?

명망 있는 사람들은 예수를 위한 방을 찾을 수 없단 말입니까?

친구 여러분! 소위 좋은 사회라고 불리는 곳에 예수를 위한 방이 없다는 것이 아이러니 한 일이지만 실제 그런 경우는 많습니다.

스스로를 속박하는 것을 선택한 사람들에 의해 만들어진 어리석은 법을 위한 방은 있습니다. 몰상식한 예의범절을 위한 방도 있습니다. 하찮은 대화를 위한 방도 있습니다. 자기 몸을 경배하는 방도 있습니다. 이것저것을 위해 준비된 방도 있습니다. 그러나 그리스도를 위한 방은 없으며 주님을 온전히 따르려는 열정과도 멉니다.

그리스도의 재림은 동성애를 지지하는 사회가 바라는 가장 마지막 일일 것입니다. 그들의 사랑의 입술로 그의 이름은 부르는 것은 이상한 일일 것입니다. 여러분이 그리스도의 것들에 대해 이야기하기 시작한다면 여러분들은 즉시 터부시 될 것입니다. 종교색을 드러내면 어떤 사람은 "나는 결코 그 사람을 내 집에 다시 들이지 않을 것이다"라고 말할 것입니다. 화려한 보석으로 반짝거리고 아름다운 장식품으로 치장하고 격식으로 가득한 그들의 거처 어느 곳에도 그리스도를 위한 방은 없습니다.

물건을 '거래'하는 곳에는 예수님을 위한 방이 없습니까?

시장 한쪽 구석에도 예수님을 위한 자리가 없습니까?

여기 소매업자들이 있습니다만 그리스도를 위한 방은 정말 없단 말입니까? 아, 믿음의 동역자 여러분! 그리스도의 정신이나 생명, 심지어 그리스도의 교리를 조금이라도 찾을 수가 없습니다. 너무 양심적으로 하면 불편함을 느껴 상인들은 종종 돈을 벌기위해 양심을 팔기도 합니다. 그들이 직접적으로 거짓말을 한다고 말하지 않을 것이지만 쉽게 이야기하자면 그들은 의도를 가지고 간접적으로 거짓말을 합니다.

런던에서 가장 저렴한 집이라고 적힌 푯말을 어디서나 볼 수 있지만 사실 그렇지 않다는 것을 잘 아실 것입니다. 모든 집이 다 가장 저렴할 수는 없습니다. 제멋대로 하는 말과 과장되고 거짓된 말이 얼마나 가득 차 있습니까? 교활하고 교묘한 손놀림만 있을 뿐입니다.

우리 주인 되신 그리스도가 여러분들 가게 창 밖에서 물끄러미 쳐다보거나 계산대 뒤에 우두커니 서 있다면 얼마나 비통한 일입니까?

파산, 사기, 배신이 너무나 난무하는 이 시장에는 예수님을 위한 방이 없습니다.

여기 '철학자의 한 무리'가 있습니다. 확실히 그들은 예수님을 기쁘게 할 수도 있고, 현자들은 예수님의 성육신 되신 지혜를 찾을 수도 있을 것입니다. 소년 시절의 예수님은 성전의 선생들의 선생이 되셔서 그들에게 질문을 하고 답을 주고받았을 것입니다. 예수님은 확실히 그리스 현자들 사이에서 방을 찾을 것이고, 지혜와 기지로 가득한 그들은 그를 높일 것입니다.

소크라테스, 플라톤, 스토아학파와 에피쿠로스학파들이 예수님께 굴복할 것입니다. 이스라엘의 선생들이여, 당신의 자리를 비워두십시오. 이 아기 예수를 위한 방이 없다면 우리는 철학자들의 무리 속에 그분을 모셔야만 합니다.

학문의 전당인 대학에도 그리스도를 위해 아주 작은 방이 있습니다.

학문이 사람들을 그리스도에게서 얼마나 자주 멀어지게 했습니까?

너무나 자주 학문은 그리스도를 십자가에 달리게 한 그 못을 만들었던 곳이었습니다. 너무나 자주 인간의 기지는 예수님의 심장을 찔렀던 창을 만드는 데 사용되었습니다.

진정으로 철학이 바르게 다루어진다면 철학은 그리스도의 친구임에 틀림없습니다. 그러나 소위 거짓으로 불리는 철학은 그리스도께 악행을 저질렀습니다. 눈부신 재능을 가진 몇몇의 사람들이 박식하고 심오한 몇몇이 베들레헴 아기 예수의 발에 무릎 꿇어 경배했지만, 너무나 많은 사람들이 자신의 지식과 지혜에 사로잡혀 말했습니다.

"누가 그리스도이며, 우리가 그를 알아야만 하는가?"

학교에는 예수님을 위한 방이 없었습니다.

그러나 예수님께서 가실 수 있던 곳이 있었습니다. 그곳은 장로들이 있는 산헤드린이었습니다.

제사장들과 레위 사람들이 함께하는 그 거룩한 곳에는 예수님이 거할 방이 없었습니까?

성전이나 회당에는 예수님을 위한 방이 없었습니까?

안타깝게도 없었습니다. 예수님은 거기에서도 쉴 수 없었습니다. 그곳에는 오히려 사나운 적들만 있을 뿐이었습니다. 대다수 사람들은 잠잠히 있었지만, 오히려 제사장들이 예수님의 죽음의 선동자가 되어 사람들에게 "이 사람이 아니라 바라바를 내 주시오"라고 말하도록 부추겼습니다. 제사장들은 대중들의 목소리를 매수하려 기꺼이 세겔을 지불하였고, 그리스도를 죽음으로 몰아 세웠습니다.

확실히 그리스도인의 모임인 교회에는 예수님을 위한 방이 있어야 합니다. 그러나 그렇지 못합니다. 한때는 위엄 있는 곳으로 알려진 제사장 교회에는 너무나 자주 그리스도를 위한 방이 없습니다. 저는 조심스레 기독교 어느 종파에도 그리스도를 위한 방을 찾기가 힘들다고 말하고 싶습니다. 아마도 예수님이 이 땅에 오셔서 자신의 방이 없다는 것을 아신다면 정말 이상한 일일 것입니다. 진심으로 종교에서 가장 저주받아야 하는 적들은 자신들이 그 종교의 지지자인 체하는 사람들일 것입니다. 오히려 주교들이 대중들의 믿음을 약화시키는데 일조하는 것은 놀라운 일도 아닙니다. 이것은 처음 있는 일도 아니고 마지막으로 있는 일도 아닙니다.

누가 순교자들을 불태웠으며, 스미스필드[4]를 피의 들판으로 만들었고, 불타는 용광로로, 가장 높으신 하나님을 위한 커다란 제단으로 만들었습니까?

주님의 기름 부음 받은 자라고 고백했던 사람들이 왜 이제는 말끔한 왕관을 쓰고 사제의 축복을 받고 있단 말입니까?

누가 존 번연[5]을 감옥에 두었습니까?

누가 존 오웬[6]과 청교도들을 설교단에서 쫓아내었습니까?

누가 산 위에서 언약 맺은 자들을 쫓아내었습니까?

누가 곳곳에서 세례(침례) 받은 성도들을 박해하며 유럽 대륙 전역에서 그들을 여전히 핍박하고 있습니까?

바벨론의 종으로서 바알을 섬기는 제사장들과는 함께하면서 그리스도를 위한 방은 없었습니다. 거짓된 삯꾼은 그리스도의 목자가 아니었고, 그의 양을 사랑하지도 않았으며, 우리 하나님과 그리스도의 흉포한 적들이 되었습니다. 그의 이름은 엄숙한 찬양 속에 울려 퍼지고, 그의 형상은 제단의 향기와 함께 높이 올라가지만, 그리스도를 위한 방은 없었습니다.

평화의 왕을 위한 곳은 그 어디도 없었습니다. 주님은 겸손하고 겸허한 영들과 함께 은혜로 그 자신의 쉴 곳을 준비하셨습니다.

---

4 스미스필드(Smithfield): 원래 가축 시장이 있었던 런던의 북서쪽 밖의 한 지구, 고기 시장으로 유명, 16세기에는 이단자 화형의 땅 – 역주.

5 존 번연(John Bunyan, 1628-1688): 영국의 침례교 목회자이자 천로역정을 지은 작가 – 역주.

6 존 오웬(John Owen, 1616-1683): 청교도의 황태자라고 불리는 청교도 신학의 최고봉에 있는 개혁파 정통주의자 – 역주.

3. 여관에 그리스도가 있을 곳이 없었습니다

우리가 생각할 점은 이것입니다.
"여관에 그리스도가 있을 곳이 없었습니다."
이것이 그가 구유에 누어계셔야 했던 주된 이유입니다.
현 시대 여관이라는 곳에서 우리는 무엇을 발견할 수 있습니까?
여관은 '모두에게 열려있는 공간'이라는 것입니다. 이 자유로운 곳에서 사람들은 자신이 무엇을 좋아하는지 말하고, 모든 주제에 관해 다양한 의견을 내어 놓습니다. 모든 것에 자유로워서 심지어 신앙에 대해서도 자유롭게 이야기 합니다.

그러나 그리스도만은 예외입니다. 여러분은 이곳에 박해하는 분위기가 만연해 있다는 것을 감지할 수 있을 것입니다. 여전히 비웃는데 일가견이 있는 사람들이 있습니다. 지금 우리는 우리 자신의 명예를 잃지 않기 위해 기독교인들을 비웃지도 않고, 그 점잖은 이름을 놀리지도 않습니다. 우리는 그 이름 아래 예수님을 따르는 자를 반대하는 말을 하지 않습니다.

우리는 더 안전한 방법으로 하고 있습니다. 예수쟁이라고도 할 수 있지만 좀 더 세련된 현대적인 말로 '분파'라고 하는 것을 사용합니다.

여러분은 그것이 무엇을 의미하는지 아십니까?

'분파'는 진정한 기독교인을 의미합니다. 양심을 지키며 그것으로 고통 받는 것을 꺼려하지 않습니다. 열정적으로 성경을 믿고 성경대로 행동합니다. 저는 분파 또는 예수쟁이라는 말 아래 이러한 것을 추구하는 사람들은 진정한 그리스도를 따르는 사람이라고 생각합니다. 여러분들이 항상 글로 읽고 듣는 비웃음, 야유, 몰상식이 기독교인들에게 향하고 있으며, 진정한 그리스도인들은 광신도라는 말로 오해되어 불리고 있습니다.

저는 여러분이 몸담는 그 신앙에 헌금도 하지 않을 것입니다. 하나님의 말씀 하나하나가 진실이라면, 우리는 그 말씀에 의지하여 행동해야합니다. 주님이 무엇을 명하시던 우리는 기꺼이 순종해야합니다. 우리에게 명하신 것 중 하나라도 어기고, 또 그렇게 하라고 가르치면, 우리는 하나님의 나라에서 가장 작은 자가 될 거라는 것을 기억해야합니다. 우리는 구원자의 법도의 세세한 것까지 매우 정확하고 조심스럽게 순종하며 종이 주인을 바라보듯이 우리 눈을 들어 그분께 고정해야합니다.

이렇게 살면 여러분들은 소외되고 냉대를 받게 될 것입니다. 구레네 사람 시몬처럼 오늘날 진정으로 십자가를 어깨에 메어야 합니다. 여러분들이 침묵하고, 죄인들이 망하도록 내버려 두고, 여러분의 믿음이 전파되도록 노력하지 않고, 진리의 증인으로 살지 않고, 그리스도인의 삶을 포기하고, 그리스도인이 마땅히 해야 하는 것을 하지 않는다면, 세상은 "그래, 기독교도 우리가 생각하던 바로 그런 종교였어?"라고 말할 것입니다.

그러나 여러분들이 확실히 믿고, 그 믿음이 여러분들의 삶을 이끌고, 여러분들의 신앙이 너무 소중해서 전하지 않을 수 없다면, 모든 것이 용납된다하더라도 예수님이 머물 방이 없다는 것을 바로 깨닫게 될 것입니다. 차라리 예수를 믿지 않는 이교도인이 되십시오. 그러면 어느 누구도 여러분을 경멸하지는 않을 것입니다. 그러나 그리스도인이 된다면 많은 사람들이 여러분을 업신여길 것입니다. 여관에 예수님을 위한 방이 없던 것처럼 말입니다.

그 여관에서처럼 우리 '일반적인 대화'에도 얼마나 그리스도를 위한 방이 없는지요?

우리는 정말 많은 것을 이야기합니다. 다양한 주제로 매일매일 이야기하지만 어느 누구도 "잠깐만요, 누군가 당신 말을 도청해서 중앙기관에 보고하는 것 같아요"라고 말하면서 말을 막아서지 않을 것입니다. 이 땅에서 정말 누구나 자유롭게 할 수 있는 것이 대중 연설이지만, 얼마나 대중의 말속에 그리스도를 위한 방이 없는지요.

심지어 일요일 오후에 예수를 주로 고백한 그리스도인 가정에도 그리스도를 위한 방이 없습니다. 그들은 설교자에 대해 이야기하거나, 그들이 인용한 이상한 예화에 대해 좀 더 덧붙이거나, 양념을 치듯 좀 더 꾸며 맛깔나게 이야기 합니다.

주일학교에 대해 이야기하거나 교회와 연관된 기관들에 관해 이야기하지만, 얼마나 예수 그리스도에 관해서는 이야기하는지요?

만약 누군가가 대화중에 신격이나 인격에 대해, 혹은 이 땅에서의 사역이나 의로움, 승천, 그리스도의 재림에 대해 말하지 않느냐고 지적한다면, 우리는 심지어 그리스도를 따르는 자라고 고백하는 사람들이 "이런 사람은 너무 광신도 같아" 아니면 "일반적인 대화 속에 그런 주제를 불쑥 꺼내드는 건 좀 아닌 것 같아"라고 말하는 것을 볼 수 있을 것입니다. 여관에 그리스도를 위한 방은 정말 없었습니다. 오늘날에도 예수님이 근처에라도 가서서 머물 수 있는 곳을 찾을 수 없는 것 같습니다.

저는 여러분들이 하루하루 일자리를 구하는 노동자 계급인 것을 알고 있습니다.

그런데 그 '일 하는 곳'에도 그리스도를 위한 방이 없다는 것을 알고 계십니까?

모든 것에는 각기 방이 있습니다. 취임하는 곳을 위해서도 고주망태가 되도록 술을 먹는 곳을 위해서도 심지어 음담패설 하는 곳을 위해서도 방이 있습니다. 정치, 명예훼손, 배교를 위한 곳에서도 방이 있지만, 그리스도를 위한 방은 없습니다.

많은 노동자들이 종교는 그들에게 거추장스럽고, 쇠사슬 같이 옥죄이는 감옥 같은 것이라고 생각합니다. 그들은 종종 극장이나 강의실에서 강의를 듣지만, 하나님의 전은 따분한 곳이라고 여깁니다. 저는 이렇게 말하고 싶지는 않지만, 우리가 일하는 공장이나 일터에도 그리스도를 위한 방은 없다고 생각합니다. 세상은 더 많은 방을 만들려고 앞으로 나아가지만, 여전히 베들레헴에서 태어난 아기가 누울 수 있는 구석진 곳에서조차 방을 찾기 힘듭니다.

'현시대에 여관에 해당하는 곳'인 여행객들이 머무는 호텔이나 길가 민박집에서 예수님을 찾을 수 있다고 생각하십니까?

그런 곳은 목록에서 제하더라도 선술집 같은 곳보다 더 추악한 곳이나 지옥의 넓은 문 같은 곳은 어떻습니까?

거기계신 그리스도를 찾기 위해 누가 가스 불을 들고 모든 거리 구석구석을 다니며 그런 곳을 가겠습니까?

지옥의 끝없는 나락 같은 곳에서 그리스도를 찾는 것을 기대하십니까?

싸구려 선술집에서 그리스도를 찾는 것은 지옥에서 천사를 찾는 것과 같다는 것을 명심해야합니다. 그분은 죄인들과 섞일 수 없으며, 주신인 바커스의 악취 나는 신전 같은 곳에 어울리지 않습니다. 그 여관에는 그리스도를 위한 방은 없습니다.

어리석은 사람을 이용해 일용한 양식을 벌고, 가난한 사람들이 애써서 번 돈을 가져가고, 누더기를 걸친 아이들과 쇠약한 아내의 것을 빼앗는 것 보다 까마귀를 먹이는 것이 낫다고 생각합니다. 많은 선술집 주인들이 그 가난한 자들의 살과 뼈와 피와 영혼을 먹고 자신을 살찌웁니다. 타락의 열매를 먹고 부유해진 그들은 먹이를 찾는 야수와 같습니다. 진정으로 에브라임의 술주정꾼들 사이에 그리스도를 위한 방은 없었습니다. 그들이 그리스도와 할 수 있는 것은 그가 말씀하시는 것을 듣는 것입니다.

> 그러므로 너희는 그들 중에서 나와서 따로 있고 부정한 것을 만지지 말라 내가 너희를 영접하여 너희에게 아버지가 되고 너희는 내게 자녀가 되리라(고후 6:17-18에서 사 52:11를 재인용).

심지어 현시대에 사람들이 휴식을 즐기는 공간에도 그리스도를 위한 방은 없습니다. 우리가 생각해 볼 것은 가장 핵심을 찌르고 어쩌면 가장 필요한 고민입니다.

4. 여러분들은 그리스도를 위한 방이 있습니까?

정말 여러분 속에 예수님을 위한 방이 있습니까?

궁전에도, 정치인들 위한 좌담회에도, 여관에도 그리스도를 위한 방은 없습니다. 심지어 대중들이 휴식이 취하는 곳에도 없었습니다.

그렇다면 여러분 속에는 그리스도를 위한 방이 있습니까?

아마도 "네, 있긴 있습니다만 그분이 오실만큼 훌륭치는 못해요"라고 말할지 모르겠습니다. 저는 가치 있고 훌륭한지를 물어본 것이 아닙니다.

그를 위한 방이 있습니까?

어떤 분들은 "아, 네, 저는 세상이 채울 수 없는 빈방이 있습니다"라고 말할지 모르겠습니다. 드디어 그리스도를 위한 방을 가진 분을 만났습니다. 근데 그분은 "어, 그런데 내 마음속에 있는 그 방은 너무 낮은 곳에 있네요" 라고 말합니다. 역시나 구유 같은 곳입니다. "그런데, 그곳은 너무 방치 되었네요"라고 말합니다. 역시나 구유같이 낮고 낮은 곳입니다.

"아, 게다가 제 마음은 너무 악취가 진동하네요."

아마 구유도 그럴 것입니다.

"오, 이곳은 그리스도를 위한 곳이 못돼요."

구유도 그리스도를 위한 곳은 아닙니다. 그러나 그곳에 예수님이 누이셨습니다.

"세상에, 저는 너무나 죄인이었습니다. 제 마음은 야수와 마귀의 소굴이었습니다."

구유도 그런 야수들을 먹이던 곳이었습니다.

그를 위한 방이 있습니까?

과거가 어떠했는지 신경 쓰지 마십시오. 그는 잊어주시고 용서해 주십니다. 여러분들이 그것을 위해 슬피 운다면, 현 상태가 어떻든지 간에 중요하지 않습니다. 그리스도를 위한 방이 있다면, 그는 기꺼이 오셔서 여러분의 손님이 되어주실 것입니다. 여러분, "나중에 그분을 모실 방을 마련할게요"라고 말하지 마시기 바랍니다. 그분이 태어나실 시간이 임박했습니다. 예수님을 잉태하고 있는 마리아는 몇 달이나 몇 년을 기다릴 수 없습니다. 죄인이라 할지라도 그리스도를 위한 방을 갖는다면, 오늘 여러분의 영혼 속에서 태어나시도록 해야 합니다. 오늘 여러분이 그분의 음성을 듣게 된다면, 분노로 여러분의 마음을 굳게 닫지 마십시오. 오늘이 바로 주님을 영접하는 그날입니다. 구원의 날입니다. 예수님의 방, 바로 지금 그 방을 준비하십시오.

어떤 분은 말할지 모릅니다.

"제게 주님을 위한 방은 있는데, 과연 그분이 오실까요?"

그분은 정말로 오실 것입니다. 걱정하지 마세요.

"주인 되신 예수님, 제가 제 자신을 볼 때 무가치해보이고 더러워 보이지만 제 마음에 오셔서 임하여 주소서."

여러분 마음의 문을 활짝 열면 됩니다. 그는 여러분께 다가와 여러분 마음속 구유를 깨끗이 씻어 황금 보좌로 바꾸실 것입니다. 거기에 좌정하셔서 영원 무궁히 다스릴 것입니다.

오! 저는 오늘 아침 어디에 속박되지 않고 말씀하시는 그리스도를 봅니다. 그 고귀한 사랑의 예수님께서 친히 가난한 마음속으로 임하셔서 말씀하실 것입니다.

그런데 오늘 이 아침에 그분이 들어갈 마음이 없단 말입니까?

제 눈으로 이 방을 대충 둘러보는데, 여러분 중 많은 분들의 마음속에 아직까지 예수님이 없고, 예수님께 "어서 오십시오" 하는 분들도 없어 보입니다. 이스라엘의 위로자이신 예수님을 여러분의 두 팔로 안아 맞아들인다면, 여러분에게 오늘은 행복한 날일 것입니다.

여러분은 시므온이 "주재여 이제는 말씀하신 대로 종을 평안히 놓아 주시는도다 내 눈이 주의 구원을 보았사오니"(눅 2:29-30)라고 말한 대로 기쁨으로 죽음을 기다릴 수 있을 것입니다.

나의 주님은 오늘도 방을 찾고 계십니다. 그분을 위한 방을 말입니다. 저는 그의 전령이 소리쳐 우는 소리를 듣습니다.

구원자를 위한 방 없나요?
여기 나의 주인이 계십니다.
여러분 중 그분을 위한 방을 가지고 있는 분이 없습니까?
여기 하나님의 아들이 육신이 되어 계십니다.
정말 그분을 위한 방이 없습니까?

여기 모든 죄를 사하러 오신 분이 계십니다.
정말 그분을 위한 방이 없습니까?
여기 끔찍한 수렁과 더러운 진흙탕에서
여러분을 건져내실 분이 계십니다.
정말 그분을 위한 방이 없습니까?
여기 다시는 떠나지 않고 영원히 거하셔서
여러분 마음을 더 없는 천국의 기쁨으로
만들어주실 분이 계십니다.
정말 그분을 위한 방이 없습니까?

여러분의 겸허함, 낮아짐, 선함과 은혜를 구하는 마음, 이 모든 것이 그분을 위한 방이 될 수 있습니다.

여러분은 그분을 위한 방을 갖고 계십니까?

오, 주님의 영이여! 오늘 사람들이 "네, 주님, 제 마음이 준비되었습니다"라고 말하게 하소서.

그러면 그가 친히 오셔서 여러분과 함께하실 것입니다.

기쁘다 구주 오셨다.
오래전 약속대로 구원자 오셨다.
모든 마음 그 보좌 맞이하네.
모든 소리 그 보좌 찬양하네.

5. 세상에는 여러분들을 위한 방이 없습니다

　여러분들 마음속에 오늘부터 그리스도를 위한 방이 있다면 기억하십시오. '세상에는 여러분들을 위한 방이 없다'는 사실을 말입니다.
　이번에 제가 말씀드리고 싶은 것은 그리스도를 위한 방이 없었다는 것뿐만 아니라 다른 사람, 마리아나 요셉이나 그 아기 예수를 도와줄 '사람을 위한 방 또한 없었다'는 것입니다.
　누가 그분의 아버지이고 어머니이고 형제이고 자매입니까?
　그의 말씀을 받아 지키는 사람들입니다. 축복받은 동정녀 마리아를 위한 방이 없었듯이, 평판 좋았던 아버지, 요셉을 위한 방이 없었다는 것을 기억하십시오. 그리스도를 진정으로 따르는 사람에게는 지금부터 이 세상 속에 그들을 위한 방이 없다는 것을 기억해야합니다. 당신이 편히 '쉴만한' 방은 없습니다.
　여러분들이 그 십자기의 군병으로 산다면, 생명을 건 전투에서 쉴 곳을 찾을 수 없을 것입니다. 편히 앉아 당신이 달성한 '업적'에 만족할 방은 없습니다.
　여러분은 여행자이며 뒤에 있는 것은 잊어버리고 목적지를 향해 전진하는 사람입니다. 당신의 '귀중품'을 숨겨 놓을 방이 없습니다. 왜냐하면 여기에서는 좀먹고 녹슬어 썩어져 버릴 것이기 때문입니다. 여러분의 '자신감'을 놓을 방이 없습니다. 왜냐하면 "무릇 사람을 믿으며 육신으로 그의 힘을 삼는 그 사람은 저주를 받을 것이라"(렘 17:5)고 하셨기 때문입니다.
　오늘부터 여러분들에게 '이 세상의 좋은 평판'을 받을 방은 없습니다. 오히려 여러분들을 쓰레기로 여길 것입니다. 이 세상 '품위 있는 사회'에서도 여러분들을 위한 방이 없습니다. 여러분들은 그리스도가 당한 수치를 짊어지고, 그 곳을 나와야합니다. 이 시간 이후부터 저는 만약 여러분들이 그리스도를 위한 방을 가지고 있다면, 이 세상은 여러분을 용납할 수 있는 방을 좀처럼 내어주지 않을 것이라고 말하고 싶습니다. 여러분들은 지금 당장 비웃음 당할 것을 각오해야 합니다. 지금 당장 사람들 사이에서 바보라고 쓰인 모자를 써야만 할 것입니다. 이제 여러분의 순례의 첫 노래가 시작 된 것입니다.

> 예수님, 그 십자가 가지려
> 내 모든 것 버리고 따르네.
> 벌거벗고, 가난하고, 멸시 천대 받으며
> 내 모든 것 그 앞에 놓았네.

세속적 사랑에는 여러분들을 위한 방이 없습니다. 여러분들은 모든 사람이 여러분을 칭송하고 여러분들의 선행을 칭찬할 것을 기대하겠지만, 아주 큰 착각이라는 것을 곧 알게 될 것입니다. 저는 이 세상에 그리스도를 위한 방을 가지고 있는 사람에게 어울리는 방은 없다고 말하고 있습니다. 어떤 사람이 이 세상을 사랑한다면, 아버지의 사랑이 그 안에 없다는 말입니다.

> 모든 사람이 너희를 칭찬하면 화가 있다(눅 6:26).

> 그리스도가 세상에 속하지 아니함 같이 그들도 세상에 속하지 아니하였다(요 17:16).

감사합니다, 주님!

여러분들은 이 세상의 환대를 요구할 필요가 없습니다. 이 세상이 여러분에게 그런 행동을 보여주고, 한 시간 정도 잘 수 있는 무덤을 빌려준다고 하더라도, 이것이 여러분들이 필요한 전부입니다. 왜냐하면 여러분은 하나님이 지으신 기초가 튼튼한 그런 곳을 찾기 때문에 여기서는 여러분들이 거할 영원한 곳을 찾을 수 없습니다. 이 낯선 외국 같은 곳에 이방인처럼 이 세상을 헤매며 여기저기 다녀도 여러분들은 성도들과 함께 하나님이 주인 되시는 천국 시민이기 때문에 기뻐할 수 있습니다.

주의 젊은 군사이신 여러분!

여러분의 이름을 여기 이 땅에 올려놓으시겠습니까?

그리스도를 위해 방을 내어드림으로 이 세상에서 영원히 분리되어 어쩌면 일가친척과는 완전히 떨어져 지내야 하고 육신의 자랑과 멀어져야 합니다.

이 세상에 여러분들을 위한 방이 없어도 괜찮으시겠습니까?

이 모든 것에도 불구하고 여러분은 기꺼이 그 여행객을 맞이할 준비가 되었습니까?

주님께서 친히 그렇게 하시도록 도울 것입니다. 주님께만 영원무궁토록 영광이 있기를 원합니다. 아멘.

Sermons about Christmas

4장
크리스마스를 위한 거룩한 사역[1]

1863년 12월 24일 뉴윙턴, 메트로폴리탄 태버나클에서 찰스 스펄전 목사가 전한 주일 오전 설교문이다.

> 보고 천사가 자기들에게 이 아기에 대하여 말한 것을 전하니 듣는 자가 다 목자들이 그들에게 말한 것들을 놀랍게 여기되 마리아는 이 모든 말을 마음에 새기어 생각하니라 목자들은 자기들에게 이르던 바와 같이 듣고 본 그 모든 것으로 인하여 하나님께 영광을 돌리고 찬송하며 돌아가니라(눅 2:17-20).

우리에게 계절마다 제철 과일이라는 것이 있습니다. 예를 들어 가을에는 사과, 크리스마스 시즌에는 홀리베리가 그것입니다. 이 땅이 매년 절기를 따라 소산물을 내듯이 하늘 아래 모든 사람들은 각자의 시간에 따라 각자의 목적을 갖고 있습니다. 이 크리스마스 시즌에 세상 사람들은 덕스러운 시민으로 서로 축하하고 새해 소망을 나눕니다. 저는 크리스천에게

---

[1] 스펄전 목사는 이 설교의 요약본을 13년 후 1876년 크리스마스 이브에 설교한 "위대한 성탄"이라는 제목의 설교 말미에 인용하였다. 이 책의 198쪽에 실려 있다.

그것 보다 더 훌륭한 일을 제안하고자 합니다.

오늘 구원자의 탄생을 생각하면서 우리의 마음속에 구원자의 새로운 탄생을 열망합시다. 그 분께서 이미 "우리 안에 영광의 소망"(골 1:27)을 심어 놓으셨기에 우리의 "심령이 새롭게"(엡 4:23) 되었습니다.

우리는 거룩하고 행복한 하늘의 날을 보내면서 우리가 영적으로 태어난 베들레헴으로 다시 가야 합니다. 거기서 첫 사역을 하고, 첫 사랑을 즐기며, 예수님과 축제를 벌일 것입니다. 처음 예수님을 봤을 때, 우리 안에 분명하게 역사하셨던 그분에게 청년의 싱그러움과 넘치는 기쁨을 가지고 돌아갑시다. 새로운 왕관을 그분께 씌어 드립시다. 그 분은 여전히 새벽 이슬 같은 주의 청년들로 광채가 더하여 지시고 "어제나 오늘이나 영원토록 동일"(히 13:8)하십니다.

옛날 더램의 시민들은 스코틀랜드 국경에서 멀리 떨어져 거주하는 것이 아니어서 결과적으로 자주 외부의 공격에 처해지기도 했습니다. 하지만 성벽 안 성당이 있어서 전쟁 중 수고로운 일에서 제외되었고, 거룩한 일꾼이라고 불리면서 주교의 예배로부터도 제외되었습니다. 지금 우리는 주 예수 그리스도를 가슴에 안은 새 예루살렘의 시민이지만, 너무도 당연히 이 성탄 시즌을 일상적으로 축하하고 있습니다. 우리는 스스로 더램의 "거룩한 일꾼"처럼 여기며, 거룩한 묵상과 우리에게 말할 수 없는 선물이 되신 새로 나신 왕을 주신 우리 주님의 축복 안에서 다른 사람과 스스로를 구별합니다.

저는 오늘 성탄절 아침에 주님을 섬기는 네 가지 방법과 거룩한 일과 기독교 사고를 행하는 네 가지 방법을 나누고자 이 본문을 택하였습니다. 각 절은 은혜로운 예배로 각기 다르게 인도합니다. 오늘 본문에서 몇몇 사람들은 뉴스가 전파되듯이 그들이 보고 들은 바를 다른 사람에 말했고,

몇몇은 거룩한 경이로움으로 놀라워했습니다. 이 본문 세 번째 절에서 한 사람은 이 일을 마음에 새기고 숙고하였습니다. 네 번째 절에서 사람들은 하나님께 영광과 찬양을 돌렸습니다. 저는 이 본문에 등장하는 인물들이 하나님께 최상의 예배를 올려드렸다고 생각하지는 않습니다. 그러나 우리는 안과 밖의 모든 것, 마음과 감정과 외적인 행함을 합하여 가장 거룩하고 만족스러운 방법으로 주님을 찬양할 수 있다고 확신합니다.

1. 자신들이 듣고 본 것을 널리 전파하면서 축하했던 사람들

이 본문에서 자신들이 듣고 본 것을 '널리 전파'하면서 구세주의 탄생을 축하했던 사람들을 발견할 수 있습니다. 진실로 그들은 사람들의 귓속에 그 소식을 반복해서 말할 수밖에 없는 그 '어떤 것'을 가지고 있었습니다.

예언자들과 왕들이 오랫동안 기다려왔던 일이 마침내 일어났습니다. 드디어 그들은 영원한 수수께끼 같았던 이야기의 해답을 찾았습니다. 그들은 어쩌면 길가로 달려가서 고대 철학자가 그랬던 것처럼 "유레카! 유레카!"라고 외쳤을지 모르겠습니다. 하지만 그들의 발견은 그 철학자의 발견보다 더 뛰어난 것이었습니다. 그들은 어떤 기계적 문제나 형이상학적 딜레마에 답이 없다는 것을 알았습니다. 그래서 그들의 발견은 이 세상 가치 중에 사람에 의해 만들어진 가장 중요한 발견이었습니다. 왜냐하면 그것은 온 열방을 '치유할 생명나무의 잎사귀 같고 하나님의 통치를 기뻐하는 생명의 강물'과 같기 때문입니다.

그들은 천사들을 봤습니다. 그들은 천사들이 새롭고 기이한 노래를 부르는 것을 들었습니다. 그들은 단순한 천사들이 아닌 우리가 기뻐하는 그 언약의 천사, 천사의 왕을 목도하였습니다. 그들은 하늘의 노래를 들었으며 구유에 가까이 갔을 때, 이 땅에 모든 세대에 신비한 화음으로 울려 퍼지는 소망의 소리를 믿음으로 들었습니다. 그 마음속 깊은 곳에서 사랑의 멜로디로 주님을 찬양하고, 하나님의 거룩한 기쁨을 영광스럽게 찬양하며, 그 기쁨의 화음으로 기뻐했습니다.

벙어리가 아니라면 누구라도 신문에 난 특종을 보고 말하지 않을 수 없는 것처럼 그들은 하나님이 육신이 되어 오신 것을 보고 난 뒤 그 놀라운 사건에 전하지 않고는 견디지 못했을 것입니다. 그 장면을 두 눈으로 똑똑히 보고 잠잠히 있으라구요? 불가능한 일이었을 것입니다. 그들은 허름한 마구간 문을 나와 그들이 본 놀라운 이야기를 밖에 있는 처음 만난 사람들에게 말했습니다. 해질녘이 되어도 피곤도 잊은 채 "경배하시오, 와서 경배하시오, 와서 새로 나신 왕 그리스도를 경배하시오"라며 외쳤습니다.

사랑하는 성도 여러분!

우리는 표현력이나 말솜씨가 없다고 주저하지 않습니까?

우리가 예수님에 대해 말할 때 누가 우리를 말솜씨가 없다고 비난하겠습니까?

우리를 위해 피 흘리시고, 죽으시고, 우리를 영광의 자리로 올리시기 위해 기꺼이 낮아지시고, 파멸의 옷을 벗기기 위해 기꺼이 강보에 싸여 누이신 성육신 하신 하나님의 신비를 어찌 말하지 않을 수 있겠습니까?

여기 계신 모든 이들에게 이로우며 죄 많은 사람들을 위해 자기 자신을 내어주신 분의 이야기가 있습니다. 목자들은 '하나님의 주권에 관한 비밀스러우며 고귀한 징표가 모방할 수 없이 혼재돼 있고 숭고함과 단순함이 비길 데 없이 섞여 있는 그 어떤 것'을 가지고 있었습니다. 천사들이 목자들에게 노래합니다.

> 빛나는 하늘에 영광!
>
> 한 밤중에 빛나소서!
>
> 하나님 그리고 한 아기께 영원 무궁히 임하소서!
>
> 고대로부터 내려온 그분이 한 여자에게서 나셨네!

여관, 구유, 목수, 목수의 아내, 그리고 한 아이가 있습니다.
이보다 더 어찌 단순할 수 있겠습니까?
'천상의 주인인 천사들'의 기쁜 합창 소리가 한 밤을 깨웁니다.
하나님 자신이 육신이 된 것이 명백합니다.
이 보다 더 어찌 숭고할 수 있겠습니까?
한 아이의 모습은 일상적이 것이 아니라 말씀이 이루어진 놀라운 일이었습니다.

> 말씀이 하나님과 태초에 계셔서 우리 가운데 거하시매 우리가 그의 영광을 보니 아버지의 독생자의 영광이요 은혜와 진리가 충만하더라 (요 1:14).

형제 여러분! 우리는 숭고하지만 단순한 이야기를 전해야 합니다.
무엇이 단순합니까?
예수 믿으면 사는 것입니다.
무엇이 숭고합니까?
하나님께서 이 세상과 화해하시기 위해 육신이 되셔서 그리스도가 되신 것입니다.
구원의 구조는 너무 놀라워 천사들도 묵상하거나 경외하지 않을 수 없습니다. 그리고 너무나 단순하여서 성전의 어린이들도 바르게 찬양할 수 있습니다.

호산나 찬송하리로다 주의 이름으로 오시는 이여
(마 21:9; 막 11:9; 요 12:13).

성육신하신 주님의 피 값으로 갚으신 속죄가 얼마나 숭고하고 단순한지요? 이 구원의 진리를 모든 이에게 전해야 합니다.

목자들은 '최초로 하늘에서 이 소식을 들었기 때문에' 구원자의 태어나심을 모든 곳에 알리는 일에 어떠한 변명도 하지 않았습니다. 시빌린 신탁[2]이나 철학적 연구, 시가서나 고대 문서, 혹은 귀중한 수집품 어떤 곳에도 목자들이 들은 소식은 없었습니다. 이 복음은 천군 천사에 의해 목자에게 전해졌고, "오늘 다윗의 동네에 너희를 위하여 구주가 나셨으니 곧 그리스도 주시니라"(눅 2:11)는 말씀을 확증하였습니다.

하늘에서 은혜로운 계시를 사람에게 맞기셨을 때에는 이 좋은 소식을 전해야 할 의무가 있습니다. 그날 밤을 황홀하게 만들었을 영원한 자비가 비밀스럽게 속으로 웅얼거리며 유지되었어야 합니까?

만약 그 메시지가 전파되지 않았다면 천사들이 보내진 목적이 도대체 무엇이었겠습니까?

우리가 사랑하는 주님의 가르침에 따른다면 침묵해서는 안 됩니다.

왜냐하면 그가 우리에게 "너희가 비밀스레 들은 것이 만인 앞에 밝혀지리니 너희가 골방에서 귀에 대고 말한 것이 지붕 위에서 전파되리라"(눅

---

2 시빌린 신탁(Sybilline oracles): 고대 폭넓게 회람되었던 신적 영감을 가진 여사제로부터 나온 예언집 – 역주.

12:3)고 명하셨기 때문입니다.

사랑하는 여러분! 여러분은 하늘로부터 한 목소리를 들었습니다. 거듭난 사람으로 다시 산 소망을 가진 자로 여러분은 하나님의 진리의 증인이 되었습니다. 여러분은 하나님의 영이 함께하심을 증거하며 여러분에게 하늘의 것을 가르치는 것을 들었습니다. 그렇다면 여러분은 이 크리스마스 시즌에 여러분의 친구들에게 하나님의 거룩한 영이 당신에게 밝히 보여준 것을 전해야만 합니다.

그러나 목자들이 하늘로부터 들은 것을 말했다 할지라도, '그들이 본 것을 말했다'는 사실을 기억해야합니다. 보았기 때문에 그들은 계시에 의해 그들에게 처음으로 전해진 그 진리를 당당히 전할 수 있었습니다. 어떤 사람도 책속에서 발견한 교훈이 자신의 마음속에 확증될 때까지 확신을 가지고 하나님의 것을 말할 수 없습니다. 우리는 성령님의 가르침을 깨달아 알아 그 신비로운 소식이 우리 마음과 의식 속에서 실제적 능력을 발휘할 수 있도록 만들어야 합니다.

형제자매 여러분! 우리가 전한 그 복음은 우리 주님에 의해 우리에게 가장 확실하게 밝혀진바 되었습니다. 거기에 더하여 우리는 마음으로 그 진리와 능력을 이해하고 깨달아 알았습니다. 하나님은 우리를 군림하는 죄를 없애고 우리를 다스리시며 성령님이 성전인 우리 몸에 거하시도록 그리스도를 보내주셨습니다. 그러므로 우리는 지금 말해야 합니다. 저는 여러분들이 단지 성경 속에 계신 그 말씀 속의 그리스도를 전해야 한다고 강요하지 않습니다.

여러분들의 가르침은 힘이 없습니다. 그러나 저는 단순히 아기의 소식을 들은 것을 전할 뿐 아니라 그 구유에 놓인 그를 직접 보고 팔로 안아 올려 여러분을 위해 태어나신 분, 죄에서 구원할 구원자, 그리스도, 여러분을 위해 기름 부음 받은 그 분을 전하라고 강력하게 여러분들에게 말합니다.

여러분은 보고 들은 것을 전하는 것 외에 어떤 것을 할 수 있습니까?

하나님께서 생명의 이 좋은 말을 맛보고 사용하라고 여러분을 부르셨습니다. 여러분은 평화로운 상태에 안주하지 말고, 여러분들이 느낀 부분을 친구들이나 이웃에게 전해야만 합니다.

여기 목자들은 '교육을 받지 못한 사람들'이었습니다. 장담하건대 그 목자들은 책을 읽을 수 없었습니다. 한 글자라도 알았을 가능성은 전혀 없었습니다. 그들은 무지한 목자였지만, 그 말씀을 전할 수 있었습니다.

나의 형제들이여, 말씀을 전하는 설교는 옥스포드나 캠브리지 같은 대학에서 학위를 가진 학식 있는 사람에게만 제한된 것이 아닙니다. 학식이 은혜에 장해물이 될 필요도 없습니다. 오히려 은혜의 손에 꼭 맞는 방패가 될 수도 있습니다. 하지만 하나님의 은혜는 교육 받지 못한 사람들이 복음을 이해하고 전하는 그 평이한 방식으로도 영광 받으실 수 있습니다.

저는 리차드 위버[3]보다 더 많은 영혼을 예수 그리스도에게 이끈 현존하는 대가가 있는지 찾아보라고 전 세계 사람들에게 말하고 싶습니다. 만약 주교들이 영혼을 구원하는 일에 그 한 사람만큼 아니 그의 십분의 일만큼이라도 했다면, 우리 모두가 신뢰를 보낼 수 있을 것입니다.

우리는 하나님께 모든 영광을 돌리지만 여전히 그가 아일랜드 광부임에도 불구하고 하나님의 은혜로 십자가의 이야기를 전한 위대한 사실을 부인할 수 없습니다. 단단히 굳어진 영혼의 마음을 얻는 방법을 배우기 위해 성직자들은 겸손히 그 앞에서 자신의 무릎을 꿇었는지도 모르겠습니

---

3 리차드 위버(Richard Weaver): 전직 광부이자 세미 프로복서, 후에 감리교 복음 전도자가 됨 – 역주.

다. 교육을 받지 않은 그가 모든 일을 능수능란하게 한 것은 아니지만, 그는 그가 보고 들은 것은 잘할 수 있었습니다.

여러분들도 예수님을 만나고 예수님의 구원의 목소리를 들었다면, 주님으로부터 온 그 진리를 받아들였다면, 하나님으로부터 오는 엄청난 능력을 받아 여러분이 경험한 것을 분명히 말할 수 있을 것입니다. 여러분들이 그 신비를 이해하지 못했다면, 적어도 그 진리를 밝힐 수는 있을 것입니다. 여러분들이 설교단에서 전할 수 없거나 마치 볼이 빨개져서 많은 사람들 앞에서 혀가 움직여지지 않는다면, 걱정하지 마십시오. 여러분들의 자녀에게 가서 전하십시오. 아이들 앞에서 말하는 것은 부끄럽지 않을 것입니다.

크리스마스 밤에 벽난로 앞에 적은 수가 모여 있거나 회의에 참석하는 작은 모임이 있거나 잃어버린 영혼을 향한 예수님의 사랑을 전해야 할 소수의 사람이 있을지 모르겠습니다. 아는 대로 전하십시오.

경험하지 않은 것을 억지로 넣으려 하지 마십시오. 만약 그렇게 하면 깊은 수렁에 빠져 곧 허둥대거나 더욱 혼란스러울 것입니다. 아는 대로 전하십시오.

여러분 자신이 죄인이고 예수님이 구원자이신 것을 알고 있기 때문에 이 두 가지만 말하면 됩니다.

사랑하는 여러분! 각자의 자리에서 여러분이 듣고 본 것을 전하면 됩니다. 사람들 가운데 그 소식을 전파하면 됩니다.

"그 목자들은 누구에게 위임을 받고 전했습니까?"

권한을 부여 받는 것은 중요한 일입니다. 정당하게 인정받지 않은 목회자들은 침입자와 같아서 가장 부끄러운 사람들입니다. 안수 받지 않은 사람들은 사도적 계승을 이어받지 않는 자들로 설교단에 서는 것은 정말 끔직한 일입니다.

퓨지주의자[4]들은 권한을 부여 받지 않고 구원의 길을 가르치는데 사도적 계승을 따르지 않는 사람들이 설교한다는 생각이 위험할 수 있다는 것을 깊이 생각하지 못했습니다. 저에게 있어서 이러한 위험한 생각은 마치 남학생들이 도깨비 같은 무서운 것을 불러내놓고 떨면서 그 앞에서 싸우는 것과 같습니다. 저는 만약 제가 얼음으로 뒤덮인 차가운 무덤으로 미끄러진 사람을 본다면 구해낼 수 있을 거라 생각합니다. 비록 왕실 인도주의 협회[5]에 소속된 것은 아니지만, 그를 구하기 위해 애쓰는 것이 아주 무서운 일은 아니라고 생각합니다.

저는 불이 나서 어떤 불쌍한 여자가 위층 창문에서 울부짖는다면, 창가로 달려가 구조 사다리를 올려놓고 생명을 구했을 것입니다. 비록 제가 정규 소방대원에 속하지는 않지만 아주 무서운 일이라 여기지 않을 것입니다. 한 부대의 용감한 군인들이 나라 밖의 적들을 추격해야 하는데, 용병으로 이루어진 군대가 어떤 유서 깊은 군대 규약을 따르는 것을 거부해서 효과적으로 일을 수행하지 못 하게 된다하더라도 어떤 충격적인 일이 일어날지 안 일어날지는 모르는 일입니다.

그러나 기억하십시오. 목자들은 사도적 계승을 따르고, 하나님의 안수로 권위를 부여받은 사람입니다. 왜냐하면 그 복음을 들은 사람들은 다른 사람에게 전해야 할 권위를 부여받은 사람들이기 때문입니다. 여러분은 그 권위를 원하십니까? 여기 성경 속 강력한 증거가 있습니다.

---

4 영국 종교운동 중 하나 – 역주.
5 왕실인도주의협회(Royal Human Society): 재난 시 응급처치 같은 생명을 구하는 일을 하는 영국의 자선 단체, 1774년에 설립 – 역주.

듣는 자도 오라 할 것이요(계 22:17).

이 말은 진정으로 복음을 들은 모든 자들이 다른 이들에게 생명수를 마시러 오라고 말하게 하는 것입니다. 이것은 능력에 맞게 복음을 전하기 위해 여러분들에게 요구되는 것입니다.

그 말씀을 전하는 능력을 모든 사람이 가지는 것은 아닙니다. 회중들 중에 모든 사람이 그 소식을 듣고 좋아하는 것도 아닙니다. 만입이 있어 전하러 다닌다면 교회는 텅텅 비어 있을지도 모릅니다. 하지만 어떤 방법을 동원해서라도 모든 기독교인들은 그 기쁜 소식을 전해야 합니다. 우리 주님이 지혜를 주셔서 예언의 자유가 소동으로 끝나지 않도록 돌보아 주십니다.

모든 이들에게 목회나 사역적 은사를 주신 것이 아니기에 각자의 은사에 따라 사역을 하도록 세워주십니다. 비록 여러분 모두가 설교단에 서 있지 않지만, 예배당 의자에서 혹은 성경공부 자리에서 혹은 어디에서든지 구원자이신 주 예수를 알게 해야 합니다. 이것이 여러분의 권위가 되게 하십시오.

듣는 자도 오라 할 것이요(계 22:17).

어떤 집이 불타고 있는 것을 보았을 때 "불이야"라고 외치는 데 있어서 어떤 권위가 필요하다고 생각하지 않습니다. 어떤 불쌍한 사람을 구하는 데 최선을 다해야지 그 일을 하기 위해 어떤 위임을 받아야 한다고 생각하지 않습니다. 여러분이 원하는 모든 권위는 주교로부터 내려오는 그런 권위가 아니라 교회의 머리로부터 직접적으로 내려오는 권위입니다. 그

교회의 머리가 바로 그 복음을 들은 모든 이에게 "주님을 만나십시오"라고 전할 권위를 위임하고 계십니다.

형제자매 여러분, 여러분들이 성탄절을 거룩하고 즐겁게 보낼 수 있는 바른 방법이 있습니다. "보고 천사가 자기들에게 이 아기에 대하여 말한 것을"(눅 2:17) 전했던 겸손한 목자들이 했던 대로 따라하면 됩니다.

2. 경외, 찬양, 흠모로 성탄절을 지키는 또 다른 방법

'경외, 찬양, 흠모'로 성탄절을 지키는 또 다른 방법에 대해 이야기하고자 합니다.

듣는 자가 다 목자들이 그들에게 말한 것들을 놀랍게 여기되(눅 2:18).

우리는 그 소식을 들은 사람들이 단지 놀랐을 뿐 실제로 한 것이 별로 없다고 생각할 수 있습니다. 많은 사람들은 그 복음의 소식에 놀랐습니다. 그러나 그들은 그 소식에 기뻐했습니다. 그것이 새로워 보이지 않더라도 그 소식을 전했던 방법은 새로웠습니다. 그 설교자의 목소리는 그들에게 마치 잘 조율된 악기의 소리 같았습니다. 그들은 회의론자도 아니었지만, 덮어놓고 믿는 맹신자도 아니었습니다. 그러나 스스로에게 "놀라운 복음의 소식이자 구원의 계획이 여기 있구나! 놀라운 사랑과 헌신이 바로 여기 있었구나!"라고 말했습니다.

그들은 이 놀라운 소식이 목자들에 의해 전해진 것에 때때로 놀랐습니다. 그들은 정말이지 학식도 없고 어쩌면 사회에서 소외 계층이라고 말할 수 있는 목자들이 이런 복음을 전하는 것이 도무지 이해가 되지 않았습니다. 그리고 그러한 복음의 내용이 그 목자들의 머리에 어떻게 들어가 복음의 내용을 이해하고 그 복음에 열정적이 되었는지 이해할 수 없었습니다. 심지어 어떠한 과정을 통해 그들이 복음을 전할 수 있게 되었는지도 이해할 수 없습니다. 그러나 수일 동안 손을 들고 입을 열 정도로 놀란 뒤에 그 놀라움은 가라앉았고, 이 일을 까맣게 잊은 채 자기 가던 길을 가게 되었습니다.

여러분 중에는 하나님의 일을 볼 때 마다 놀라움을 경험하는 사람이 많이 있습니다. 여러분은 엄청난 죄인이었지만 회심한 사람의 이야기를 들은 적이 있을 것이고, "정말 놀랍다"라고 생각한 적이 있을 것입니다. 그것은 부흥입니다. 하나님의 영이 영광스럽게 일하시는 바로 그 때를 여러분은 목도한 것입니다. 여러분은 "이것은 전무후무한 일이다. 너무 경이롭다!"라고 말할지 모릅니다.

심지어 신문에서도 성령님과 하나님의 기이하고 놀라운 일에 대해 기사를 내보기도 합니다. 그렇지만 거의 모든 것이 감성적으로 흘러갑니다. 아주 놀라운 일들이지만 단지 그뿐입니다. 그러나 이 일은 어느 누구에게나 단지 감성적인 일일 뿐이라고 생각하지 않습니다. 우리는 단순히 경이로움만을 전달하는 구원자나 복음의 교리가 복음이라고 생각하지 않습니다. 왜냐하면 그런 것은 일시적인 효과는 있어도 결국 좋은 결과를 가져오는 것은 아니기 때문입니다. 반면에 경이로움의 또 다른 모습은 흠모할 만한 어떤 것이라고 생각합니다. 거룩한 경이로움과 실제 경배하는 것을 구분 짓는 것은 매우 어려운 일이라고 생각합니다. 왜냐하면 한 영혼이 하나님의 영광스런 통치에 압도되었을 때, 노래로 표현을 못하거나 심지어 머리를 조아린 채 겸손히 기도를 중얼거리는 것은 조용히 흠모하는 것이기 때문입니다.

때때로 하나님의 위대함과 선하심을 생각할 때, 인간의 이성을 사로잡는 경이로움은 유한한 인간이 가장 높은 보좌에 앉으신 분을 흠모하는 가장 순수한 모습이라고 생각합니다. 고독한 인생을 살아가고 외로움에 사로 잡혀 있는 여러분이 다른 사람에게 목자들처럼 그 소식을 전하는 것은 무리일 수 있습니다. 여러분들은 그저 예배당에 모여 하나님이 하신 그 놀라운 일을 경외함으로 예배할 수 있습니다.

저는 여러분께 이런 제안을 드리고 싶습니다. 하나님이 행하신 것에 경이로움을 가지는 것은 어쩌면 너무나 당연한 일입니다. 하나님은 죄 많은 피조물인 사람을 멸하시는 대신에 그의 구원의 놀라운 계획을 마련하시고 구원자로서 이 땅에 오셔서 속죄의 값을 치루셨습니다.

이 얼마나 놀라운 일입니까?

아마도 그의 피로 속량 받은 것은 여러분 인생에 가장 놀라운 일일 것입니다.

하나님께서 자신의 영광과 보좌를 버리고 여러분들을 위해 굴욕적인 고통을 당하셨습니다. 여러분은 이와 같은 일을 위해 여러분의 육신의 몸을 버리지 못할 것입니다. 아니 이렇게 해야 하는 어떠한 이유나 동기도 찾을 수 없을 것입니다.

여러분들은 말할 것입니다.

"왜 그런 사랑을 내게 주실까?"

다윗 왕이 말했습니다.

"여호와 하나님이여 나는 누구이오며 내 집은 무엇이기에 나에게 이에 이르게 하셨나이까?"(대상 17:16).

여러분과 저는 무어라고 말하겠습니까?

하나님의 명령을 지키지 않은 여러분과 저는 성육신 하신 하나님의 값없는 은혜를 받을 자격이나 칭찬을 받을 자격이 없습니다. 죄인으로 범법자로 하나님을 멀리 멀리 떠나 있는 자로서 우리는 성육신하신 하나님이 우리를 위해 돌아가신 사실을 잊어버리고 배반했습니다.

> 사랑은 여기 있으니 우리가 하나님을 사랑한 것이 아니요 하나님이 우리를 사랑하사(요일 4:10).

여러분은 영혼 속 깊은 곳에서부터 놀라움으로 사로잡혔습니다. 이것은 실제적인 감정입니다. 이 거룩한 경이로움은 여러분을 은혜의 예배자리로 이끌 것입니다. 하나님이 하신 일에 경이롭다고 느끼는 것은 아래의 노래와 같이 여러분의 영혼을 주님이 계시는 황금 보좌 아래로 이끄는 것입니다.

> 보좌에 앉으신 이와 나에게 기이한 일을 베푸시는 이에게 찬송과 존귀와 영광과 권능과 능력과 통치와 힘을 돌릴지어다(계 5:13).

이런 경이로움으로 가득한 사람들은 매사에 조심스럽게 행동하게 됩니다. 하나님의 사람을 거역하면서까지 죄를 짓는 것을 꺼려합니다. 아들을 선물로 주신 만군의 하나님의 임재 앞에 신을 벗고 설 수밖에 없습니다. 왜냐하면 그곳은 거룩한 곳이기 때문입니다. 동시에 영광스러운 소망 앞으로 이끌리게 됩니다. 예수님께서 자신을 내어주시는 놀라운 일을 행하셨기에 천국은 너무 거대해서 기대할 수도 없는 곳이 아닙니다. 하나님의 오른손에서 흘러나오는 기쁨의 강물은 너무 달거나 너무 깊어서 못 마시는 것도 아닙니다.

구유에서 그리고 십자가에서 한 번이라도 경이로움을 느꼈던 사람이라면 또 무엇에 놀랄 것이 있겠습니까?

구원자를 본 사람들이라면 또 다른 경이로운 것이 무엇이 있겠습니까?

세상에는 우리 머리로 이해가 되지 않는 7대 불가사의⁶ 한 것이 있다지만 기계 문명과 현대 예술이 그 불가사의한 모든 것을 능가하여 하찮게 만들 수도 있다는 것을 알고 있습니다. 그렇지만 이 한 가지 경이로움은 이 땅의 것이 아니고 하늘과 땅을 모두 아우르는 심지어 지옥에서까지도 경이로운 것입니다. 그저 옛날 옛적에 놀라웠던 것이 아니라 항상 그리고 영원히 경이로운 것입니다.

놀라운 것을 몇 번씩 본 사람들은 별로 놀랄 것도 없고, 건축가가 쌓아 올린 웅장한 건축물은 더 이상 구경꾼에게 감동을 주지 않지만, 성육신하신 놀라운 하나님의 성전은 다릅니다. 보면 볼수록 놀라게 되고, 익숙하면 익숙할수록 그 사랑과 은혜의 놀라운 광경에 입을 다물 수가 없습니다. 구유에서 그리고 십자가에서 보여 주신 하나님의 사랑은 하늘의 반짝이는 별보다 땅 아래 깊음 보다 높은 산보다 깊은 골짜기보다 생명의 책보다 죽음의 구렁텅이보다 더 경이롭습니다. 이번 성탄 시즌에 감사와 경배, 사랑과 확신으로 가득한 이 거룩한 경이로움을 깊이 묵상하는 시간을 가지시길 바랍니다.

---

6 본문에는 9대 불가사의라고 나와 있음 – 역주.

3. 거룩한 마음을 숙고하며 지키는 일

　거룩한 사역에 관한 세 번째 방법은 마리아가 가졌던 '거룩한 마음을 숙고하며 지키는 일'입니다. 마리아는 이 모든 일을 마음에 지키고 숙고했습니다. 그녀는 놀랐지만 거기에 그치지 않고 숙고했습니다. 여러분은 이 축복받은 여인이 했던 세 가지 일을 볼 수 있을 것입니다.
　첫째로 기억했습니다. 그녀에게 닥친 모든 일을 지키고 기억했습니다.
　둘째로 사랑했습니다. 이 모든 일을 마음속으로 지키며 사랑했습니다.
　셋째로 분별했습니다. 숙고하고, 생각하고, 더 깊이 묵상했습니다.
　단순히 놀라기만 한 것이 아니라 기억하고 사랑하고 분별한 것입니다. 마리아에게 이 놀라운 일이 일어난 것을 생각할 때마다 우리는 기뻐합니다. 그러나 예수님께서 마리아의 몸에 태어나셨다는 사실은 한편으로 마리아에게 염려스러운 일이지 않았나 생각해 봅니다.
　예수님께 나아와서 예수님과 친밀한 교제를 한 사람들은 예수님께 완전히 사로잡히게 됩니다. 어떤 사람들은 존경받는 사람이기는 하지만 구원자는 아니었습니다. 그러나 여러분이 그분을 잘 안다면 여러분은 그 분을 사랑하게 될 것이며, 그의 사랑의 모든 부분 다시 말해 길이, 넓이, 높이와 깊이를 아우르는 사랑의 진수를 이해하게 될 것입니다. 그렇게 사랑하고 이해한다면 여러분의 사랑은 점점 커질 것입니다.
　마리아에게 출산은 가장 염려스러운 부분이었지만, 출산으로 인해 마리아는 가장 감동을 받았습니다. 그녀의 걱정을 이해하는 것은 어려운 일이 아닙니다. 여자였기에 그 당시 여자를 가장 빛나게 해주는 덕목은 용기가 아니었습니다. 그것은 남성적인 것과 어울리는 것입니다. 따스한 정숙함 같은 것이 여성적 아름다움과 어울리는 것이었습니다. 그녀가 다른 사람에게 담대히 이야기하는 모습을 성경에서 많이 엿볼 수 없습니다. 그렇지만 그녀는 자신이 교제하는 영역이 있었고, 거기서 자신의 말을 전했습니다. 그 당시 다른 마리아처럼 그녀는 주로 집에 머물렀습니다. 그렇지만 그녀는 자신의 일을 하였고, 그것은 자신의 기쁨이자 환희의 원천인 주님을 위한 것이었습니다.

예수님도 다른 아이들처럼 어머니의 손길이 필요했습니다. 마리아는 전적으로 예수님께 집중하였고, 그것은 너무나 축복받은 일이자 사랑스런 연합이었습니다.

어쩌면 제자들과 있는 것보다 헤매는 양들과 있는 것보다 예수님과 있는 것이 덜 중요하게 보일 수 있습니다.

향유 옥합을 깨뜨려 예수님께 부은 한 여자가 있었습니다. 그 여성은 유다에게 비난받았고 심지어 제자들은 가난한 자들에 나누어 주는 것이 더 낫다고 생각했습니다. 그러나 우리의 구원자이신 예수님은 "그가 내게 좋은 일을 하였느니라"(막 14:6; 마 16:10)고 말씀하셨습니다.

저는 여러분들이 이 성탄 시즌에 조용히 앉아 아무에게도 복음의 소식을 말하지 않거나 그 일에 적당한 기회를 얻지 못하거나 은사가 없더라도, 예수님 옆에 앉아 그분을 깊이 묵상했으면 좋겠습니다. 마리아는 그 주님을 두 팔로 감싸 안았습니다.

오! 여러분의 팔로 그 예수님을 안아보십시오. 마리아가 직접 그 일을 했다면 여러분들도 할 수 있습니다.

여러분도 예수님을 사랑하고, 축복하고, 찬양하고, 깊이 생각하고, 그분의 성품을 이해하고, 그분의 삶을 따라갈 수 있습니다. 비록 이런 조용한 예배가 아주 열정적이지 않더라도 여러분에게 유익이 되고 주님께도 열납될 것입니다.

사랑하는 성도 여러분! 여러분이 예수님에 관해 들었던 것과 행하신 일들을 꼭 기억하시기 바랍니다. 여러분의 마음을 예수님의 사랑과 친절함을 담아두는 황금 잔으로 만드시길 바랍니다. 광야에서 성도들을 먹였던 천국의 빵인 만나를 보관했던 그릇으로 만드시길 바랍니다. 여러분들이 예수님에 관해 보고 듣고 느끼고 알았던 모든 것을 소중히 기억하시길 바랍니다. 그래서 여러분들의 사랑의 감정이 앞으로 언제나 예수님만 붙들고 있기를 바랍니다.

주님을 사랑하십시오. 여러분 마음의 향유 옥합을 깨뜨려 사랑의 값비싼 향유가 그의 발로 흘러넘치도록 쏟아 내십시오. 기쁨으로 할 수 없다면 슬픔으로라도 하십시오. 눈물로 그의 발을 씻기십시오. 여러분의 머리칼로 그 발을 닦아 주십시오.

하나님의 아들, 여러분의 친구이신 예수님을 사랑하십시오. 여러분의 지성이 우리 주 예수님을 늘 생각하도록 단련시키십시오. 여러분이 읽은 성경을 계속 묵상하십시오. 글자만 읽어서 표면적으로만 이해하지 말고 그 깊은 곳까지 이해하십시오. 그 날개로 시냇가 물만 만지는 제비처럼 하지 말고, 물고기처럼 강 속 깊은 곳의 그 사랑을 느끼시길 바랍니다. 가뭄의 단비 같은 그 사랑을 그냥 한 모금만 마시지 말고 깊이 마시길 바랍니다.

이삭이 브핼라해로이[7]라는 샘이 있는 곳에서 머문 것처럼 주님의 샘에 거하십시오. 주님과 함께 거하십시오. 하룻밤 머무는 여행객처럼 주님을 취급하지 마십시오.

---

7 창 25:11, 아브라함이 죽은 후에 하나님이 그의 아들 이삭에게 복을 주셨고 이삭은 브엘라해로이 근처에 거주하였더라.

> 우리와 함께 유하사이다 때가 저물어가고 날이 이미 기울었나이다
> (눅 24:29).

제자들이 부활한 주님께 말했던 것처럼 말하면서 주님께 꼭 붙어 있으시길 바랍니다. 주님을 떠나보내지 마시기 바랍니다. 여러분들이 잘 알듯이 '숙고하다'라는 말은 무게감과 같이 사용됩니다. 판단의 근거가 될 수 있는 저울을 준비하십시오.

하지만 어떻게 그 저울로 우리 주 그리스도의 무게를 정할 수 있겠습니까?

그에게 있어서 "섬들은 떠오르는 먼지 같으리니"(사 40:15) 누가 감히 대적할 수 있겠습니까?

하나님은 산들의 무게를 정하시는 분입니다.

어떤 저울로 그의 무게를 정할 수 있겠습니까?

여러분들의 머리로 이해할 수 없다면 가슴으로 이해하십시오. 여러분들의 영이 우리 주 예수님을 받아들일 수 없다면 가슴으로 받아들이십시오.

오 사랑하는 성도 여러분! 마리아처럼 이 모든 일을 마음에 새기고 숙고하신다면 여러분들이 해야 할 축복받은 크리스마스 사역이 있습니다.

4. 거룩한 크리스마스 사역의 마지막 부분

이제 거룩한 크리스마스 사역의 마지막 부분인 본문 누가복음 2장 20절을 살펴보겠습니다.

> 목자들은 자기들에게 이르던 바와 같이 듣고 본 그 모든 것으로 인하여 하나님께 영광을 돌리고 찬송하며 돌아가니라(눅 2:20).

목자들은 돌아갔다고 했는데 어디로 돌아갔습니까?

그들은 양떼를 돌보기 위해 '자신의 일상으로 돌아갔습니다'. 우리도 하나님께 영광을 돌리기를 원한다면 그 후 우리의 일상으로 돌아가야 할 것입니다.

하나님을 위해 살아가는 유일한 방법이 사역자나 선교사나 성경 교사가 되는 것이라고 생각하는 사람들이 있습니다. 얼마나 많은 경우에 지극히 높으신 하나님을 찬양하는 기회로부터 스스로를 막고 있는지요!

사랑하는 성도 여러분, 하나님께 영광을 돌리는 것은 자리나 위치가 아닙니다. 그것은 우리의 진정과 하나님의 은혜입니다.

하나님은 구두 수선공의 받침대에서도 영광을 받으실 분이시고, 구두 수선공의 송곳 끝에서도 구원자의 사랑의 노래를 부르게 하실 분이십니다. 예수님의 이름은 마차를 끄는 마부를 통해서도 영광 받으십니다. 마부는 그의 말들을 이끌고 하나님의 이름을 축복하면서 보아너게[8]와 같이 전국을 돌아다니며 우레와 같은 소리로 전하는 것처럼 그의 동료들에게 복음을 전했습니다.

하나님은 우리의 쉼을 통해서도 영광을 받으십니다. 여러분의 부르심의 자리를 떠나지 않도록 주의하십시오. 여러분의 자리에서 하나님께 영광 돌리는 것을 잊지 않도록 주의하십시오. 너무 여러분 자신을 생각하지 마시고, 여러분의 부르심을 소홀히 생각지도 마십시오. 복음을 그 어떤 것

---

8 막 3:17, 예수님께서 야고보와 요한에게 지어준 이름.

과도 바꾸지 마십시오. 여러분이 성경을 펴신다면 어떤 모양으로든지 용감한 믿음의 행동을 하고 훌륭한 믿음을 가진 사람의 삶은 가장 비천하고 힘든 육체적 일과 연결되어 있다는 것을 발견되게 될 것입니다.

형제자매 여러분! 여러분의 부르심에 응답하십시오. 다시 말하지만 여러분의 부르심을 소중히 여기십시오. 하나님께서 어떻게 부르시든지 하나님께서 그 분 안에 거하라고 여러분을 부르실 때, 비록 그 부르심에 확신이 없더라도 그 부르심을 마음속 깊이 기억하십시오. 목자들은 그들의 일자리로 돌아가면서도 하나님을 찬양했습니다.

그들은 목자였을 때에도 하나님을 찬양했습니다. 우리가 본대로 그들은 학식 있는 사람들이 아니었습니다. 도서관에 가득 차 있는 방대한 도서와는 거리가 먼 사람들이었습니다. 아니 그 도서의 한 글자로 읽지 못하는 사람일지 모르겠습니다. 그러나 그들은 하나님께 영광 돌렸습니다. 이러한 사실은 "저는 학자가 아니에요, 배움도 부족합니다. 저는 심지어 주일학교도 다녀본 적이 없어요"라고 말하는 여러분들의 변명을 무색하게 합니다.

여러분의 마음이 바르다면 하나님께 영광 돌릴 수 있습니다. 사라자매님, 너무 자신이 보잘 것 없다고 의기소침해 하지 마세요. 할 수 있는 대로 더 말씀을 배워서 그것을 잘 사용하면 됩니다. 요한 형제님, 초보적인 지식밖에 몰라서 좀 더 일찍 노력했어야 했다고 안타까워하지 마세요. 하나님께 영광 돌릴 수 있습니다.

여러분이 주님을 찬양하고 싶다면 거룩한 삶을 사시면 됩니다. 그의 은혜로 할 수 있습니다. 다른 사람에게 관대하고 싶다면 여러분 자신에게도 관대 하십시오. 이것이 가장 훌륭한 가르침을 받은 사람으로서 배움이 없는 사람에게도 열린 마음을 가지는 방법입니다.

용기를 가지시길 바랍니다. 목자들이 하나님께 영광 돌린 것처럼 여러분도 할 수 있습니다. 목자들이 동방 박사들보다 나았던 점이 하나 있다는 것을 기억하십시오. 동방박사들은 자신들을 이끌어줄 별을 원했습니다. 목자들은 그렇지 않았습니다. 동방 박사들은 심지어 별을 따라 갔지만 힘들게 예루살렘에 도착하였습니다. 하지만 목자들은 곧장 베들레헴으로 달려갔습니다.

때때로 단순한 마음이 영광의 그리스도를 찾게 해주지만 지식으로 가득 차 있는 머리는 자신의 학식으로 혼란스러워 그리스도를 놓치게 할 수 있습니다. 어떤 훌륭한 박사가 말하길 "바보들이 왕궁에 들어가고 현자들은 그 문 앞에서 걸린다"고 합니다. 일리가 있는 말입니다. 단순한 마음을 가지셨다면 기뻐하십시오.

이 목자들이 하나님을 경배한 '방식'을 주목해 봅시다. 그들은 주님을 찬양하면서 경배했습니다. 우리가 때때로 부르는 이 찬양에 대해 좀 더 생각해 보겠습니다. 그 찬양이 수천 명의 합창 소리로 울려 퍼질 때 어떤 사람에게는 소음으로 들릴 수 있습니다. 그러나 예수님의 사랑으로 감동된 진실한 마음을 담아서 부르는 한 이 노래는 하나님이 들으실 때 단순한 소음이 아니라 그의 귀를 즐겁게 하는 아름다운 음악이 됩니다. 우리 모든 기독교인들의 궁극적 목적은 무엇입니까?

제가 다른 날 복음에 대해 설교를 하기 위해 여기 섰을 때 제 마음은 승리의 영혼으로 가득 차 있었습니다. 하지만 설교하는 동안은 그 이상이었습니다. 전 생각했습니다. '설교는 궁극적인 목적이 아니다. 그것은 하나님을 영화롭게 하는 것이다. 설교를 통해 죄인을 구하는 것이 그 최종적인 목적을 위한 수단이다.'

그리고 갑자기 머릿속에 이런 생각이 떠올랐습니다.

시편의 노래로 찬송가의 노래로 우리가 하나님을 영화롭게 한다. 우리가 하는 찬양은 설교 그 이상인 것이다. 왜냐하면 찬양을 통해 우리는 그 최후의 수단이 되는 것이 아니라 그 마지막 자체에 가까이 가는 것이기 때문이다.

우리가 마음으로 입술로 하나님을 찬양하면 우리는 정말로 주님을 영화롭게 하는 것입니다. "감사로 제사를 드리는 자가 나를 영화롭게 하나니"(시 50:23)라고 우리 주님은 말씀하십니다.

형제자매 여러분! 주님을 찬양하십시오. 다 같이 있을 때만 하는 것이 아니라 홀로 있을 때에도 주님을 찬양하십시오. 시편으로, 찬송가로, 영의 노래로 찬양하십시오. 거룩한 노래로 가족과 기쁘게 찬양하십시오. 우리는 미약한 목소리로 찬양하지만 부흥은 언제나 찬양의 부흥과 함께한다고 믿습니다.

루터의 시편 번역은 루터의 논문이나 논쟁만큼이나 중요합니다. 찰스 웨슬리나 체닉,[9] 토플레디,[10] 뉴턴,[11] 그리고 쿠퍼[12]의 찬송가들은 존 웨슬리나 조지 화이트필드의 설교와 같이 영국 사람들의 영적의 삶에 활기를 불어넣어 줍니다. 우리는 더 많아 찬양해야합니다. 혼잣말로 중얼거리지 말고 남을 모략하지 말고 사소한 일에 트집 잡지 말고 자신을 한탄하지 말고 더 찬양하십시오. 하나님께서 오늘 우리에게 목자들이 했던 대로 주님을 찬양하며 주님께 영광 돌리기를 원하십니다.

---

9   존 체닉(John Cennick, 1718-1755): 영국의 찬송가 작사가 - 역주.
10 아우구스투스 토플레디(Augustus Montague Toplady, 1740-1778): 영국 성공회 신부이자 찬송가 작사가 - 역주.
11 존 뉴턴(John Newton, 1725-1807): 영국의 성공회 신부이자, 찬송가 작사가, 그가 지은 대표적인 찬송가로는 '나같은 죄인 살리신'이 있다 - 역주.
12 윌리엄 쿠퍼(William Cowper, 1731-1800): 시인이자 찬송가 작사가 - 역주.

저는 목자들처럼 찬양하지 못한 것 같습니다.

목자들이 불렀던 찬양의 주제는 무엇이었을까요?

그들은 '그들이 들은 것으로 하나님을 찬양'했습니다. 복음적 설교를 들을 때 마다 우리가 주님을 찬양해야 하는 이유가 이것입니다.

지옥에 있는 영혼들이 그 복음을 들을 수 있었다면 구원의 은혜가 그들에게 미칠 수 있었다면 그들은 주님께 무엇을 드렸겠습니까?

죽어가는 사람이 그의 목소리가 거의 끝이 날 정도로 생명이 다해서 하나님의 전에 가까이 다가 갈 수 있다면 그래서 한 번 더 복음으로 초대될 수 있다면 주님께 무엇을 드렸겠습니까?

형제자매 여러분! 여러분들이 때때로 몸이 아파서 교회 성도들을 만날 수 없을 때, 또는 여러분의 마음과 육체가 살아계신 하나님께 울부짖을 때, 여러분들은 주님께 무엇을 드리겠습니까?

여러분들이 들은 것으로 하나님을 찬양하십시오. 혹 여러분들이 설교자들의 잘못된 행동에 대해 들은 적이 있을 것입니다. 비난 보다는 그 설교자들 스스로 그 죄를 슬퍼하게 하십시오. 여러분들이 바른 정신을 가진 사람이라면 여러분들로 하여금 찬양할 수 없게 만드는 설교를 들은 적은 없었을 것입니다. 조지 헐버트[13]는 "기도는 설교의 마무리이다"라고 했습니다. 정말 그렇습니다. 하지만 찬양 또한 마무리라고 생각합니다. 여러분이 들으신 대로 구원자이신 하나님을 찬양하십시오. 들으신 대로 구원을 베푸신 하나님을 복잡하지 않게 찬양하십시오. 여러분의 영혼을 구원하신 바로 그 구원자를 찬양하십시오. 여러분의 죄를 용서하시고 기꺼이 사해주신 그 구원자를 찬양하십시오.

---

13 조지 헐버트(George Herbert, 1593-1633): 영국 시인이자 웅변가, 성공회 신부 – 역주.

여러분들이 들은 대로 하나님을 찬양하십시오. 그러나 목자들이 '그들이 본대로 하나님을 찬양했다는 것' 또한 기억하십시오. 누가복음 2:20에 묘사되어 있는 "듣고 본"이라는 구절을 보십시오. 우리가 경험하고 느끼고 스스로 만들었던 그 음악 중에 왕을 감동시키기 위해 우리가 연주한 가장 아름다운 음악이 있습니다. 단순히 듣는 것도 음악을 만들 수 있지만, 그 영혼에서 우러나오는 찬양은 믿음의 눈으로 바라보는 것에서부터 나옵니다.

사랑하는 성도 여러분! 하나님이 주신 눈으로 보는 여러분들은 죄에 침묵하지 말고 입을 여러 주님을 찬양하시길 기도합니다. 주재하는 은혜를 목소리 높여 찬양하시길 바랍니다. 잠자던 여러분들의 악기를 깨워 주님께 영광을 돌리시기 바랍니다.

목자들이 하나님을 찬양했던 이유는 '그들이 본 것과 들은 것이 일치'했기 때문입니다. 20절에 "자기들에게 이르던 바와 같이"를 주목하여 보십시오.

성경이 여러분께 일러주신 그 복음을 여러분 안에서 아직 발견하지 못했습니까?

예수님은 여러분에게 은혜를 주셨는데 여러분들에게 아직 이르지 못한 것입니까?

여러분은 예수님께서 주신 그 쉼을 아직 받지 못했습니까?

예수님은 그를 믿으면 기쁨, 위로, 생명을 얻을 것이라고 말씀하셨습니다.

여러분은 아직 이 모든 것을 받지 못했습니까?

그의 길은 기쁨의 길과 평화의 길이지 않습니까?

여러분들은 어쩌면 시바의 여왕이 말한 것처럼 "내게 말한 것은 절반도 못되니"(왕상 10:7)라고 말할 수 있습니다. 저는 그리스도가 그의 종들이 설명하는 것보다 실제는 더 다정다감할 것이라고 생각합니다. 그들이 그려 낸 모습과 진짜 주님의 모습을 보고 우리 왕의 참된 모습과 비교한다면 그들의 그림은 단순히 서투르게 그린 것에 불과합니다. 저는 좋은 땅에 관해 들은 적이 있지만, 그곳은 사람이 말할 수 있는 것보다 훨씬 풍성하고 달콤한 젖과 꿀이 흘러넘치는 그런 최상의 곳이었습니다. 그러나 확실히 우리가 본 것은 우리가 들은 것과 같습니다. 그러므로 그가 행하신 일에 우리는 하나님을 찬양하고 영광 돌려야 하겠습니다.

아직 회심하지 않은 분들에게 이 말을 전하고 싶습니다. 누가복음 2:17에 나온 대로 여러분들이 할 수 있다고는 생각하지 않기에 18절에 나온 대로 시작하시길 바랍니다. 사실 여러분들은 17절에 나온 대로 할 수 없습니다. 여러분이 느끼지 못한 것을 다른 사람에게 전할 수 없습니다. 시도하지 않아도 됩니다. 아직 변화되지 않았다면 주일학교에서 가르치지 않아도 됩니다. 설교를 하려고 하지 않아도 됩니다.

주님께서 악인에게 말씀하셨습니다.

> 네가 어찌하여 내 율례를 전하느냐?(시 50:16)

그러나 여러분들은 누가복음 2:18에 나온 대로 놀랍게 여기는 것은 할 수 있습니다. 여러분들이 구원 받았다는 것이 놀랍고, 지옥에 떨어지지 않았다는 것이 놀랍고, 그리스도의 선한 영이 여전히 죄인들을 구하려 애쓰신다는 사실 또한 놀랍습니다. 오늘 아침 하나님을 대적해서 죄를 지었던 여러분들에게 전적으로 거부했던 그 복음이 와 있다는 사실이 또 놀랍습니다. 저는 여러분들이 거기에서 시작하시길 바랍니다.

그런 다음에 누가복음 2:19로 넘어가 첫 단어인 마리아를 자기 이름으로 바꾸어 보십시오. 놀라움에서 마음에 새기고 생각하는 숙고의 단계로 가십시오. 죄인인 여러분은 십자가상의 교리들을 마음에 새겨야 할 것입니다. 여러분들의 죄, 하나님의 진노, 심판, 지옥, 구세주의 보혈, 하나님의 사랑, 용서, 용납, 그리고 천국, 이러한 교리들을 깊이 생각하시기 바랍니다. 그리고 놀라움에서 숙고하는 단계로 가십시오. 그러면 하나님께서 여러분을 그 다음 단계로 인도하셔서 숙고하는 단계에서 영광을 돌리는 단계로 가게 하실 것입니다. "나는 용서 받았네"라는 찬양은 죄인이 믿고, 구원받아, 보혈의 피로 씻김 받고, 정결케 된다는 것을 내포하고 있습니다. 그리고 다시 누가복음 2:17로 돌아가 여러분들이 보고 들은 것을 다른 사람에게 전하십시오.

구원받은 크리스천으로서 오늘 오후부터 17절에 나온 대로 시작하시길 바랍니다.

나는 죄인들에게 전하겠네.

내가 만난 구세주를

날 구한 그 보혈

주님께로 돌아가네.

오늘이 지나면 일어나 여러분의 방으로 가서 주님을 경외하고, 찬양하고, 흠모하시길 바랍니다. 한 30분가량 마리아처럼 마음에 새기어 생각하고, 그날의 일과 마음속에서 울려나오는 소리를 소중히 여기고, 눈을 감고 그 모든 것을 생각해 보시길 바랍니다. 여러분이 듣고 본 모든 것으로 주님을 찬양하고, 주님께 영광 돌리시면서 오늘 밤, 내일, 그리고 여러분의 하루하루의 인생을 사는 동안 반복하시길 바랍니다. 예수 그리스도를 향한 우리 주님의 축복이 여러분에게 임하시길 간절히 기원합니다. 아멘.

Sermons about Christmas

5장
성육신, 그 두려움의 끝

1866년 12월 23일 뉴윙턴, 메트로폴리탄 태버나클에서 찰스 스펄전 목사가 전한 주일 오전 설교문이다.

천사가 이르되 무서워하지 말라(눅 2:10).

주의 천사들이 목자들에게 나타났을 때, 주의 영광이 두루 비추었고, 목자들은 크게 무서워했습니다. 하나님께서 사랑하는 주의 사자에게 기쁨의 소식을 전하라고 내려 보내실 때, 사람들은 칼을 들고 나타난 저승사자를 본 것처럼 두려움에 사로잡혔습니다. 고요한 밤이나 적막한 어두움이 목자들을 무섭게 한 것이 아니라 오히려 주의 영광 중에 기쁨의 소식을 전하는 하늘의 사자가 목자들에게 매우 무섭게 다가왔습니다.

목자들이 특별히 소심한 사람이거나 잘 눈치 채지 못하는 사람으로 비난해서는 안 됩니다. 똑같은 상황이라면 어느 누구라도 비슷하게 행동 했을 것이기 때문입니다. 단지 일개 목자들이어서 두려움에 놀랐던 것이 아니라 잘 교육받은 예언자였어도 아마 두려움에 놀랐을 것입니다. 성경에도 하나님께서 사람들에게 임했을 때, 특별히 두려움에 벌벌 떨고 무서워했던 모습들이 많이 기록되어 있습니다.

사실 그런 두려움은 너무나 당연한 것이어서, '전통'으로 인식되기도 하고 보편적 진리로 받아들여지게 되었습니다. 그래서 일반적으로 모든 초자연적인 신의 현현을 보는 것은 죽음으로 이어진다고 믿게 되었습니다. "우리가 하나님을 보았으니 반드시 죽으리로다"(삿 13:22)라고 말하는 것은 단지 마노아[1]의 의견이 아니라 그 당시 사람들의 일반적 생각이었습니다. "여호와께서 우리를 죽이려 하셨더라면 이 모든 일을 보이지 아니하셨을 것이며"(삿 13:23)라고 마노아의 아내와 같이 하나님의 현현을 본 것을 긍정적으로 말하는 사람은 거의 없었습니다. 학식이 있는 사람이건 아니건 훌륭한 사람이건 아니건 간에 하나님의 현현은 기뻐할 일이 아니라 두려워할 일이었다는 것은 모든 사람에게 확고하게 자리 잡았습니다. 심지어 야곱도 "두렵도다 이 곳이여! 이것은 다름 아닌 하나님의 집이요"(창 28:17)라고 말했습니다.

의심할 여지없이 이러한 생각은 '율법 시대'[2]에서 시작했다고 볼 수 있는데, 하나님을 대할 때 기뻐하기보다는 두려워하는 종의 모습으로 하나님의 자녀들을 묘사하고 있습니다. 하나님의 자녀는 노예와 같은 모습으로 속박된 몸이었습니다. 출애굽이라는 위대한 역사가 일어난 그 엄숙한 밤은 두려움에 사로잡힌 밤이었습니다. 양을 잡아 죽이는 밤이었고, 집집마다 눈에 띄는 곳에는 피가 낭자했습니다. 양을 불로 태웠으며, 심판

---

[1] 마노아(Manoah): 삼손의 아버지로 소라 땅에 거하던 단 지파의 사람, 삿 13:1-25 – 역주.

[2] 세대주의(Dispensationalism)는 역사의 시대를 일곱 가지 세대로 구분한다. 그 일곱 세대란 무죄시대(Innocence, 창조부터 인류 타락 전까지), 양심시대(Conscience, 인류 타락부터 노아까지), 인간통치시대(Human Government, 노아부터 아브라함까지), 약속시대(Promise, 아브라함부터 모세까지), 율법시대(Law, 모세부터 그리스도까지), 은혜시대(Grace, 교회시대), 왕국시대(Kingdom, 천년왕국)이다 – 역주.

의 화신은 모든 이의 마음을 경외감으로 가득 채웠습니다. 엄숙하게 그리고 비밀스럽게 가족들이 모인 그 날 밤 자정은 두려움이 가득 찬 시간이었고, 문은 굳게 닫혔습니다. 손님들조차 그 집을 지나가는 죽음의 천사의 날개 소리를 들었을 때, 불안한 모습으로 위엄에 눌린 채 서 있었습니다.

그 후 이스라엘 민족은 광야로 들어갔습니다. 율법이 선포되었으며, 사람들은 그 시내 산에서 멀찌감치 떨어져 산에 오르거나 그 경계를 침범하지 말아야 했습니다. 만약 짐승이라도 그 산을 지나가면 반드시 돌로 쳐 죽이거나 화살로 쏘아 죽여야 했습니다. 하나님께서 그들에게 말씀하실 때 두려움과 공포로 떨었습니다. 수금과 프살테륨,[3] 덜시머[4]의 아름다운 소리 하나 없이 하나님의 율법이 이스라엘 귀에 들렸습니다. 천사들은 부드러운 날갯짓과 함께 소식을 전하지 않았고, 천국의 따사로운 미소로 그들의 마음을 녹이지도 않았고, 우레와 번개와 나팔 소리와 시내 산의 연기와 함께 율법을 전했습니다.

율법이 전하는 소리는 "이리로 가까이 오지 마라"(출 3:5)는 것이었습니다. 시내 산의 영은 두려움과 공포였습니다. 율법을 받는 의식은 신뢰를 주기는커녕 공포를 불러일으켰습니다. 성전에서 예배를 드리는 자들은 새해 첫날부터 마지막 날까지 피를 보았습니다. 아침에는 양의 피로 안내되었고, 저녁에는 제단에 뿌려진 피를 보아야 했습니다. 하나님은 진영 가운데 계셨지만, 구름기둥과 불기둥으로 가로막혀 있었습니다. 그의 영광은 청색, 자색 실과 가늘게 꼰 베 실로 만든 휘장 뒤에 가리어져 있었습니다.

오직 한 사람만이 지나갈 수 있었고, 그것도 일 년에 단 한 번뿐이었습니다. 조용하고 엄숙한 목소리로 숨죽인 채 사람들은 이스라엘의 하나님

---

3 프살테륨(Psaltery): zither 비슷한 14-15세기의 발현 악기 - 역주.
4 덜시머(Dulcimer): 사다리꼴 타현악기의 일종, 피아노의 원형 - 역주.

께 말했습니다. 그들은 배운 적은 없지만 "하늘에 계신 우리 아버지여"라고 말했습니다. 그들은 아직 하나님의 자녀로 여겨지지 않았습니다. 그래서 "아바"라고 부를 수 없었습니다. 그들은 계약 아래 놓여 있어서 주님의 특별한 영광이 그들 가운데 임하실 때 두려움에 떨 수밖에 없었습니다.

이 모든 주인과 종의 관계 아래에는 '죄'가 놓여있습니다. 우리는 아담이 하나님을 두려워한다거나 그가 천국에서 순종의 피조물로 있을 때, 하나님의 현현을 두려워한다거나 하는 것을 찾아 볼 수 없습니다. 그러나 그가 그 운명의 열매를 먹고 자신이 벌거벗었다는 것을 알았을 때, 자신을 숨겼습니다. 바로 그 날 바람이 불 때, 동산에 거니시는 여호와 하나님의 소리를 듣고, 아담은 여호와 하나님의 낯을 피하여 동산 나무 사이에 숨었습니다.

죄는 우리 모두를 비겁한 겁쟁이로 만들어버립니다. 한때 자신을 만드신 분과 기쁨의 대화를 나누었지만, 지금은 그 분의 목소리조차 듣기를 두려워하고 있습니다. 자신의 죄 때문에 두려워하는 범죄자같이 숲에 숨어버리고, 정의의 심판관을 만나기를 두려워하고 있습니다.

사랑하는 여러분! 사람의 가슴 속에 있는 영혼의 소망을 억누르는 그 악몽 같은 주인과 종의 두려운 관계를 없애기 위해 우리 주 예수 그리스도가 육신을 입고 오셨습니다. 회복은 주의 일이고 멸하는 것은 마귀의 일 중에 하나입니다. 천사들은 성육신 하신 하나님의 강림의 기쁜 소식을 전하러 왔습니다. 그들의 노래의 첫 소절은 그를 영접하려는 모든 자에게 주의 오심을 미리 맛 볼 수 있는 소중한 경험이었습니다.

천사들은 "무서워하지 말라"(눅 2:10)고 말했습니다. 마치 두려움의 시대는 끝이 났고 희망과 기쁨의 시대가 온 것처럼 말입니다.

> 무서워하지 말라(눅 2:10).

이 말들은 두려움에 떨고 있는 목자들에게만 해당되는 것이 아니라 여러분과 저, 그리고 주님의 기쁜 소식을 듣게 될 모든 열방에게 해당되는 말입니다.

> 무서워하지 말라(눅 2:10).

하나님께서 더 이상 여러분이 종으로 두려움에 떨고 있는 것을 허락하지 않으십니다. 더 이상 하나님으로부터 멀리 떨어져 있지 마십시오. 말씀이 육신이 되셨습니다. 하나님께서 여러분의 성막으로 친히 내려오셨습니다. 이제 하나님과 사람 사이에 더 이상 가로막힌 것이 없습니다.

오늘 아침 이 주제에 대해 나눌 때 하나님의 도움을 힘입을 수 있길 원합니다. 저는 이 주제의 가치를 잘 알고 있습니다. 하나님께 간절히 구합니다. 성령님의 도움으로 제가 잠잠히 묵상 가운데 마셨던 그리스도의 성육신되신 그 황금 잔을 여러분들도 기쁨으로 마실 수 있길 바랍니다. 저는 사랑하는 친구들을 위해 이보다 더 큰 기쁨을 원하지 않습니다. 한밤중의 노래, 최초이자 최고의 크리스마스 캐럴, 첫 소절부터 마지막 소절까지 "무서워하지 말라"(눅 2:10)고 시작하는 그 아름다운 메시지인 이 노래보다 더 두려움을 해소하는 훌륭한 해결책은 없습니다.

> 나의 주 위로자
> 영원히 은혜의 진리로
> 인간에게 임하시네.

오! 기쁨이여
빛으로 우리 육신의 몸을 입고
인간에 몸에 태어나신
완벽하신 하나님.

이 땅의 기초가 흔들리고
온 우주가 사라져도

영원하신 하나님이자 사람이신
인자하신 나의 예수님.
그 분께 있는 나의 소망은
영원히 흔들리지 않네.

사랑하는 여러분! 오늘 이 시간 이미 언급했던 '두려움'에 관해 여러분께 말씀드리겠습니다.

첫째, 두려움에 대해 말씀 드리길 원합니다.
둘째, 천사들이 선포했던 두려움에 대한 '치유'에 관해 살펴봅니다.
셋째, 시간이 허락된다면 여러 가지 경우에 '이 치유가 어떻게 적용'되는지 살펴보고자 합니다.

1. 두려움

본문의 '두려움'이라는 말을 잘 이해해야 합니다. 우리 인간은 피할 수 없는 하나님을 향한 무서움, 두려움이 있습니다. 피조물이 조물주에게, 신하가 왕에게, 아이가 부모에게 항상 느끼는 그런 적법한 그리고 당연히 가져야 할 바람직한 두려움이 있습니다. 거룩한 하나님 앞에 자녀로서 가지는 이 두려움은 우리로 하여금 죄를 싫어하게 하고, 하나님의 말씀에 순종하며 자라게 만듭니다.

"우리 육신의 아버지를 공경하였는데 하물며 모든 영의 아버지께 더욱 복종하며 살려 하지 않겠느냐?"(히 12:9)라고 성경은 말하고 있습니다. 또한 "여호와를 경외하는 것이 지혜의 근본이요"(잠 9:10)라고 말하고 있습니다. 거룩하고, 정의롭고, 바르고, 자애로운 부모를 경외하는 것은 특권이지 구속이 아닙니다. 하나님을 두려워하는 경외감은 '고통스러운 두려움'이 아닙니다. 완전한 사랑은 내쫓는 것이 아니라 그 안에서 기쁨의 하나됨을 누리는 것입니다.

천사들은 완벽하게 하나님을 사랑하고, 날개로 얼굴을 가린 채 거룩한 두려움과 경외감으로 나타났습니다. 우리가 영광 속 하나님의 얼굴을 대할 때, 완전하신 하나님으로 충만해 질 때, 우리는 그 하나님을 겸손히 경배하지 않을 수 없을 것입니다. 경외감은 성령님의 일입니다. 경외감 없는 사람에게 슬픔만이 있을 뿐입니다. '경외감이 없이 나아갈 수 있다는 것'은 위선입니다.

우리가 피해야 될 두려움은 '노예들이 가질 법한 비굴한 두려움'입니다. 사라가 여종과 아들을 쫓아냈듯이 완전한 사랑에 대한 두려움은 쫓아내는 것입니다. 우리를 하나님에게서 멀어지게 하는 두려움은 우리로 하여

금 하나님과 연합할 수 없다고 생각하게 만들고, 우리를 벌하시고 돌보지 않으시는 분으로 하나님을 오해하게 만들어, 결과적으로 하나님의 존전에서 가능하면 멀어지게 쫓아냅니다.

이런 두려움은 전적으로 '하나님의 위대함을 생각하는 사람들의 생각에서부터' 마음에까지 피어오릅니다. 무한하고 광활한 혼돈 속으로 빨려 들어가는 것이 두려움 없이 가능한 일이겠습니까? 경외감과 두려움이 아니고서는 영원하시고 스스로 존재하시는 무한하신 분의 생각 앞에 인간의 생각이 무엇을 주장할 수 있겠습니까? 하나님과 우리를 비교해 볼 때, 장미 봉오리를 기어오르는 작은 진드기가 우리보다 더 위대한 존재라고 할 수 있습니다. 정교한 저울에 먼지 한 알갱이가 아무런 영향을 끼치지 못하듯이 인간은 여호와 하나님 앞에서 그런 존재인 것입니다. 실로 우리는 아무것도 아니며 하찮은 존재입니다. 우리를 겸손하게 하는 예는 얼마든지 있습니다.

우리가 이런 위대하신 하나님의 뜻을 불순종한다는 것은 주제 넘는 일입니다. 하나님의 선하시고 위대하신 성품은 죄악된 인간들의 노력을 허사로 만들고, 저항할 수 없는 급류처럼 휩쓸어 결국 모든 적들을 멸망시킵니다. 예수님의 사랑이 없이 하나님의 위대함은 거대한 바위 같아서 우리를 부서뜨릴 듯이 위협적으로 보이고, 헤아릴 수 없는 바다 같아서 우리를 서둘러 삼킬 듯 보입니다. 이런 하나님의 위대함을 묵상하면 사람들은 두려움에 떨게 되고, 입 밖에 낼 수도 없는 절망의 나락으로 떨어지게 됩니다. 그런 상태에 있다 보면 땅을 흔들어 궁전과 기둥을 진동케 하시는 여호와 하나님 앞에서 욥처럼 떨게 될 것입니다.

'하나님의 엄중한 모습'은 우리에게 공포를 줍니다. 별을 움직이시는 그분의 능력을 생각해 보십시오. 구름을 계수하시고 하늘을 다스리시는 그분의 지혜를 생각해 보십시오. 이런 성품들 중 어느 하나라도 묵상해 본다면, 그리고 죄에 대해 끝임 없이 불사르시는 그분의 정의를 깊이 묵상해 본다면, 우리 영혼이 두려움으로 가득 차 있다는 게 더 이상 놀랍지 않을 것입니다. 죄를 인식하는 감각이 큰 소용돌이처럼 휘몰아 쳐서 양심의 가책을 느끼게 되면 사람들은 하나님의 가감 없는 모습 앞에서 두려움에 떨게 됩니다. 이것이 죄인인 사람이 양심의 소리에 대해 부담을 느끼는 것입니다.

> 여러분들이 순종하는 자라 할지라도 하나님은 여러분에게 여전히 무서움으로 다가갈 것입니다. 왜냐하면 하늘조차도 하나님의 눈에는 순수하지 않고 천사들조차도 어리석어 보여 책망하시기 때문입니다. 어떻게 하나님과 함께할 수 있으며 또 그분께 무엇을 주장할 수 있겠습니까? 전능하신 하나님께 반역의 손을 들고 하나님을 거역하는 우리이기에 그의 의로운 진노 앞에서 무엇을 유업으로 받을 수 있겠습니까?

그런 두려움은 우리들의 생각 속에 아주 쉽게 피어납니다. 그리고 죄된 본성으로 인해 그런 두려움으로 인간은 쉽게 상처받습니다. 하나님의 존재에 대한 그런 두려움은 어느 곳에나 있고 '하나님과 우리를 철저히 떼어 놓습니다.' 악한 본성을 지닌 원수들로 인해 하나님에 대한 무섭고 두려운 이미지가 악한 우리의 마음의 불에 기름을 부어 놓은 것처럼 활활 타오르게 합니다.

종들이 주인을 두려워하는 것처럼 우리는 두려워만 하지 사랑할 수는 없습니다. 두려움에 떨고 있는 자녀가 여러분에게 사랑을 표현하기란 쉽지 않습니다. 여러분의 자녀가 여러분의 발걸음 소리에 무서워하고, 목소리에 깜짝 놀란다면, 여러분을 사랑하기가 힘듭니다. 무서워서 복종할 수는 있겠지만 사랑하는 것은 불가능합니다.

이것은 하나님에 대해 무서운 이미지로 사람들을 속이는 사탄의 계략 중 하나입니다. 사탄은 사람들이 무서워하는 존재를 사랑할 수 없다는 것을 잘 알고 있습니다. 그래서 은혜의 하나님을 참회하는 자를 받아 주지 않고 슬퍼하는 자를 위로하지 않는 긍휼이 없는 분으로 묘사했습니다. 그러나 하나님은 사랑이십니다! 사람들이 하나님의 본연의 모습을 볼 수 있어서 한마디로 표현한다면, 그것은 "하나님은 사랑이시다"라는 것입니다.

성령님께서 우리가 하나님의 성품을 인식할 수 있도록 도와주실 때, 우리는 마음으로 그분을 사랑할 수 있습니다. 의로우신 하나님의 눈으로 볼 때, 사람은 죄로 인해 타락하고 추악한 모습을 하고 있지만 온화한 하나님의 사랑 아래 있을 때, 우리의 마음이 녹아 하나님을 사랑할 수 있습니다. 왜냐하면 하나님께서 사람들을 먼저 사랑하셨기 때문입니다. 그러나 여기 사탄의 계략이 있습니다. 하나님의 성품을 이해하지 못하게 하고 사랑할 수 없게 만들어 버렸습니다.

이런 두려움이 '하나님으로부터 멀어지게 하고,' '하나님의 복음의 은혜에 대해 선입견'을 갖도록 했습니다. 오늘 아침 이곳에 자신은 신앙이 있지만 불행하다고 믿는 사람들이 있습니다. 예수님을 믿고 하나님께 순종하는 것이 진정한 신앙의 진수이지만, 그 자체가 불행함으로 다가오는 사람들이 여기 런던에 절반이 넘을 것입니다.

"크리스천이 되면 내 세상 즐거움을 다 포기해야 될 거야"라고 스스로 말하는 세속적인 사람도 있습니다. 이 말은 가장 사악한 중상모략 중에 하나이지만 안타깝게도 어느 곳에나 퍼져 있습니다. 하나님을 대적하는 것이 기쁜 일이고 하나님의 친구가 되는 것은 절망스런 일이라고 말하는 인기에만 영합하는 신학이 있습니다. 하나님을 사랑하는 것은 불행한 일이라고 믿습니다. 어떻게 하면 종의 자리에서 하나님을 대하지 않고 하나님의 선하심을 이해하고 친구 되심을 깨달아, 피조물에게 허락하신 높고 행복한 자리를 차지 할 수 있을까요?

어떤 이들 속에 자리 잡은 이 두려움이 하나님에 대한 마음을 빼앗아 갑니다. 그들은 하나님을 무자비한 존재로 생각하고 하나님으로부터 멀리 떨어져 있다고 느끼기도 합니다. 때때로 설교 중에 마음에 와 닿는 부드럽고 누그러뜨리는 말씀을 들어도, 그 선한 소망은 실질적인 도움이 되지 못합니다. 그들은 "일어나 아버지께로 가야겠다"라고 말하지 않습니다. 왜냐하면 하나님을 아버지로 생각하지 못하기 때문입니다. 그들은 하나님을 오직 태워버리는 불로 생각합니다. 그래서 "일어나 태워버리는 불이신 하나님께 가야겠다"라고 말하지 않습니다. 그들은 요나처럼 하나님의 존전에서 도망쳐 기꺼이 다시스로 가는 뱃삯을 비용에 상관없이 지불하는 사람들입니다.

이것은 인간이라는 존재를 불행하게 만드는 일이었습니다. 그리고 이 일로 하나님을 벗어날 수 없었습니다. 사람들은 하나님의 존전에서 벗어나기만 하면 행복할 거라고 생각하지만, 우리는 하나님께 속할 수밖에 없는 운명을 가지고 있습니다. 하나님 없이는 불행과 파멸만이 남아있을 뿐입니다. 하나님의 부드러운 자비와 우뢰와 같은 공의가 사람들 앞에서 힘을 잃었습니다. 하나님을 경외하지 않고 두려워함으로 그들의 마음은 시들어지고 냉담해졌습니다.

이런 바람직하지 않은 두려움은 종종 "극단적 죄를 초래합니다." 어떤 사람이 이렇게 말합니다.

> 나에게는 희망이 없습니다. 저는 하나님의 원수가 되어 치명적인 죄를 지었습니다. 이젠 돌이킬 수 없을 정도로 망가졌습니다. 더 이상 행복이나 평화는 저와 상관없는 것처럼 보입니다. 제가 무엇을 할 수 있겠습니까? 제 목을 감고 있는 열정의 고삐를 던져버릴 것입니다. 제 운명을 거부하고 다른 기회를 찾을 것입니다. 죄 속에서 혹시나 엿볼 수 있는 행복을 찾을 것입니다. 천국과 연합할 수 없다면 지옥의 충직한 종이 되겠습니다.

하나님의 위엄에 대적하며 점점 더 반역을 하는 데 만족하지 않고, 하나님을 대적하는 악의적인 의도로 이런 저런 범죄를 서둘러 저지릅니다. 그들 속에 두려운 마음은 활활 불타오르는 악마의 성품으로 가득 차 분노와 함께 뒤섞여 있습니다. 그들은 여전히 하나님을 반역하는 마음을 가지고 있고, 마음속 깊은 곳에서 죄인이 되기를 갈망합니다. 만약 그들이 하나님은 사랑이시라는 것을 일단 믿으면 더 이상 죄와 사망 아래 있지 않고, 오히려 하나님을 향하여 변화된 삶을 살 수 있습니다. 하지만 온전히 하나님을 따르는 것을 어리석은 것으로 여기며, 그들의 눈은 가려져 하나님을 볼 수 없고 하나님을 비방하게 됩니다.

성도 여러분! 악마는 사악하고 해로운 방법으로 끊임없이 일하고 있습니다. '이것은 하나님을 경외하지 않는 것입니다.'

오! 어둠이 전혀 없으신 빛인 하나님을 끔찍한 공포의 대상으로 만드는 것은 아주 비열하고 매우 나쁜 일입니다. 이것은 지옥에서나 일어날 일입니다. 사랑의 하나님 여호와를 마귀로 묘사하는 것이야 말로 가장 끔찍한 일입니다.

　오! 어둠의 왕자인 사탄의 무례함과 인간의 완악함이 하나님을 용서치 않고 무례하고 돌봄이 없고 잔인한 분으로 묘사하고 있습니다. 그러나 그분은 모든 것 위에 뛰어나시고 다른 어떤 것과도 비할 수 없는 사랑이십니다. 그리고 그는 공의로우십니다. 그의 공의로우신 성품으로 참된 사랑이 되십니다. 그리고 그는 진실하십니다. 진실하신 그 분은 죄를 벌하시기에 합당하시고 죄가 응당 받아야 할 벌을 받지 않은 것을 좋게 여기지 않으십니다. 은혜를 베풀어 주는 분을 해하는 것은 그분께 많은 것을 받은 피조물로서 하지 말아야 할 배은망덕한 행동입니다.

　하나님께 배은망덕한 행동을 했던 마귀는 인간을 움찔하게 만들었으며, '이런 두려움은 인간에게 고통을 주었습니다.' 하나님을 무자비한 적으로 간주하는 것보다 더 고통스러운 비극은 없습니다. 하나님의 자녀이자 양자로 여겨지지만 여전히 하나님과 멀리 떨어져 있는 여러분에게 우리 주님께서 여러분을 버리고 다시는 받아 주지 않을 거라는 두려움보다 더 큰 고통은 없습니다.

　그러나 어떠한 것도 하늘 아버지로부터 여러분을 끊을 수는 없습니다. 여러분들이 종의 두려움으로 하나님 아버지를 두려워하지 않는다면 자녀가 부모에게 다가가는 것처럼 하나님께 다가갈 수 있습니다. 그러면 여러분들은 이렇게 말할 것입니다.

　하나님 아버지, 제가 아버지 말씀을 어겼습니다. 불쌍히 여겨주소서! 나의 아버지, 내 죄로 인해 고통스럽고 슬픕니다. 다시 한 번 당신의 팔로 안아 주사 그 크신 은혜로 당신의 명령을 준행하고 당신의 뜻에 순종케 하소서.

성도 여러분! 영적인 삶을 아는 여러분은 하나님의 대한 따뜻한 기억과 그의 특별한 사랑을 마음속 깊이 느낄 수 있을 것입니다. 그러면 여러분은 거룩한 사람입니다. 도덕적으로 영적으로 성숙할 수 있는 유일한 길은 존경하는 마음으로 은혜로운 하나님을 받아들이고 여러분의 마음을 불태우는 그분의 고귀한 사랑을 느끼는 것이라고 생각하지 않으십니까?

하나님께서 선택하신 사람들에게 바라는 것은 바로 여러분이 어린아이 같이 되는 것입니다. 이것이 바로 그의 영이 그의 선택한 자들 안에서 일하는 이유입니다. 성도로서 빛의 유업을 소유하는 자로서 우리는 주님 앞에 나와야 합니다. 종이 가지는 그런 두려움은 어린이가 가지는 영과 반대쪽에 있는 것입니다. 두려움과 공포는 우리 안의 모든 곳에서 나오지만 어린이의 영을 가지면 우리는 두려움의 실체에 저항 할 수 있습니다. 하나님의 자비하심을 확신하면 그 확신이 우리의 두려움을 몰아내고 어린아이 같은 성품을 불러옵니다.

여러분은 아이들이 거칠고 무서워 보이는 사람을 믿고 신뢰해서 그 믿음으로 그 사람의 마음을 녹이는 것을 본적이 없습니까?

그것은 신뢰를 위해 어떤 이유가 필요한 것이 아니라 신뢰 자체가 중요한 것임을 보여 줍니다. 선하고 자비로운 아버지를 단순하면서도 절대적으로 신뢰하는 아이의 모습은 아름다운 모습입니다.

가난하고 약한 아이와 같은 제가 예수 그리스도를 통해 선하시고 위대하신 하나님을 믿을 수 있게 되었고 하나님께 신뢰함으로 나아갈 수 있게 되었습니다. 하나님은 더 이상 인정이 없으시거나 무분별한 분이 아니라는 것을 믿습니다.

제가 하나님의 사랑에 전적으로 반응하고 하나님의 뜻에 전적으로 순종하면 피조물이 다다를 수 있는 가장 높은 자리에 오를 수 있지 않겠습니까?

성령님이 제 안에 선한 일을 공들여 마치시면 저는 하늘의 뜻에 맞춰질 것입니다.

사랑하는 성도 여러분! 두려움이 이것을 반대하고 심지어 막는다 할지라도 저는 천사가 했던 것처럼 말하고 싶습니다.

"무서워 마십시오."

2. 이 두려움을 치유할 방법

저는 다소 비통한 주제를 말하기에 앞서 여러분이 힘들어 할까봐 걱정이 됩니다. 허락하는 한 방대한 주제를 간략하게 줄여서 천사들이 선포하러 온 그 이유 즉 '이 두려움을 치유할 방법'에 대해 살펴 보겠습니다.

그 해답은 다음의 구절에 있습니다.

> 오늘 다윗의 동네에 너희를 위하여 구주가 나셨으니 곧 그리스도 주 시니라(눅 2:11).

> 육신을 입으신 하나님을 볼 때까지
> 내 영혼 쉴 곳 없었네.
> 거룩하시고 정의로우시고 신성한 당신
> 내 마음에 두려움 가득하네.

> 임마누엘의 얼굴이 나타나면
> 내 희망 내 기쁨 넘치네.

> 그의 이름이 나의 두려움을 없애고,
> 그의 은혜가 나의 죄를 사하네.

하나님이 우리와 함께하신다는 것, 다시 말해서 육신을 입고 오셨다는 것이 두려움을 해소시켜 줄 치유 방법입니다. 이것을 천사들의 노래에서 살펴보길 원합니다.

본문에 따르면 처음에 목자들은 두려워하지 않았습니다. 왜냐하면 천사들이 그들에게 복된 소식을 전하러 왔기 때문입니다.

어떻게 전해졌습니까?

"내가 큰 기쁨의 좋은 소식을 너희에게 전하노라"(눅 2:10)며 천사들이 전했습니다.

이 복음은 무엇입니까?

그리스도가 나심이 복음이라고 우리는 들었습니다. 그리스도가 태어나시고 하나님이 이 땅에 육신을 입고 오셔서 사람들과 연합하는 것이 우리에게 정말 기쁜 소식인 것입니다. 참으로 이것은 기쁜 소식입니다. 천지를 만드신 분이 구유에 누워 계십니다. 하나님이 인간에게 적이 되실 필요가 없으십니다. 왜냐하면 하나님은 사람과 연합하기 위해 실제로 사람의 몸을 입으셨기 때문입니다.

하나님과 사람 사이의 영원하고 뿌리 깊은 증오심은 있을 수 없습니다. 그렇지 않다면 하나님의 성품이 인간의 성품과 본질적으로 연합이 될 수 없기 때문입니다.

그 연합 안에 위로가 없을 수 있을까요?

여러분들이 부족하고, 죄 많고, 나약한 사람이지만 이런 성품들 때문에 하나님과 멀어진 것이 아닙니다. 주님을 무서워하는 그 두려움이 하나님과 사람을 대립하게 만드는 것입니다. 그러나 그런 대립은 더 이상 필요하지 않습니다. 왜냐하면 여러분의 창조주이신 하나님이 우리와 연합하기 위해 정말로 인간의 몸을 입고 오셨기 때문입니다.

여러분은 다른 생각을 해 본 적이 없습니까?

영원하신 하나님과 우리는 정말이지 멀리 떨어져 있는 듯 보입니다. 그는 무한하시고 우리는 아주 작은 피조물에 불과합니다. 창조주이신 하나님과 우리 사이에는 건널 수 없는 커다란 바다가 흐르는 듯이 보입니다. 우리는 한 번도 하나님이 천사와 연합하기 위해 천사의 몸을 입고 오셨다는 이야기를 들어본 적이 없습니다. 우리는 하나님과 천사 사이가 무한이 떨어져 있다고 말할지 모르겠습니다. 그러나 우리 주님은 우리와 연합하시려 정말로 인간의 몸으로 오셨습니다. 더 이상 건널 수 없는 바다는 없습니다.

그 반대로 놀라운 연합만이 있을 뿐입니다. 신이신 하나님이 우리 인간과 결혼 같은 계약을 맺으셨습니다. 세상에! 여러분은 더 이상 불쌍하고 외로운 고아처럼 깊은 바다 건너 멀리 떨어져 계신 그래서 목소리조차 들을 수 없는 아버지를 하염없이 기다리지 않아도 됩니다. 여러분은 더 이상 아기의 울음소리를 들을 수 없는 곳으로 멀리 멀리 간 엄마를 그리며 발가벗겨진 채로 아무런 도움도 없이 방치된 아기처럼, 슬피 울고 한숨짓지 않아도 됩니다. 그 창조주 하나님이 여러분 같은 인간이 되셨습니다.

너무 강력한 표현이지 않습니까?

이 땅에 창조된 어떤 것과도 같지 않으시며 이 땅을 창조하신 그가 말씀이 되어 우리 안에 거하시고 육신으로 오셨습니다. 죄는 없으시지만 우리와 같이 모든 유혹을 받으실 수 있는 육신이 되신 것입니다.

여러분들께 이와 같은 복된 소식이 전해진 적이 있습니까?

천사보다도 못하고 한낮 먼지 속 작은 벌레에 불과한 우리가 고개를 들고 두려워하지 않게 되었습니다. 본래 약하며 수고로이 땀 흘리며 일해서 마지막에는 죽어 썩어져 땅의 벌레에 먹히고 마는 우리가 천사들 앞에서 당황하지 않고 심지어 하나님 옆에 있습니다. 제일 높은 천사도 감히 하나님과 우리 사이에 설 수 없습니다. 옆에 있기는커녕 하나님이자 인간이신 예수님이 부르시는 것조차 감당하기 힘듭니다. 예수 그리스도 영원한 하나님이 우리처럼 이 땅에 태어나시고, 사시고, 돌아가셨습니다. 이것이 우리의 두려움을 쫓아 낼 첫 번째 위로의 말씀입니다.

두 번째로 이 두려움을 쫓아 낼 말씀은 하나님이신 이 분이 실제로 태어나셨다는 것입니다. 천사들의 말을 잘 들어 보십시오.

오늘 너희를 위하여 구주가 나셨으니(눅 2:11).

우리 주 예수 그리스도는 어떤 면에서는 아담보다 더 우리와 같습니다. 아담은 태어나지 않았습니다. 아담은 어린 아기 때의 약함이나 위험에 노출 될 위기에 처해서 고생할 필요가 없었습니다. 아담은 어린 시절의 약함을 알 수 없었습니다. 그는 단번에 성인이 되었습니다. 아버지 아담은 아주 어린 아이나 어린이와 같은 우리를 공감할 수 없습니다. 어찌 예수님께서 우리와 같을 수 있을까요?

예수님은 우리와 함께 구유에 누어 계십니다. 아담과 같이 단번에 어른의 모습으로 우리와 함께하지 않습니다. 우리처럼 아기 때의 고통이나 연약함을 같이 느끼시고, 심지어 무덤까지 가는 죽음을 경험하시며 우리와 함께하셨습니다.

사랑하는 여러분!

이 얼마나 사랑스러운 위로가 됩니까?

오늘 하나님이신 그 분이 한때 우리와 같은 어린 아이셨습니다. 나의 염려가 작아 보이고 심지어 사소해 보이고 상대적으로 유치해 보여도, 그분이 한때 아이이셨기에 우리가 그분께 다가갈 수 있습니다. 이 땅의 큰 자들은 가난한 아이를 비웃으며 "너는 너무 변변찮고, 너의 문제도 너무 하찮은 것이라 동정 받을 수도 없어"라고 말합니다. 그러나 저는 하늘의 왕 되신 우리 주님이 한 여자의 가슴에 안겨 강보에 쌓여 있는 것을 기억합니다. 그러기에 나의 모든 슬픔을 그분께 다 말할 수 있습니다.

주님이 어린아이가 되셔야 하지만 영원히 축복 받으실 하나님이시어야 한다는 것이 얼마나 놀라운 일입니까? 저는 지금 그런 하나님을 두려워하지 않습니다. 이 축복의 관계가 거룩한 아기 예수로 오신 하나님과 나 사이에 있는 모든 두려움을 몰아내어 버렸기 때문입니다.

보십시오. 천사는 목자에게 그의 태어나심 뿐 아니라 그의 '사역'도 언급합니다. "오늘 너희를 위하여 '구주'가 나셨으니"(눅 2:11). 그가 이 세상에 태어나시신 가장 큰 목적은 바로 우리를 죄에서 구하기 위해서입니다.

그렇다면 무엇이 우리를 두렵게 합니까?

우리가 죄로 인해 버려진 것을 알았기 때문에 하나님을 두려워하는 것입니까?

여기 기쁨 위에 기쁨이 있습니다. 주님은 단지 인간의 모습으로 오신 것 뿐 아니라 하나님으로부터 단절된 우리를 구하시려 오셨습니다. 우리는 자신의 삶을 허랑방탕하게 보내고 아주 나쁜 방법으로 하나님 아버지로부터 멀어져 갑작스럽게 울음이 터져 나올 것 같은 느낌을 받을 때가 있습니다. 하나님께 다시 돌아가는 것이 두렵다는 것을 저는 잘 압니다.

사람들은 주님이 안 받아 주실까봐, 이런 죄인이게 자비가 없을 까봐 걱정합니다.

그러나 이것을 생각해 보십시오. 예수 그리스도는 잃어버린 자들을 찾아 구원하시기 위해 오신 것입니다. 그분이 우리를 구원하지 않으시면 태어나신 것도 헛된 일이 되어버립니다. 왜냐하면 우리를 구하러 태어나신 것이기 때문입니다. 그분이 구원자가 아니라면 이 땅을 향한 하나님의 계획은 목적을 잃게 됩니다. 그 계획은 잃어버린 자를 구원하는 것이기 때문입니다.

천사가 여러분을 구하러 왔다는 소식이 있다면 그 소식에도 기쁨이 있겠지만, 여전히 더 좋은 복음이 있습니다. 하나님이 이 땅에 오신 것입니다. 영원하시고 전능하신 그분이 하늘의 높은 곳에서 벌레만도 못한 그런 존재를 위해 오셨습니다.

여기에 위로가 없다면 어디에 위로가 있단 말입니까?

성육신하신 구원자가 사람 등에 걸쳐있는 검은 외투와 같은 끔찍한 두려움을 벗겨주시지 않습니까?

천사가 잊지 않고 구원자의 '인성'을 설명했다는 것을 기억하십시오.

구주가 나셨으니 곧 그리스도 주시니라(눅 2:11).

예수님은 인성을 가졌습니다. 기름 부음을 받은 자이신 "주"였습니다. 그는 신성을 가지고 있었습니다. 그렇습니다. 이것은 불변하는 진리입니다. 나사렛 예수가 바로 하나님이셨습니다. 그는 동정녀의 몸에서 잉태되어 베들레헴 구유에 나셔서, 항상 그랬던 것처럼 지금도 영원히 축복받으실 분입니다. 그분이 하나님이 아니라면 복음은 없는 것입니다.

위대한 선지자가 태어났다는 것이 나에게 복된 소식이 아닌 것입니다.

전에도 위대한 선지자들은 많았습니다. 그러나 진리를 전달하는 단순한 간증으로 세상을 구원할 수 없고 나중에도 그럴 일은 없을 것입니다. 하나님이 나셨고 하나님 자신이 우리와 연합하기 위해 인간의 몸을 입으셨다는 사실이 저의 마음의 종을 기쁜 소리로 울려 퍼지게 합니다. 하나님께서 저에게 오셨다는 것은 이제 제가 하나님께로 갈 수 있다는 말이기 때문입니다.

성도 여러분! 여기서 그 천사가 "너희를 위하여"(눅 2:11)라고 말한 핵심을 살펴보고자 합니다. 여러분이 주님을 향한 개인적인 관심이 없다면 성육신하신 구원자로부터 진정한 위로를 받을 수 없을 것입니다. 인간으로서 그리스도는 우리를 대표합니다. 우리를 대표할 수 있는 두 사람이 있는데, 첫째는 아담입니다. 아담은 순종함으로 우리 인생들의 대표자로 설 수 있지만, 불순종함으로 우리 인생들을 죄인 되게 하였습니다.

아담 안에서 모든 사람이 죽은 것 같이(고전 15:22).

지금은 인간이신 예수님이 두 번째로 우리를 대표하십니다. 그는 모든 인생을 대표하지 않으시고 하나님께서 허락하신 사람들을 대표하십니다. 그는 선택된 무리를 대표하십니다.

그리스도가 무엇이든 하실 수 있지만 여러분이 그분 안에 속하면, 그분은 '여러분'을 위해 일하십니다. 그래서 그리스도가 할례 받으시거나 십자가에서 고난당하시거나 죽으시거나 사시거나 장사되시거나 부활하시는 모든 일에 여러분도 동참하게 되는 것입니다. 여러분은 그와 함께하는 것으로 여겨집니다. 그리스도의 성육신이 여러분에게 기쁨과 위로가 됩니다. 사람으로서 예수님은 인간을 천국으로 이끄십니다. 그가 저를 거기로 이끄셨습니다. 제가 아담 안에 있기에 아담이 죄를 범함으로 저도 죄를 범했지만, 저는 예수 안에 있기에 우리 주 예수 그리스도가 일어서심으로 저도 일어 설 수 있습니다.

사랑하는 성도 여러분! 예수 그리스도가 십자가에 못 박히셨고 그의 선택된 자들도 거기에 못 박혔습니다. 예수 안에서 고통 받고 죽임 당했습니다. 그가 무덤으로 내려갔을 때, 그 안에 있는 사람들도 거기에 머물러 있었습니다. 레위가 아브라함의 허리에 있었으므로[5] 그들 또한 예수님의 허리에 있었기 때문입니다. 그가 살아나실 때 그들도 살아나 미래의 부활을 미리 맛볼 수 있었습니다. 그가 살아 있으므로 그들 또한 살아 있을 것입니다. 지금 그는 하늘에 올라 보좌에 앉으셔서 그 안에 있는 모든 영을 위해 통치하십니다.

오! 이것이야 말로 참된 기쁨입니다. 오늘날 보잘것없는 죄인인 제가 하나님을 두려워하지 않고, 믿음으로 예수를 신뢰하고 하나님의 보좌에 앉을 수 있다고 감히 말할 수 있는 이유인 것입니다. 그리스도 앞에 모든 믿는 자들이 다 함께 모여 하늘 보좌에 계신 예수 그리스도와 함께 앉을 수 있는 것입니다. 왜냐하면 예수님이 거기 계시고, 우리 각자가 그 분 안에 거하고 있기 때문입니다.

이 성육신의 고귀한 진리가 가지고 오는 능력을 가지기를 바랍니다. 그리고 생각하면 생각할수록 기쁜 것이 있습니다. 여기서 하나님의 아들이신 예수님이 정말 육신의 몸을 입으셨다는 가장 중요한 진리를 살펴보기를 원합니다. 이 진리는 너무나 중요합니다. 이 땅에서 그 진리를 확신 시켜줄 세 가지 증거가 있습니다. 우리는 기독교 예배의 영성에 대해 여러

---

5 히 7:10.

번 주장해왔습니다. 우리는 밖으로 보이는 종교성이 별로 중요하지 않다는 것을 압니다. 중요한 것은 우리 안의 영성입니다.

저는 주님을 거부해서가 아니라 스스로에게 때때로 이렇게 묻습니다.

"이 세례(침례)는 무엇을 위한 것인가?

주의 만찬, 성만찬은 무엇을 위한 것인가?"

이 두 개의 의식은 훌륭하게 사용되면 좋겠지만, 잘못 사용될 때가 많이 있습니다. 저는 퀘이커 교도들의 가르침을 따르는 친구들이 다음과 같이 말하는 것을 들은 적이 있습니다.

<blockquote>
왜 눈에 보이는 것에만 집중하는가?

물로 하는 세례(침례)보다 영적 세례(침례)가 되도록 해야 하지 않는가?

빵과 포도주기 아니라 밖에 보이는 표시가 아니라

그리스도와 진정한 교제가 되도록 해야 하지 않는가?
</blockquote>

저는 감히 동행하지는 못한다 하더라도 그 성경의 단순한 증거에 사로잡히길 원한다고 고백합니다.

"사람들이 항상 이 두 예식을 오용할 거라면 차라리 두 예식을 하지 않는 편이 낫지 않겠나?"

혼잣말처럼 말하며 이런 유혹에 흔들릴 때도 있었습니다. 하지만 이 두 예식이 바르게 지속되어야 된다고 생각하면서, "증언하는 이가 셋이니 성령과 물과 피라 또한 이 셋은 합하여 하나이니라"(요일 5:7-8)는 말씀에 안식을 얻습니다.

무엇이 증거가 됩니까?

그리스도이신 예수님의 사역을 위해 이 세 가지가 증언하고 있습니다.

다른 말로 하면 성육신하신 하나님을 증거하고 있는 것입니다. 이 셋은 그리스도의 육체에 대한 증거입니다.

사람들이 위의 두 예식을 포기할 때 보통 "하나님이 육신으로 오셨다"라는 사실을 문자 그대로 받아들이지 못하는 경향이 있다는 것을 알고 계십니까?

그들은 그리스도가 정말로 인간으로 오셨다는 사실을 의심하고 두 예식이 폐기되어야 한다고 주장합니다. 그러나 저는 이 상징적 예식이 영적인 것과 물질적인 것을 연결하고 있다고 생각합니다. 그리고 그리스도 예수가 영광스러운 영이면서 동시에 우리와 같은 진짜 육체와 피를 가진 몸을 입고 오셨다는 것을 나타내기 위한 목적으로 이 예식은 시작되었다고 믿고 있습니다. 그 육체는 손을 대어 만질 수 있어서 "내 손과 발을 보고 나인 줄 알라 또 나를 만져 보라 영은 살과 뼈가 없으되 너희 보는 바와 같이 나는 있느니라"(눅 24:39)고 말씀하셨습니다.

그리스도가 진정 사람이라고 성령님이 증거하심을 생각할 때 마다 감사합니다. 물을 볼 때 마다 그리스도가 요단강가 사람들 앞에서 세례(침례)를 받으신 것을 기억합니다. 그는 유령일 수가 없었습니다. 그는 단지 유령과 같이 보인 것도 아닙니다. 왜냐하면 그는 물에 잠기셨기 때문입니다. 분명히 물질적인 존재임에 틀림없습니다. 세례(침례)식을 유지하는 것은 성육신하신 하나님의 실제에 대한 증거입니다.

그리고 피에 관해 생각해 볼 때, 그분이 유령과 같은 존재였으면 갈보리 언덕에서 피를 흘릴 수 없었을 것입니다. 그분이 단지 유령이었으면 창으로 찔렸을 때 피가 흘러내릴 수 없었을 것입니다. 그분은 우리와 같은 육체와 피를 가지고 계셨습니다. 종종 주의 만찬을 대할 때 잔을 들면서 "이 잔은 내 피로 세운 새 언약이니"(고전 11:25)라는 말씀을 듣습니다. 이것이 우리에게 진짜 육체와 피를 입고 오셨다는 그리스도의 세 번째 증거입니다. 그래서 성령과 물과 피가 하나님의 교회의 세 가지 두드러진 증거가 되는 것입니다.

그리스도는 하나님이셨고 진정으로 육신을 입으신 사람이었습니다. 저는 이러한 점 때문에 예식에 기뻐하며 참여할 수 있습니다. 이 두 예식을 할 때마다 그리스도가 진정으로 육체와 피를 입으신 사람이라는 것을 기억할 수 있고, 이러한 예식을 통해 우리의 육체와 피가 의미하는 것을 알 수 있는 것입니다. 바로 그 몸이 무덤에서 다시 일어났습니다. 그 예수님은 이 썩어질 육체를 구하기 위해 오셨습니다.

우리는 최고의 영성을 유지해야 하는 동시에 사탄의 것이었던 육체를 물리치지도 말아야 합니다. 그리스도가 영적이 부분뿐 아니라 물질적인 부분 또한 깨끗케 하셨기 때문입니다. 이 두 곳에서 승리의 개가를 부르셨습니다. 여기에 큰 위안이 있는 것입니다.

3. 두려움에 대한 치유와 적용

이제 우리는 어떻게 '그 두려움을 치유할 것인가 생각하며 적용하는 방법'에 대해 생각해 보고자 합니다.

하나님의 자녀인 여러분은 이렇게 말할지 모르겠습니다.

"감히 오늘은 하나님께 나아갈 수 없습니다. 제가 너무 부족합니다."

무서워하지 마십시오. 베들레헴에 태어나신 그가 말씀하셨습니다.

> 상한 갈대를 꺾지 아니하며 꺼져가는 심지를 끄지 아니한다
> (마 12:20; 사 42:3)

어떤 이는 말할지도 모릅니다.

"난 천국에 못 갈 거야. 나는 절대로 하나님의 얼굴을 못 볼 거야. 난 너무 유혹에 쉽게 넘어져요."

그러나 무서워 마십시오. 우리 주님은 여러분의 약함을 만져주지 않으시고 높은 곳에만 계시는 제사장이 아니라, 여러분들처럼 모든 부분에서 유혹 받으셨던 그런 분이셨습니다.

어떤 사람은 "내가 세상에서 가장 외로운 사람일 거야. 나를 신경 써주는 사람은 아무도 없어"라고 말할지 모르겠습니다. 그러나 여러분과 같이 진짜 인간의 모습으로 여러분을 보살피시는 분이 계십니다. 그는 여전히 여러분의 형제이며, 그 외로움을 잊지 않으십니다.

어떤 죄인은 이렇게 말합니다.

"오늘 아침 하나님께 나아가기가 두렵습니다. 제가 죄인이라고 고백하기라 무섭습니다."

그렇다면 하나님께 나아가지 마시고 그리스도께 나아가시기 바랍니다. 분명 여러분들은 예수님을 무서워하지 않을 것입니다. 그리스도 밖이 아니라 안에 계시는 하나님을 생각해 보시기 바랍니다.

예수님을 안다면 지금 즉시 그분께 나아가시기 바랍니다. 여러분의 죄를 고백하는 것을 두려워 마십시오. 여러분은 주님이 "이제 가서 더 이상 죄를 짓지 마라"고 하실 거라는 것을 잘 알고 있습니다. "저는 기도 할 수 없어요. 기도하기가 두렵습니다"라고 말하는 분이 계실지 모르겠습니다. 여러분의 기도를 들으시는 분이 여러분과 같은 사람이라도 이렇게 무서

워하시겠습니까?

여러분은 하나님의 얼굴 보기를 두려워할지 모르지만 육신의 몸을 입고 계신 하나님을 보아도 놀라시겠습니까? 연약한 죄인들이여, 그리스도께로 가십시오.

어떤 이는 "저는 주님께 나아갈 만한 사람이 아니예요"라고 말할 것입니다. 하나님 앞에 설만한 사람이 아닐 수 있지만 예수님께 나아가지 못할 사람은 없습니다. 주님이 계셨던 그 거룩한 언덕에 서 있기 위해서 필요한 조건이 있지만 우리 주 그리스도께 나아가는 데에는 어떠한 조건이 없습니다. 죄 많고, 버림받고, 황폐한 상태 그대로 나가가십시오. 여러분의 있는 모습 그대로 나아가십시오. 그러면 우리 주님이 맞아 주실 것입니다.

어떤 분들은 "저는 그런 주님을 믿을 수가 없습니다"라고 말할 것입니다. 여러분들이 보이지 않는 하나님을 믿는다는 것은 쉬운 일이 아니라는 것을 잘 알고 있습니다. 하지만 우리를 위해 죽으시고 피 흘리신 그 인자가 하나님이 아들이었다는 것을 믿을 수 있다고 저는 생각합니다. "저는 그분이 저를 지켜봐 주시는 것을 바라지도 않아요"라고 말하는 분이 계실지 모르겠습니다. 그러나 주님은 그런 여러분을 지켜봐 주고 계셨습니다. 그분은 세리와 죄인들과 함께 식사하셨고 심지어 그 앞에 있는 매춘부를 쫓아내는 것을 허락하지 않으셨습니다.

하나님이 친히 우리와 연합하시고자 사람의 몸을 입고 오셨기에 두려워하실 필요가 없습니다. 죄의 문제로 하나님과 멀리 떨어져 방황하고 하나님의 이름을 생각하는 것조차 두려워하는 사람이 있다면 죄인의 친구이신 예수님을 생각하면서 여러분들이 그 불쌍한 영혼을 위해 친구된 자로서 기도해 주시길 부탁드립니다. 아! 이 시간 하나님의 영이 눈먼 자의 눈을 열어 주시길 바랍니다. 하나님과 멀리 떨어질 어떠한 이유도 없다는 것을 깨달을 수 있기를 바랍니다.

가장 멀리 떨어진 자라 할지라도 기꺼이 그분이 구원하러 오셨다는 것을 믿으시기 바랍니다. 그의 선하심과 인자하심을 깨달아 아무리 사악한 죄라도 그분을 막을 수 없다는 것을 믿으시기 바랍니다. 오늘 아침 그분의 은혜로 하나님께 나아갈 수 있길 바랍니다. 하나님께서 예수 그리스도가 여러분 안에 좌정하심을 확증하시어 여러분들이 "지극히 높은 곳에서는 하나님께 영광이요 땅에서는 하나님이 기뻐하신 사람들 중에 평화로다"(눅 2:14)는 노래를 기꺼이 부르실 수 있기를 바랍니다. 아멘.

Sermons about Christmas

6장
하나님이 우리와 함께 계시다

1875년 12월 26일 뉴윙턴, 메트로폴리탄 태버나클에서 찰스 스펄전 목사가 전한 주일 오전 설교문이다.

> 그의 이름은 임마누엘이라 하리라 하셨으니 이를 번역한즉 하나님이 우리와 함께 계시다 함이라(마 1:23).

"이를 번역한즉"이라는 말은 제 귀에 매우 좋게 들립니다.

왜 히브리어인 "임마누엘"이라는 말을 번역해야 했을까요?

우리 이방인을 위한 것이 아니었다면 그 당시 이방 세계에서 가장 중요한 언어가 헬라어였기에 그랬던 것은 아니었을까요?

그리스도가 태어나실 때 "이를 번역한즉"이라는 말과 그리스도가 돌아가실 때 십자가 위의 세 가지 언어로 쓰인 비문은 그가 단지 유대인의 구원자였을 뿐 아니라 이방인의 구원자였다는 것을 말해줍니다.

마르세유 항을 걸을 때면 전 세계에서 온 배들이 항구에 정박하는 것을 봅니다. 그리고 상점에 써진 글을 보면 매우 흥미롭습니다. 가벼운 식사나 상품을 알려주는 말이 프랑스어뿐만 아니라, 영어, 이탈리아어, 독

일어, 그리스어, 심지어 어떨 때는 러시아어나 스웨덴어로 쓰여 있는 것을 봅니다. 배를 만드는 사람이나 선장, 철물장수, 선적 판매업자를 위해 여러 언어로 써진 안내 책자나 여러 나라에서 온 사람들을 위한 설명서를 볼 수 있습니다. 이것은 전 세계 사람들이 와서 물건을 사왔다는 증거이고, 또 나중에 올 것을 기대하면서 그들의 특별한 필요를 준비해 왔다는 것을 보여주는 분명한 증거입니다.

"이를 번역한즉"이라는 말은 이 소식이 다른 나라에 전해졌다는 것을 의미합니다. 처음에 "임마누엘"이라는 히브리어로 본문에 소개되고 난 뒤, 하나님이 "우리와 함께 계시다"(마 1:23)라는 이방인의 말로 번역되었습니다. "이를 번역한즉"이라는 말 속에는 우리가 이방인으로 죄인으로 하나님과 관계없는 자로 있었지만, 하나님께서 우리의 필요를 보시고 그 필요를 공급하셔서 지금 우리가 자유롭게 하나님께 나아갈 수 있도록 환영하고 초대하고 계신다는 뜻이 숨어있습니다. 우리는 그 두 가지 언어로 된 고귀한 이름을 사랑으로 기억합니다. 우리 유대인 형제들도 "우리와 함께 계시는 하나님," 즉 "임마누엘"과 연합할 그 기쁜 날을 기대하길 바랍니다.

본문에서는 우리 주 예수님의 이름에 대해 말하고 있습니다. "그의 이름은 임마누엘이라 하리라"(마 1:23)고 쓰여 있습니다. 요즘 아이들의 이름을 지을 때 옛날만큼 특별한 의미를 부여하지 않는 듯합니다. 아버지나 어머니의 이름, 또는 존경받는 집안사람들의 이름을 붙이기도 하지만, 일반적으로 아이들 이름을 짓는데 특별한 의미를 부여하지 않습니다. 그러나 옛날에는 그렇지 않았습니다. 이름이라는 것은 어떤 특별한 것을 의미했습니다.

일반적으로 성경적 이름은 교훈적인 것을 담고 있고, 특별히 이 교훈적 성경적 이름들은 우리 주 예수와 관련되어 있습니다. 분명 그런 이름에는 내포하는 것이 있습니다. "그의 이름은 기묘자라, 모사라, 전능하신 하나님이라, 영존하시는 아버지라, 평강의 왕이라 할 것임이라"(사 9:6)고 성경에 쓰여 있는데 그는 정말로 그 이름 그대로셨습니다. 그의 이름은 예수였는데 그건 다 이유가 있습니다. 예수라는 이름을 대신할 만한 소중한 다른 이름은 없으며 어떤 다른 이름으로도 죄에서 그의 백성을 구원한 위대한 사역을 적절하게 표현 할 수 없습니다. 예수님께서 이런 저런 이름으로 불리실 때는 정말로 그러시기 때문입니다.

신약 어느 곳에서도 우리 주님을 임마누엘이라고 부르는 것을 볼 수 없습니다. 그의 제자들이나 사도들이 문자 그대로 예수님을 임마누엘이라고 부르는 것을 찾아 볼 수 없습니다. 그러나 그들은 "그는 육신으로 나타내신바 되신 것"(딤전 3:16)을 잘 알고 있었으며, "말씀이 육신이 되어 우리 가운데 거하시매 우리가 그의 영광을 보니 아버지의 독생자의 영광이요 은혜와 진리가 충만하더라"(요 1:14)고 고백했습니다. 그들은 실제 그 이름을 사용하지 않았지만, 그 장엄한 이름을 선포하면서 우리 주 예수 그리스도가 인간의 몸으로 오셔서 우리와 함께하신다는 것을 다양한 방법으로 알려주었습니다. 가장 중요한 것은 그리스도가 이 땅에 오셨고 그 하나님이 우리와 함께하신다는 영광스러운 사실입니다.

여러분들이 오늘 이 본문을 두 부분으로 나누었으면 합니다. "하나님"과 "하나님이 우리와 함께 계시다"입니다. 우리는 각각의 단어를 똑같이 강조해야 합니다. 우리 주 예수 그리스도가 하나님 되심에 주저해서는 안 됩니다. 왜냐하면 그의 신성은 기독교 신앙의 가장 근본적인 교리이기 때문입니다. 어떻게 신성과 인성이 유한한 인간의 몸에 있으며 그 몸에서 신성을 찾아낼 수 있는지 충분히 이해할 수 없다고 생각할지 모르겠습니다. 이러한 신성의 신비로움, 다시 말해 심오한 것은 우리 이해를 넘어서는 일입니다.

우리가 만약 광활하고 무한한 바다로 모험을 떠난다면 우리의 작은 배는 길을 잃고 말 것입니다. 쉽게 밝혀질 진실을 가지고 있는 육지에 도달하지 못할 것입니다. 예수 그리스도가 베들레헴 구유에 누어계시고 한 여자의 손에 자라 힘든 인생을 사시고 결국에는 죄인들이 달리는 십자가에서 돌아가셨지만, 그럼에도 불구하고 "만물 위에 계셔서 세세에 찬양을 받으실 하나님"(롬 9:5)이시고 "그의 능력의 말씀으로 만물을 붙드신다"(히 1:3)는 사실을 믿음으로 받아들여야 합니다.

예수님은 천사가 아닙니다. 사도 바울이 히브리서 첫 장과 둘째 장에서 충분히 입증했습니다. 그는 천사가 될 수 없습니다. 천사들에게 돌릴 수 없는 그런 영광을 그분께 돌려드릴 수 있기 때문입니다. 그는 하나님보다 못한 분도 아니고 하나님의 신성까지 올라가야 할 분도 아닙니다. 어떤 이는 터무니없이 이렇게도 말합니다. 이 모든 것이 꿈이거나 거짓이라고. 그러나 그는 분명 우리 아버지 하나님이시고, 축복의 성령님이십니다. 만약 그렇지 않다면 우리 희망의 큰 힘도 사라질 뿐 아니라 그 온화함 또한 같이 사라질 것입니다.

성육신의 영광과 그 진수는 그 분 예수님이 인간의 몸을 입고 오신 하나님이시라는 것입니다. 인간의 몸으로 우리에게 오신 분이 하나님이 아닌 다른 존재였다면 우리가 놀랄 것도 위로 받을 것도 없을 것입니다. 천사가 인간이 된다는 것 또한 조화로운 일은 아닙니다. 어떤 다른 뛰어난 존재도 우리 마음에 기쁨을 주지 못하고, 어떤 위안도 되지 못할 것이기 때문입니다. 그러나 "하나님이 우리와 함께 계시다"(마 1:23)라는 말은 우리에게 최상의 기쁨입니다.

"하나님이 우리와 함께 계시다"(마 1:23)라는 말 속에는 "하나님" 즉 그분의 신성, 영원한 여호와가 우리와 함께 계시다는 것을 내포하고 있습니다. 이것은 그날 밤 천사들이 자신들 때문에 깜짝 놀란 목자들을 향해 "지극히 높은 곳에서는 하나님께 영광이요 땅에서는 하나님이 기뻐하신 사람들 중에 평화로다"(눅 2:14)라며 불렀던 그 노래 속에도 있습니다. 이것은 예언자나 선지자의 예언 속에도 있었습니다. 이것은 하늘의 새로운 큰 별 속에도 있었고 분명이 명시된 그 일을 이루고자 애썼던 여러 손길 속에도 있었습니다. 이것은 성육신 하신 주님을 위해 자신의 목숨도 중히 여기지 않았던 사도들이나 성도들의 순교 속에도 있었습니다.

형제자매 여러분, 이것은 복음을 전파하기 위해 간절히 애쓰는 여러분의 하루하루 속에도 있고, 감화된 거룩한 삶 속에도 있으며, 위로의 능력을 보여주는 죽음 속에도 있습니다.

> 크도다 경건의 비밀이여 그렇지 않다 하는 이 없도다 그는 육신으로 나타난 바 되시고(딤전 3:16).

이것이 우리의 거룩한 믿음의 첫 번째 진리입니다. 그는 베들레헴에 나신 하나님이셨고, 우리와 함께 계신 하나님이셨습니다.

하나님이란 말은 주권이 그에게 있다는 것입니다. "하나님이 우리와 함께 계시다"(마 1:23)라는 말은 자비가 그에게 있다는 것입니다.

하나님이라는 말은 영광에 그에게 있다는 것입니다. "하나님이 우리와 함께 계시다"(마 1:23)라는 말은 은혜가 그에게 있다는 것입니다.

하나님이라는 말이 우리의 두려움을 몰아냅니다. "하나님이 우리와 함께 계시다"(마 1:23)라는 말이 우리에게 희망과 확신을 불어넣어 줍니다.

오늘 이 설교를 가슴 깊이 잘 들으셔서 평화와 기쁨의 향기가 여러분의 마음속에 자리 잡기를 간절히 소원합니다. 성령님이 여러분에게 진리를 말씀하시고 그 진리가 여러분께 말씀하시길 바랍니다. 저는 기쁨으로 여러분께 찬송시의 한 소절을 소개하고 싶습니다.

> 육신을 입으신 하나님을 보라!
> 성육신하신 하나님을 찬양하라!
> 사람들과 같이 인간으로 나타나심을 기뻐하시는 예수,
> 여기 우리와 함께하시는 임마누엘.[1]

오늘 저는 세 가지를 생각하고자 합니다.

첫째, 우리가 이 진리에 대해 경탄해 마지않아야 한다고 생각합니다.
둘째, 더 깊이 이 진리에 대해 생각해 보기를 간구합니다.
셋째, 그 진리를 제대로 이해하기 위해 노력해야 한다고 말씀 드리고 싶습니다.

1. 이 진리에 대한 경탄

우리는 이 진리를 경탄해야 합니다.

> 하나님이 우리와 함께 계시다(마 1:23).

---

1 예수님의 탄생을 축하하는 찬송, 찰스 웨슬리의 찬송시 Hark! The herald angles sing!의 일부 – 역주

모세가 가시 떨기에서 하나님을 보았을 때 그가 선 곳이 거룩한 곳이니 뒤로 물러서서 그의 신발을 벗었던 것처럼, 경외함으로 하나님으로부터 떨어져 서 있기를 바랍니다. 무한한 하나님께서 연약한 아이의 몸을 입으시고 낮은 인간의 모습으로 고통 당하셨다는 것은 놀라운 사실입니다.

곧 하나님께서 그리스도 안에 계시사(고후 5:19).

오히려 자기를 비워 종의 형체를 가지사 사람들과 같이 되셨고(빌 2:7).

모든 만물을 창조하신 하나님께서 피조물의 모습을 취하시고, 스스로 존재하시는 분이 의존적일 밖에 없는 우리와 연합하시고, 전능하신 분이 연약하고 유한한 우리와 상관하셨다는 사실 속에 놀랍게도 그분의 '겸손'이 숨어 있습니다. 우리보다 먼저 주님은 겸손의 그 깊음 가운데로 내려가셨고 존재 자체로 높은 곳에 계셔야 하지만, 그 높은 자리와 어울리지 않은 본성과 연합하시기로 작정하셨습니다.

영원하시고 무한하신 여호와 하나님께서 자기 자신을 천사와 같은 고귀한 영적인 존재로 내려오셔도 그것은 커다란 겸손의 모습일 것입니다. 피조물의 영과 신의 영의 연합은 측량할 수 없이 낮아짐을 의미합니다. 그런데 인간과 하나님의 연합은 그 이상인 것입니다. 그리스도의 인성은 단순히 인간으로 생명력 있게 되었다는 것뿐만 아니라 고통 받고, 배고프고, 죽고, 육체를 가지고 피 흘리는 것을 다 포함하는 것입니다.

우리 주님은 우리 몸을 둘러싸고 있는 물질과 그 물질로 이루어져 결국 땅의 흙으로 돌아갈 그 몸을 취하셨습니다. 우리가 살아가는 이 땅의 물질 외에는 우리 몸을 이루는 것은 없습니다. 우리는 흙에서 자라고 죽으면 우리가 취했던 흙으로 돌아가는 것입니다. 피조물 중에 더 부족하고 낮고 비천한 존재가 우리의 생각으로 조금도 이해할 수 없는 순전하고 놀랍고 무한하고 신성을 가지 존재와 연합한다는 것이 정말 이상한 일이 아닙니까?

오! 이것은 진정한 겸손입니다. 여러분의 묵상의 시간에 이 부분을 깊이 생각해 보시길 바랍니다. 경외함으로 거하십시오. 하나님께서 놀랍게 낮아지셔서 인간의 육체에 거하시고 "하나님이 우리와 함께 계시다"(마 1:23)는 사실은 인간의 생각으로는 할 수 없는 불가능한 것입니다.

그러나 여기서 더 주목해야 하는 것은 그리스도가 취하신 피조물은 죄 있는 존재였다는 것입니다. 주님이 죄를 지은 적 없는 인간의 모습을 취했다고 생각할 수 있습니다. 그러나 인간은 하나님을 대적했습니다. 하지만 그리스도가 그 인간의 몸을 취하시고, 하나님을 대적한 죄에서 구해주시고, 원래 가졌던 순결함 보다 더 높이 우리를 올리셨습니다.

> 하나님은 하시나니 곧 죄로 말미암아 자기 아들을 죄 있는 육신의 모양으로 보내어 육신에 죄를 정하사(롬 8:3).

"오! 깊도다"라는 말 밖에는 그의 사랑을 표현할 수 있는 말이 없습니다.
여러분은 이 놀라움을 멀리서 보지만 "그 능력의 기적"은 바로 우리 앞에 있습니다. 하나님과 연합하는 그 몸에서 나오는 주님의 능력에 대해 생각해 본 적이 있습니까? 우리 주님이 완전한 인간의 몸으로 성육신하셨지만 놀라운 방법으로 신성을 내재하고 계셨습니다. 하나님과의 교제는 엄청났습니다.

그가 땅을 보신즉 땅이 진동하며 산들을 만지신즉 연기가 나는도다 (시 104:32).

그가 바란에 발을 올리시면 그 곳이 녹고 시내 광야가 불꽃에 휩싸여 사라지게 됩니다. "아무도 내 얼굴을 보지 못하리니 나를 보고 살 자가 없음이니라"(출 33:20)고 성경이 말하고 있으며, 이 사실은 일찍이 성도들에 마음속에 깊이 자리 잡고 있었습니다.

그러나 여기 하나님의 얼굴을 단순히 볼 수 없지만 신성을 내재하고 계신 한 사람이 있었습니다. 어떻게 단지 인간의 몸으로 여호와의 임재를 감당할 수 있겠습니까?

오직 나를 위하여 한 몸을 예비하셨도다(히 10:5).

정말로 성령의 능력의 소산이며 거룩하고 특별한 일이었습니다. 분명 우리와 꼭 같은 정교한 몸의 기관으로 감각을 느낄 수 있고 근육도 있지만 그 안에 하나님이 계셨습니다. 그것은 큰 화물을 싣고 있는 작은 돛단배와 같았습니다.

인간이신 그리스도가 어떻게 그 육신 안에 신성을 가지고 계셨을까요?

우리는 잘 모르지만 하나님은 알고 계셨습니다. 인간의 연약함 속에 그의 권능을 숨기시고, 그의 무한함을 깨닫게 하시고, 그의 비밀을 밝혀주시고, 그의 무소부재를 나태내신 하나님을 찬양합시다. 아, 이 어찌 중언부언 할 수 있겠습니까?

무슨 말로 이 진리를 표현 할 수 있겠습니까?

하나님의 능력이 놀라운 방법으로 그리스도의 몸에 임하게 되었고 그 몸은 하나님과 놀라운 교제를 하고 있다는 말 밖에는 어떤 말이 필요하겠습니까?

"하나님이 우리와 함께 계시다"(마 1:23)라는 말 속에 있는 이 놀라운 권능을 찬양하십시오.

이 비밀을 다시 한 번 생각하면서 하나님의 '선한 뜻'이 사람의 아들들에게 무엇을 의미하는지 숙고해 보시길 바랍니다. 우리와 연합하기 위해 주님과 어울리지 않는 방법으로 육신을 입고 오신 것은 인간에게 좋은 일임에 틀림없습니다. 그가 우리와 연합하기 위해 육신을 입으신 것은 우리를 죽이는 일이 아닌 것입니다. 우리와 하나님의 연합, 어쩌면 결혼과 같은 이 연합은 평화임에 틀림없습니다. 따라서 전쟁이나 파괴와는 어울리지 않는 것입니다. 베들레헴에 나신 하나님은 목자들에게 찬양 받으시고, 이 땅에는 '평화와 자비'를 미리 나타내셨습니다.

오, 죄인인 여러분! 하나님의 진노를 생각하면 두렵고 떨리지만, 기쁨으로 자비를 고대하는 마음으로 여러분의 얼굴을 들어 다른 어떤 것과는 비교할 수 없는 풍성한 은혜를 베푸시는 하나님을 바라보십시오. 여자의 몸에서 태어난 여러분, 용기를 가지고 그 비밀한 축복을 기대하십시오. 왜냐하면 "한 아기가 우리에게 났고 한 아들을 우리에게 주신 바 되셨기"(사 9:6) 때문입니다.

여러분이 강을 본다면, 강물이 어디서 왔는지, 강물이 흘러가는 땅은 어디인지, 강의 색은 어떠한지 혹은 한때 빙하였던 것이 흐르는 것인지 말할 수 있을 것입니다. 이런 관점으로 바라본다면 "그가 수정 같이 맑은 생명수의 강을 내게 보이니 하나님과 및 '어린 양'의 보좌로부터 나와서"(계 22:1)의 성경 말씀으로부터 하늘의 강에 대해 이해할 수 있을 것입니다.

하나님의 보좌와 중보자 되신 성육신하신 하나님, 즉 어린 양으로부터 나온 강물은 삼켜버릴 듯한 진노를 내뿜은 용암 같은 것이 아니라 수정 같이 맑은 생명수일 수밖에 없습니다. "하나님이 우리와 함께 계시다"(마 1:23)라는 말을 살펴보십시오. 성육신의 결과는 우리에게 기쁨이 되고 유익하고 우리를 구하고 고귀하게 하는 것임을 보게 될 것입니다.

저는 여러분이 "하나님이 우리와 함께 계시다"(마 1:23)라는 말을 '구속에 대한 약속'으로 바라보시길 간절히 기도합니다. 우리가 죄인 되었을 때를, 죄의 구렁텅이에 빠져 있을 때를, 우리가 죄 아래서 사탄의 노예로 팔렸을 때를 생각해 보십시오. 하나님께서 우리의 육신의 몸을 입고 다가 오셔서 우리를 죄에서 회복시키심으로 더 이상 하나님과 함께 있는 우리는 지옥의 문으로 들어갈 수 없습니다.

한 여자에서 나신 전능하신 하나님이 승리의 개가를 부르면서 죄 아래 메인 자로 노예로 살았던 여러분에게 새로운 법 아래에서 자유를 주신다고 약속하셨습니다. 그분은 구원자이시고 위대하신 분이십니다. 전능하셔서 능히 구원하실 수 있고, 구원의 전투에서 승리를 약속하신 분이십니다. 백성들의 승리를 이끄시는 바로 그 분은 최후 승리를 얻을 때까지 결코 실패하거나 낙담하지 않으십니다. 이 땅에 오신 예수님 자체가 그의 백성을 하늘로 올려 주시겠다는 징표이며, 그가 성육신 하신 것도 그의 백성을 그의 보좌로 높여주시겠다는 증거입니다.

천사가 중재했다면 우리는 아마 두려워했을 것입니다. 단순히 우리와 같은 사람이 중재했다면 두려움을 넘어 절망감에 사로잡혔을 것입니다. 그러나 하나님이 우리와 함께 계시고 하나님께서 우리와 연합하기 위해 실제 사람의 모습으로 오셨기에 우리는 하늘의 종소리를 울리며 기뻐할 수 있는 것입니다. 우리에게 구원의 날은 더 밝고 행복한 날임에 틀림없고, 하나님께는 영광을 돌리는 날임에 틀림없습니다. 우리에게 비춰는 의의 광선을 이방인에게도 비추고, 그의 백성 이스라엘에게도 영광이 되도록 비추어야 하겠습니다. 이 진리를 경탄해 마지않아야 하겠습니다.

2. 이 진리에 대한 세밀한 고찰

이 주제에 대해 좀 더 세밀하게 좀 더 자세하게 살펴보도록 하겠습니다.

하나님이 우리와 함께 계시다(마 1:23).

이 말이 과연 무슨 뜻일까요?
"하나님이 우리와 함께 계시다"(마 1:23)라는 이 짧은 문장의 모든 의미를 오늘 아침 다 설명 할 수 있을 거라 생각하지 않습니다. 왜냐하면 이 말의 의미는 정말이지 구속사 전체를 아우르고 있기 때문입니다. 이것은 하나님 없이 살았던 인간의 존재와 죄에서 구해주신 하나님에 관한 것을 내포하고 있습니다. 이것은 인간의 영적인 삶, 즉 그리스도가 사람에게 오시고 영광으로 그 안에 거하시는 것에 대해 말해 줍니다. 하나님이 사람과 친밀히 교제하시어 죄인이었던 인간이 하나님께 돌이켜 처음에 가졌던 하나님의 형상을 다시 회복하는 것입니다.

그렇습니다. 하나님이 우리와 함께 계시는 것이 바로 천국인 것입니다. 억지로 만들어 내지 않더라도 이 문장으로 수 백 편의 설교를 만들 수 있을 것입니다. 아마도 이 문장 속에 있는 다양한 의미를 영원히 설명하라고 해도 할 수 있을 것입니다. 오늘 저는 성령님이 허락하시는 대로 여러분들이 나중에라도 묵상해 볼 수 있는 단서가 될 만한 의미들을 나누고자 합니다.

임마누엘이라는 이 영광스러운 단어의 의미를 살펴보겠습니다.

첫째, 그리스도 안에 계신 하나님이 우리와 매우 친밀한 교제를 하면서 함께 계시다는 것을 의미합니다. 여기서 사용된 헬라어는 매우 설득력 있으며 "함께(with)"라는 가장 강력한 말로 표현되었습니다. 다른 헬라어 단어와 같이 단순히 "함께"라는 뜻뿐만 아니라 "~와 함께," "더불어 ~와 같이," "~와 같이 하다"라는 뜻을 포함합니다. 이 전치사는 단단한 대못과 같이 친밀한 교제를 나타내는 확실한 연결어입니다.

하나님은 특별하고 친밀하게 우리와 함께하십니다. 지금 잠깐만 생각해 본다면 여러분은 하나님이 정말로 우리에게 가까이 오셔서 친밀한 교제를 한다는 것을 알게 될 것입니다. 인간의 몸을 입고 오셨기에, 다시 말해 육체, 피, 뼈와 같이 우리 몸을 이루는 모든 것과 이성, 마음, 영혼, 기억, 상상, 판단과 같이 우리 정신을 이루는 모든 것을 가지셨기에 그분은 확실히 인간의 몸을 입고 오신 것입니다. 예수 그리스도는 둘째 아담인 인자이셨고 사람을 대표하는 모델이 되셨습니다.

신격화된 인간으로 그를 생각지 마십시오. 인간이 된 신이나 반쪽만 신인 정도로 그분을 취급하지 마십시오. 인성과 신성을 섞지도 분리하지도 마십시오. 그분은 사람이지만 동시에 하나님이시기도 합니다. 이 진리를 생각하면 "보좌에 계신 이가 나의 죄를 멸하셨네"라고 말할 수밖에 없을 것입니다. 이 부분에 대해 말하자면 너무 많아서 더 할 수가 없을 정도입니다. 이것이 저를 사로잡고 있는 주제입니다. 그래서 성급히 말했다가 제대로 표현하지 못할까 봐 두려운 것이 사실입니다. 그 진리를 계속해서 생각하다 보면 어느 꿀보다 송이 꿀보다 달다는 것을 알게 될 것입니다.

오, 이 기쁨이여!
우리의 육신을 입고
빛의 보좌에 좌정하사
한 인간의 몸에서 태어나셔서
완벽히 그 신성을 밝히시네!

우리와 함께 계시다는 말은 하나님께서 '우리의 삶의 전체 여정'에 함께 하신다는 것을 의미합니다. 여러분의 인생의 길에 예수님이 멈추지 않으면 잠시 멈출 곳을 찾을 수 없고, 예수님이 다시 가로질러 가지 않으면 다시 출발 할 수 없습니다. 인생의 길의 입구에서부터 출구까지 예수님의 발자취를 느낄 수 있을 것입니다. 여러분이 요람에 있을 때에도 예수님은 거기 계셨습니다. 부모의 보호 아래 있는 어린이였을 때 예수님 또한 나사렛의 어린 소년이었습니다. 여러분이 전쟁 같은 삶 속에 있을 때에도 여러분의 주인이신 예수님도 거기 계셨습니다. 비록 우리 주님이 오랫동안 살지 않으셨지만 끊임없이 수고하셨고, 삶에 지쳐 고생한 사람처럼 수척한 얼굴을 지니셨습니다.

성도 여러분!

혼자라고 느끼십니까?

여기 광야에서 산기슭에서 어둑어둑한 뜰의 한 모퉁이에서 그가 홀로 계셨습니다.

이 세상 속에서 치열하게 살고 계십니까?

예수님도 정말이지 치열하게 일하셨습니다.

여러분이 언덕에 있든 골짜기에 있든 땅이든 바다든 또는 낮이든 밤이든 예수님이 여러분과 함께하지 않을 것 같은 곳에 있다고 생각하십니까?

위대한 시인이 고백한 대로 우리를 구속하신 주님에 대한 진실을 노래하지 않을 수 없습니다.

많은 사람 중에 한 사람으로 오셔서
한 사람이 아닌 온 인류의 본이 되셨네.

그는 조화로운 분이셨고, 모든 성인의 삶이 그의 삶 속에 응축되어 있는 듯한 삶을 사셨습니다. 두 명의 믿는 자의 삶이라도 같을 수 없겠지만 그리스도의 삶이 그들의 삶 속에 공통분모로 자리잡고 있음을 발견하게 될 것입니다. 사람이 부유하거나 가난할 수 있고, 어떤 사람은 열심히 일하고, 또 어떤 사람은 몸이 아파 고통받을 수 있지만, 구원자의 역사를 배운 사람들이라면 한결같이 "그의 길이 나의 길을 단련하신다"고 말할 것입니다. 모든 믿는 형제들의 삶 속에 그가 공통적으로 자리잡고 계십시다.

우리 주님이 여기에서 그리고 지금 뿐 아니라 언제 어디서나 "우리와 함께 계시다"라는 사실은 얼마나 멋진 일인지요?

특별히 "하나님이 우리와 함께 계시다"(마 1:23)라는 말은 우리가 '슬퍼할 때'에도 똑같이 적용되는 말입니다. 우리와 함께하시는 예수 그리스도만 있으면 우리 몸을 혼란케 할 사람도 우리 마음에 상처를 줄 어떤 고통도 없습니다.

여러분들은 가난해서 슬프십니까?

주님은 "머리 둘 곳도 없으셨습니다"(마 8:20; 눅 9:58).

가족의 죽음으로 슬픔을 견디기 힘드십니까?

예수님도 나사로의 무덤 앞에서 흐느껴 우셨습니다.

의인을 위해 남들에게서 안 들어도 될 험담을 듣고 영혼이 상함을 느끼십니까?

주님도 "비방이 나의 마음을 상하게 하여"(시 69:20)라고 말하셨습니다.

배신당한 적이 있습니까?

잊지 마십시오. 예수님도 노예 가격으로 자신을 팔았던 친구가 있었습니다.

바다에서 배를 집어 삼킬 듯한 폭풍을 만난 적이 있습니까?

절망의 골짜기가 너무 어둡고 깊어서 길이 보이지 않을 때 친히 이 땅에 오셔서 십자가 형벌을 당하신 그분의 발자국을 볼 수 있을 것입니다. 불속이든 물속이든 추운 밤이든 타오르는 태양 아래든 어디 있든지 우리 주님은 말씀하십니다.

내가 너와 함께 함이라 놀라지 말라 나는 네 하나님이 됨이라(사 41:10).

신비롭게도 여러분과 제가 '마지막 달려갈 길'을 다 마쳤을 때 우리는 임마누엘 하나님이 이미 거기 계신 것을 보게 될 것입니다. 그는 죽음의 고통을 느끼셨고, 타는 듯한 갈증과 피 흘리기까지의 그 고난을 감내하셨습니다. 그는 고통 받는 영혼이 연약한 육체에서 분리되는 것이 무엇인지 잘 알고 있었습니다. 그래서 우리도 그랬겠지만 "아버지 내 영혼을 아버지 손에 부탁하나이다"(눅 23:46)라고 큰 소리로 외치셨습니다. 아, 그는 그 죽음이 무엇을 의미하는지 잘 아셨기에, 죽음의 냄새가 진동하는 무덤에서 떠나 그 영영 죽을 그 무덤을 안락함을 제공하는 곳으로 바꾸셨습니다. 그 새로운 무덤에서 부활이 소식이 우리를 부를 때까지 하나님은 우리와 함께 계셨습니다.

우리는 그가 하셨던 것 같이 일어나 성육신하신 하나님을 볼 것입니다.

"내가 알기에는 나의 대속자가 살아 계시니 내 가죽이 벗김을 당한 뒤에도 내가 육체 밖에서 하나님을 보리라"(욥 19:25-26)라고 말씀하셨고, "하나님이 우리와 함께 계시다"(마 1:23)라고 말씀하십니다. 사람을 보듯이 내 육체 가운데 계신 하나님을 볼 것입니다. 우리와 친밀한 교제를 하시며 영원히 계실 것입니다. 세월이 지나면 지날수록 하나님은 우리와 함께 계실 것입니다. "이는 내가 살아 있고 너희도 살아 있겠음이라"(요 14:19)고 말씀하십니다.

인간으로서, 신으로서 그분의 삶이 영원할 것이기에 우리의 삶 또한 그러할 것입니다. 그는 우리 가운데 거하시고, 우리를 살아있는 샘터로 이끄시고, 우리는 영원히 그 주님과 함께할 것입니다.

사랑하는 형제자매 여러분, 이런 생각을 다시 한다는 것은 좋은 식품 가게를 찾게 되는 것과 같습니다. 아니, 여러분 앞에 성찬이 펼쳐져 있는 것입니다. 바로 그리스도 안에 하나님이 우리와 가장 친밀한 관계를 맺으며 함께 계신다는 것입니다.

둘째, 그리스도 안에 하나님이 '우리와 함께 계시다는 것은 완벽한 회복'을 의미합니다. 물론 이것도 첫 번째 설명과 같이 진실입니다. 우리가 하나님과 떨어져 있던 시간도 있었습니다. 우리는 하나님 없이 살았으며 악한 행위로 그와 멀어졌습니다.

또한 하나님은 불의를 참을 수 없는 공의로우신 분이므로 우리는 그와 가까이 할 수 없었습니다. 그는 순결하시므로 사탄이 거할 수 없었습니다. 이 세상을 엄정하고 공의롭게 다스리시므로 죄악이 만연한 이 세대에 그의 얼굴을 가리셨습니다. 죄인들의 상태를 만족하시는 분은 성경 속의 하나님이 아니며, 우리 하나님은 죄인들을 향해 불같은 분노를 발하시는 분입니다. "악인과 폭력을 좋아하는 자를 마음에 미워하시도다"(시 11:5)라고 말씀하십니다.

예수님이 십자가 나무 위에서 희생 제물 되심으로 말미암아 하나님과 우리를 갈라놓은 죄는 사라졌습니다. 불의한 인간과 의로우신 하나님 사이의 깊은 틈은 영원히 의로우신 예수님께서 메워 주셨습니다. 예수 안에서 우리와 함께 계시는 하나님이 우리와 화해하셨습니다. 하나님의 진노를 불러일으키는 죄가 그의 백성에게서 영원히 사라졌습니다.

이런 관점을 부정하는 사람도 있지만 그들의 부인에 크게 개의치 않아도 될 것 같습니다. 그들이 덮어놓고 반대하는 것에 저는 그저 놀랄 뿐입니다. 그럼에도 불구하고 부당한 대우를 하면서까지 주님의 대속을 부정하는 그들의 부정은 더 이상 힘이 없습니다. 하나님은 언제나 사랑이시며 그의 공의는 부정되지 않는다는 것이 사실입니다. 특히 그의 백성에게 하나님은 언제나 사랑이시며 그의 대속은 그의 사랑의 '이유'가 아니라 그의 사랑의 '결과'라는 것은 정말이지 가장 분명한 사실입니다.

그러나 심판자로 재판장으로 바라보면 하나님은 "매일 분노하시는 하나님"(시 7:11)으로 여겨질 것입니다. 우리와 화해하시는 그리스도의 희생을 분리하여 놓고, 그의 백성들은 하나님을 "본질상 진노의 자녀"(엡 2:3)라고 생각하시는 분으로 여겨질 것입니다. 의로운 심판자로 그의 거룩한 법을 깨뜨리는 사람들에 대한 하나님의 분노가 있기에 사람뿐 만아니라 심판의 자리에 서 있는 이 땅의 모든 것과 화해가 필요합니다. 계속해서 저는 이렇게 말합니다.

> 여호와여 주께서 전에는 내게 노하셨사오나 이제는 주의 진노가 돌아섰고 또 주께서 나를 안위하시오니 내가 주께 감사하겠나이다(사 12:1).

하나님은 지금 사람과 함께하십니다. 예수님께서 죽지 않으셨다면 그의 의로움으로 함께할 수 없었던 죄인들을 지금 그의 자녀로 안아주십니다. 와트 박사가 썼던 찬송에 잘 나타나 있습니다. 여기서 시의 두 구절을 조심스럽게 인용하겠습니다. 인간은 주님을 심판자로 여겼지만 위대한 진리를 말하도록 명령받고 그 분을 바르게 인식할 수 있게 되었습니다.

이 시는 하나님의 보좌에 대해 말하고 있습니다.

> 진노의 자리에서
> 집어 삼킬듯한 불꽃을 뿜으며
> 우리 하나님이 진멸하시는 불로 임하셨네
> 복수하시는 하나님이 되셨네.
>
> 예수의 피가 한 방울씩 흘러 넘쳐
> 진노의 하나님의 얼굴을 잠재우네
> 그 피가 진노의 보좌로 흘러
> 그 불꽃을 은혜로 바꾸시네.

여호와는 더 이상 우리를 대적하는 하나님이 아니라 우리와 함께 계시는 분이시며 그의 아들의 죽음으로 우리와 화해하시는 분이십니다.

셋째, "하나님이 우리와 함께 계시다"(마 1:23)라는 말씀은 그리스도 안의 하나님이 우리와 '축복의 소통'을 하시며 함께하신다는 것을 의미합니다. 그가 우리에게 가까이 다가오셔서 우리와 교제하시고 거룩한 소통을 하십니다. 그는 '우리에게' 그리고 '우리 안에서' 말씀하십니다. 그의 아들을 통해 그리고 그의 영을 통해 여전히 작은 목소리로 때로는 경고로 때로는 위로로 때로는 훈계로 때로는 가르침으로 말씀하십니다.

여러분은 이것을 의식하지 못합니까?

여러분의 영혼이 그리스도를 더 알기 위해 왔지만 아직도 지극히 높으신 분인 하나님과 즐거이 교제하지 못하고 있습니까?

여러분도 에녹처럼 "하나님과 동행"(창 5:24)하고 아브라함처럼 친구에게 말하듯이 하나님께 이야기할 수 있습니다. 여러분의 기도와 찬양이 지극히 높으신 분께 상달되고 있습니다. 그리고 그분이 여러분의 기도와 찬양에 답하십니다. 그의 영이 여러분과의 언약을 지키시며 환한 빛으로 여러분에게 더 밝은 확신을 베풀어 주시고 확고한 가르침으로 이끄시며 다가올 더 좋은 것으로 안내하십니다.

그렇습니다. 하나님은 우리와 함께하십니다. "너희는 내 얼굴을 찾으라"(시 27:8)고 말씀하실 때에 우리는 마음으로 "여호와여 내가 주의 얼굴을 찾으리이다"(시 27:8)라고 말하면서 주님께 구해야 합니다. 안식일 모임에도 하나님이 우리와 함께 계십니다. 성만찬 식탁에도 하나님이 우리와 함께 계십니다. 성만찬 때 빵을 떼고 잔을 나누면서 그의 대속의 죽음을 기억하고 추상적이 아니라 영적으로 그의 임재를 기뻐하면서 우리 주 예수님이 "우리와 함께 계시다"(마 1:23)라는 말을 실감하고 있습니까?

모든 성례식에서 예배에서 천국으로 가는 문이 열려 있다는 것을 발견할 것입니다. 은혜의 보좌로 가는 새로운 생명의 길을 발견할 것입니다.

이것이야 말로 이 땅에서 가질 수 있는 모든 부귀보다 더 좋은 기쁨이 아니고 무엇이겠습니까?

주님이 우리와 함께하신다는 말은 단지 설교문 속에 있는 것이 아닙니다. "하나님이 우리와 함께 계시다"(마 1:23)는 말은 단순히 말이 아니라 '힘 있는 행동'인 것입니다. 하나님이 우리와 함께 계시다는 말은 왕들이 어떤 곳에 체류할 때 사용하는 왕의 깃발에 쓰인 글과 같은 것이어서 이 말 자체가 적들의 간담을 서늘하게 하지만 하나님의 선택된 거룩한 군인들에게는 기쁨이 됩니다. 이 전쟁에 우리가 슬퍼할 이유가 없습니다. "만군의 여호와께서 우리와 함께하시니 야곱의 하나님은 우리의 피난처"(시 46:11)이시기 때문입니다.

하나님이 우리와 함께하시므로 적들 앞에서도 우리의 약함과 부족함을 극복할 수 있습니다. 하나님은 이 진리의 대적자 앞에서도 그의 교회와 함께하시며 그리스도는 영원히 "세상 끝날까지"(마 28:20) 교회와 함께하신다고 약속하셨습니다. 우리는 하나님의 말씀과 약속을 쉽게 저버리지만 그의 섭리와 그의 축복의 영이 일하시는 것을 통해 우리를 위한 그의 은혜의 행동들을 바라보게 됩니다. 주님은 모든 사람 앞에서 그의 거룩한 팔을 펴십니다.

> 하나님은 유다에 알려지셨으며 그의 이름이 이스라엘에 알려지셨도다. 그의 장막은 살렘에 있음이여 그의 처소는 시온에 있도다. 거기에서 그가 화살과 방패와 칼과 전쟁을 없이 하셨도다(시 76:1-3).

오, 형제자매 여러분! "하나님을 우리와 함께 계시다"(마 1:23)라는 말씀은 우리의 마음을 기뻐 뛰게 합니다. 이것은 우리에게 불굴의 용기를 가득 부어주는 말입니다.

만군의 주가 우리와 함께하시는데 우리가 무엇을 두려워하겠습니까?

하나님이 우리와 함께 계신다는 말은 단순히 우리 편에서 능력으로 임하신다는 것 뿐 아니라 자신의 삶을 인간의 본성으로 바꾸셨던 그 분이 영적인 삶 전체를 이끌어 주신다는 것을 의미합니다. 이것은 여전히 놀라운 일입니다. 성령으로 "살아 있고 항상 있는"(벧전 1:23) 하나님의 말씀이신 그 씨앗이 우리 영혼에 심겨 매일 매일 그의 영의 능력으로 우리 속사람을 강건하게 합니다.

이것이 전부가 아닙니다. 커다란 은혜의 결과로 주님께서는 그의 백성 가운데 그의 영으로 거하십니다. 하나님은 예수 그리스도로 성육신하신 것처럼 우리 가운데 성육신하시지 않으시고 성령의 내주하심으로 믿는 자들 가운데 성육신하고 계십니다. 그래서 "하나님이 우리와 함께하시다"(마 1:23)라는 말은 정말로 하나님이 우리 가운데 내주하신다는 말입니다. 사도 바울은 "너희 몸은 너희 가운데 계신 성령의 전인 줄을 알지 못하느냐"(고전 6:19)라고 말했습니다. 그리고 "내가 그들 가운데 거하며 두루 행하여"(고후 6:16)라고 성경에 쓰여 있습니다.

"하나님이 우리와 함께 계시다"(마 1:23)라는 이 몇 마디 말 속에 얼마가 높고 깊은 의미가 함축되어 있는지요?

여러분께 오늘 할 이야기가 많지만 시간이 부족해서 짧게 마무리 짓겠습니다. 주님이 우리 안에 '그의 형상을 회복'시키심으로 "우리와 함께 계시게"되었습니다. "하나님이 우리와 함께 계시다"(마 1:23)는 말의 의미는 아담이 타락 전 순수했을 때 온전히 나타났습니다. 그러나 아담은 죄를 범하여 죽었습니다. 하나님은 죽은 자의 하나님이 아니라 산 자의 하나님이십니다. 그래서 주님께 새로운 생명을 받고 그리스도 예수 안에서 하나님과 연합된 우리는 하나님의 형상을 다시 회복하여 진정한 거룩함으로 새롭게 되었습니다. "하나님이 우리와 함께 계시다"(마 1:23)라는 말은 예수 그리스도를 믿는 모든 형제에게 그리스도 예수의 형상이 각인되는 성화를 의미합니다.

하나님은 우리와 함께 계십니다. 우리가 기억해야 할 것은 가장 슬플 때에도 하나님께서 '깊게 공감'하시며 함께하신다는 것입니다.

여러분, 큰 슬픔 가운데 있습니까?

그리스도 안에서 하나님이 여러분의 슬픔을 같이 느끼고 계십니다.

여러분, 대단히 큰 목표를 가지고 있습니까?

저는 그것이 하나님의 영광을 위한 것이라는 것을 압니다. 그 점에서 여러분은 하나님의 마음을 가질 수 있고 또한 하나님이 여러분과 함께하시는 것을 느낄 수 있습니다.

제가 한 번 질문해 보겠습니다.

여러분의 가장 큰 기쁨은 무엇입니까?

주님 안에서 기쁨을 누리는 것을 배우지 않았습니까?

그런데 왜 예수 그리스도로 인해 하나님 안에서 기뻐하지 않습니까?

하나님은 여러분 안에서 기뻐하십니다. 그의 사랑으로 인해 여러분의 찬양으로 기뻐하십니다.

하나님이 우리와 함께 계신다는 말은 그리스도가 우리의 목적이고 소망이 되는 한 경이로운 존경의 말이 되는 것입니다. 우리는 똑같은 것을 소망하고, 똑같은 목적을 향해 전진하고 똑같은 기쁨으로 기뻐할 수 있습니다. 주님이 "이는 내 사랑하는 아들이요 내 기뻐하는 자라"(마 3:17)고 말씀하실 때, 우리의 마음은 "아, 그 안에 있는 우리도 참 기쁘다"라고 말해야 할 것입니다. 아버지의 기쁨은 그의 자녀의 기쁨입니다. 우리가 그리스도 안에서 기뻐하고, 우리 영혼도 그의 이름을 듣는 것만으로 기뻐 뛰게 되는 것입니다.

3. 이 진리에 대한 개인적인 묵상

우리 앞에 놓인 그 진리에 대해 두세 가지 '개인적인 묵상'을 할 때 이 기쁨의 주제를 남겨두어야 합니다.

하나님이 우리와 함께 계시다(마 1:23).

예수 그리스도가 앞선 말처럼 "하나님이 우리와 함께 계시다"(마 1:23)라고 말씀하신다면 우리는 어떤 의문이나 주저함 없이 하나님께 나아가야 합니다. 여러분이 누구이건 간에 여러분을 하나님께로 인도할 사제나 어떠한 중재자가 필요치 않습니다. 하나님 자신이 여러분에게 다가오셨기 때문입니다.

여러분이 어린아이입니까?

그렇다면 베들레헴 구유에 누워 자고 있는 아기 예수 안에 계시는 하나님께 나아가십시오.

백발이 성성한 노인입니까?

과거로 돌아갈 필요가 없이 시므온처럼 아기 예수님께 나아와 여러분의 두 팔로 그 아기 예수님을 안고, "주재여 이제는 말씀하신 대로 종을 평안히 놓아 주시는도다. 내 눈이 주의 구원을 보았사오니"(눅 2:29-30)라고 말하면 됩니다.

하나님은 두려워하지 않도록 사자를 보내십니다. 하늘의 전령이 우리에게 올 때 집배원이 쓰는 모자도 쓰지 않고, 외투도 입지 않고, 막대기도 들고 있지 않지만 아이의 손에, 선택된 백성의 손에, 죽었던 자의 손에, 비록 영광중에 계시지만 여전히 못 자국을 가지고 계신 그분의 손에 백기가 들려있습니다.

오 여러분! 하나님이 여러분과 같은 사람으로 여러분에게 오셨습니다.

온화한 예수님께 오는 것을 두려워하지 마십시오. 여러분이 예수님을 위해 다른 청중을 준비해야 한다거나, 어느 성인의 중보가 필요하다거나, 목사님이나 사역자의 도움이 필요하다고 생각지 마십시오. 어느 누구나 베들레헴 아기 예수께 갈 수 있습니다. 큰 뿔이 달린 황소가 건초를 먹고 있는 그곳에 그가 누워 계십니다. 그러니 무서워 마십시오. 예수님은 한때 죄인이었고 가치 없었던 우리의 친구이십니다.

성도 여러분! 가난하다고 해서 예수님 앞에 오는 것을 두려워 마십시오. 그가 태어난 곳은 마구간이며, 그가 누인 곳은 구유였습니다. 여러분이 머무는 곳은 아기 예수님이 거하는 곳보다 더 나쁠 수 없습니다. 여러분은 그 분보다 더 가난하지 않습니다. 가난한 자와 소작농과 같은 소외된 자들의 구원자 되시는 그분께 빨리 나아오십시오. 여러분의 부족함으로 두려워 뒷걸음치지 마십시오.

목자들은 입던 그대로 예수님께 나아왔습니다. 그들이 제일 좋은 옷을 입기 위해 시간을 지체했다는 말을 성경 어디에도 읽어본 적이 없습니다. 오히려 추운 밤 그들을 꽁꽁 감싸고 있던 옷 그대로 서둘러 아기 예수님께 달려갔습니다. 하나님은 우리의 옷과 같은 겉모습을 보지 않으시고 마음을 보십니다. 그리고 하나님께 나아올 때 가난하던 부유하건 그 심령을 보시고 받아주십니다. 오십시오. 지금 나아오십시오. 그러면 "하나님께서 우리와 함께 계시다"(마 1:23)라는 말을 정말로 깨달을 수 있을 것입니다.

절대 미루지 마십시오. 이제 이 주제를 숙고하면서 "나는 하나님께 절대로 가지 않겠다"라고 말하는 사람은 주님을 반역하는 용서받지 못한 죄를 저지르는 거라는 생각이 들었습니다. 어쩌면 여러분이 죄를 지었을 때 하나님의 사랑을 알지 못했을지도 모르겠습니다. 어쩌면 여러분이 성도들을 박해했을 때 신앙이 없이 무지해서 그랬을 수 있습니다. 그러나 여러분에게 평화의 감람나무 가지를 펼쳐 보이시고 한 여자의 몸에 태어나 이 땅에 오시고 그 놀라운 방법을 보이시며 여러분의 죄에서 구해주시는 주님을 바라보면 그럴 수 없습니다.

그의 아들을 통해 말씀하시는 소리를 듣지 못하십니까?

시내 산의 불타는 바위 중에 거하시며 나팔소리와 같이 큰 소리로 말씀하시는 그의 말씀이 들리지 않는다고 말하는 것은 이해할 수 있습니다. 그의 장엄한 임재 앞에 땅이 흔들리고 동요할 때 가까이 다가서기 무서워하는 것도 놀랍지 않습니다. 그러나 지금 그분이 자신을 제한하시고 그의 얼굴의 영광을 가리시고 목수의 아들로 겸비한 아이로 여러분에게 다가가십니다.

지금 그렇게 그가 오시는데, 여러분은 등을 돌리시겠습니까?

그를 쌀쌀맞게 거절하시겠습니까?

얼마다 더 나은 전령을 기다리고 있는 것입니까?

평화의 사도의 임무는 너무 부드럽고, 친절하고, 조용하고, 감동적이어서 여러분은 그것을 거부할 수 없을 것입니다. 외면하지 말고, 그의 은혜의 말을 귀 기울여 들으십시오. 그리고 "하나님이 우리와 함께 계시니, 우리도 그와 함께 있습니다"라고 말하십시오. 죄인인 우리는 성경에 쓰인 대로 "내가 일어나 아버지께 가서 이르기를 아버지 내가 하늘과 아버지께 죄를 지었사오니"(눅 15:18)라고 말해야 합니다.

여러분이 모든 희망을 저버리고 더 이상 미래는 없다고 스스로 자포자기할지도 모르겠습니다. 그러나 여러분을 위한 희망은 있습니다. 여러분은 하나님의 다음가는 존재인 사람입니다. 하나님 또한 사람이셨고 여러분을 다음과 같이 말하게 만드는 분명한 이유가 있습니다.

그렇습니다. 어쩌면 하나님의 아들이신 인자를 찾으면 거듭난 자로 그리고 그의 백성의 왕자로 높임을 받을 것입니다. 그리스도의 인성과 신성의 그 깊은 관계를 맺게 될 것입니다.

여러분 자신을 함부로 버리지 마십시오. 여러분은 죽지 않는 벌레의 밥이 되기에 끌 수 없는 불의 연료가 되기에 너무 희망찬 존재입니다. 마음 가득 결단하여 하나님께로 돌이키십시오. 여러분을 위해 예비된 엄청난 운명을 발견하게 될 것입니다.

형제자매 여러분! 이 시간 제가 여러분에게 드리는 마지막 말은 "하나님이 우리와 함께 계시니 우리도 하나님과 함께 합시다"입니다. 다가오는 일 년 동안 여러분께 표어를 하나 드리고 싶습니다.

임마누엘, 하나님이 우리와 함께 계시다.

예수의 피로 구원받은 성도인 여러분은 이 모든 것을 누릴 권리가 있습니다. 용기를 가지십시오.

"우리가 할 수 있는 것이 없습니다"라고 말하지 마십시오.

왜 아무것도 할 수 없다고 말합니까?

아닙니다. 하나님이 우리와 함께 계십니다.

칼을 날카롭게 갈기 위해 숫돌을 사용하는 것이 당연했던 그 옛날 군사들처럼 우리의 어려움을 극복하기 위해 그들의 기개와 용기가 필요합니다. 저는 알렉산더 대왕의 말을 좋아합니다. 수천 수백만의 페르시아 군사들이 있다고 신하가 말할 때, 알렉산더 대왕은 "옥수수 알이 꽉 찼으니 추수할 때가 되었다. 푸주간 주인은 수천의 양을 두려워하지 않는다"라고 말했다고 합니다.

저는 그 옛날 허풍쟁이의 말도 좋아합니다.

사람들이 말합니다.

당신과 당신의 군대들이 적진의 요새로 쳐들어갈 수 있습니까?

거기는 난공불락의 요새입니다.

태양이라도 들어갈 수 있을까요?

그 허풍쟁이는 "네, 태양이 들어간다면 우리도 들어갈 수 있습니다"라고 말했다고 합니다. 가능하던 가능하지 않던 그리스도인들은 하나님의 명령에 따라 순종해야 합니다. 왜냐하면 하나님이 우리와 함께하시기 때문입니다.

여러분은 "하나님이 우리와 함께하시다"라는 말이 모든 불가능을 막는다는 것을 알지 못하십니까?

하나님이 우리와 함께 계시면 절대 깨질 것 같지 않은 마음도 깨질 수 있습니다. 변명의 여지도 없이 저지르는 실수도 하나님이 우리와 함께하시면 저지르지 않을 수 있습니다. 사람으로는 불가능하지만 하나님으로는 가능합니다. 요한 웨슬리는 죽었지만 그의 말씀은 우리 가슴 속에 살아있습니다.

"최상의 것은 하나님이 우리와 함께 계시다는 것이다."

우리에게 이 말씀을 주신 하나님의 아들 예수님께 감사드립니다. 아멘.

Sermons about Christmas

7장

위대한 성탄

1876년 12월 24일 뉴윙턴, 메트로폴리탄 태버나클에서 찰스 스펄전 목사가 전한 주일 오전 설교문이다.

천사가 이르되 무서워하지 말라 보라 내가 온 백성에게 미칠 큰 기쁨의 좋은 소식을 너희에게 전하노라(눅 2:10).

구원자이신 우리 주 예수 그리스도의 태어나신 날이 1월 1일, 새해이거나 12월 31일, 마지막 날이 아니라 12월 25일이 이라고 여기지는 데에는 교회적 전통을 넘어서는 다른 이유는 없는 듯합니다. 그러나 어떤 사람들은 주의 날보다 성탄절을 더 숭상하고 있습니다.

여러분도 "오직 성경만이 개신교 신앙의 근간이다"라는 말을 들어본 적이 있을 것입니다. 그러나 실제는 그렇지 않은 듯합니다. 성경 외에 다른 것을 자신의 신앙으로 받아들이는 사람들이 있습니다. 그들은 소위 교회라고 부르는 것에 권위를 두고 그 전통의 문을 통해 들어온 온갖 불합리한 것을 맹목적으로 받아들입니다.

성탄절을 지키는 것에 있어서 생각해 보면, 하나님의 말씀이 무엇인지 거기에 권위를 두지 않고, 주님의 태어나신 날이니 12월 25일을 지켜야 한다고 맹신하고, 아니면 이 땅에 세워진 교회법이 그 날을 따르도록 했기 때문에 지켜야 한다고 주장합니다. 그러나 그렇게 생각하는 것에는 합당한 이유가 없어 보입니다.

우리가 그 교회법을 만들지 않았어도 그것을 기꺼이 지키는 교회에 속해있다고 해도, 교회법이라고 해서 무조건 따를 필요는 없습니다. 같은 맥락으로 그 날이 다른 날보다 더 좋지 않은 날도 아니며 만약 여러분들이 그날을 지키기로 선택했다면 주님은 여러분의 헌신을 받아주실 거라고 믿어 의심치 않습니다. 만약 맹신하는 것에 대한 두려움으로 그날을 지키지 않는다 하더라도 그 관례를 잘 지켰던 것처럼 여겨질 거라 믿어 의심치 않습니다.

여전히 많은 기독교인들은 예수의 탄생에 숙고할 것입니다. 이것은 잘못된 것이 아닙니다. 하지만 저는 현재 부각되는 이 지배적인 생각이 유용한지 판단해 보고 싶습니다. 우리 주변에 많은 관습들로 인해서 우리의 생각이 혼란스러워질 수 있겠지만 그렇다 하더라도 더 깊이 생각해 볼 수 있는 좋은 기회를 얻을 수 있을 것 같습니다.

우리가 주님의 태어나심에 대해 깊이 생각해야만 하는지 아니면 그럴 필요는 없는지에 대한 명확한 답은 없습니다. 하지만 이것을 무조건 지켜야 하는 의무의 문제로 여기는 것은 자발적으로 반대해야 할 것입니다. 단순히 편의상 권위에 의지하거나 아니면 맹목적으로 믿어버리면서 생각해서는 안 될 문제이기 때문입니다.

그날 밤 목자들은 자신의 양떼를 지키고 있었습니다. 조용하고 평화로웠던 그날 밤, 목자들은 몹시 피곤하여 졸렸지만 무거운 눈꺼풀을 억지로 올리며 평소대로 양떼를 돌보고 있었습니다. 그 때 갑자기 그러나 놀랍게도 하늘에서 빛이 내려와 깜깜한 밤을 한 낮으로 바꾸어 놓았습니다. 주님의 영광이 다시 말해 생각할 수 있는 것 중 가장 위대한 하나님의 영광과 같은 그런 영광이 목자들을 에워싸고 놀라게 했습니다.

그들은 전에는 한 번도 경험할 수 없었지만 조상들로부터 들어왔고 선지자들의 예언 속에 존재해 왔던 그 빛나는 영을 그 영광 중에 보았습니다. 그리고 그것이 바로 천사라는 것을 알았습니다. 하늘의 왕을 지근거리에서 보좌하고 다른 것보다 두 배는 더 빛나며 그 영원한 보좌에 계신 이로부터 가장 중요한 임무를 부여받은 바로 주님의 천사였습니다. 이것은 정말로 하늘에서 오는 특별한 메시지였습니다.

주의 사자가 곁에 서고(눅 2:9).

목자들이 처음에 두려워했다는 것에 여러분은 의아해 하셨습니까?
여러분에게 이 같은 일이 생긴다면 놀라지 않겠습니까?

그날 밤의 고요함, 놀라운 광채, 천사의 불가사의한 등장, 그 등장의 갑작스러움. 이것들 가운데 어떤 것이라도 목자들을 놀라게 하지 않은 것이 없었습니다. 이것은 목자들에게 급작스런 경외감을 불러일으켰습니다. "크게 무서워하는지라"(눅 2:9)고 묘사된 그 감정 속에는 존경과 두려움이 섞여 있다는 것을 부인할 수 없습니다.

그들은 놀라 얼굴을 땅에 떨어뜨렸지만 부드러운 목소리로 "무서워하지 말라"(눅 2:10)고 말씀하시는 주님의 영광을 막을 수는 없었습니다. 그들은 주의 위로로 안정을 되찾았고, 그 다음 이어지는 메시지를 들을 수 있었습니다. 은종에서 울려 퍼지는 아름다운 멜로디와 같은 그 음성을 통해 다음과 같이 전해졌습니다.

> 내가 온 백성에게 미칠 큰 기쁨의 좋은 소식을 너희에게 전하노라. 오늘 다윗의 동네에 너희를 위하여 구주가 나셨으니 곧 그리스도 주시니라(눅 2:10-11).

목자들은 두려운 생각을 모두 떨쳐버리고 온전히 기뻐하도록 명령 받았습니다. 의심할 여지도 없이 그들은 그렇게 했습니다. 인류 역사상 그 한밤중에 그 놀라운 광경을 목격한 목자들처럼 기뻐한 사람은 없었을 것입니다. 그들은 그 장면을 결코 잊을 수 없었습니다. 그래서 천사가 말했던 그 기쁨의 소식인 그 아기를 보러 가자고 서로에게 신중하게 말했습니다.

오늘 이 시간 우리에게도 이러한 기쁨이 임하여 그리스도의 나심이 우리의 '최고의 기쁨'이 된다고 생각할 수 있기를 바랍니다. 우리가 이 기쁨을 말할 때 '그 기쁨의 근원'이 되는 그분에게 여쭈어야 할 것입니다. 그리고 목자들이 그 기쁨을 소유했을 때 그 기쁨을 어떻게 표현했는지 생각해 보아야 할 것입니다. 성령님께서 지금 우리에게 예수 그리스도를 밝히 보이시고 그분 안에서 기쁨을 누릴 수 있도록 준비시켜 주시길 간구하며 말씀을 잇겠습니다.

1. 그리스도의 나심은 최고의 기쁨

그리스도의 나심은 최고의 기쁨이 되어야 합니다.

정말 그렇습니다. 그리스도의 나심이 기쁨이 된다는 것은 천사가 보증하고 있습니다. 이 기쁨의 충만함으로 천사가 복된 소식을 전하기 위해 왔습니다. 하지만 그리스도는 천사들을 위해서가 아니라 아브라함의 후손을 위해 오셨습니다. 창조주가 피조물과 연합되었습니다. 보이지 않고 무소 부재하신 하나님이 그가 만든 피조물과 하나가 되기 위해 이 땅에 오셨습니다.

저는 이러한 생각이 또 하나의 피조물인 천사에게도 창조주의 높은 지위와 그 분의 기뻐하심을 느낄 수 있게 했다고 생각합니다. 게다가, 천사의 마음속 깊은 곳에서 나오는 선한 행실로 그 기쁜 소식이 죄된 인간에게 전파되어 주님을 기쁘시게 하였습니다. 비록 천사들이 우리의 형제는 아니라 할지라도 우리 삶에 사랑으로 관심을 가졌습니다. 우리가 회개할 때 크게 기뻐했습니다. 우리가 구원받을 때 우리의 영을 돌보아 주었습니다. 그리고 우리가 죽을 때 우리를 높여주었습니다.

확실히 그들은 주님의 종의 역할을 마지못해 하거나 주님이 사랑하시는 사람들을 마지못해 돕는 그런 존재가 아닙니다. 그들은 신랑 되신 주님의 친구이며 주님이 기뻐할 때 함께 기뻐하며, 사랑이 충만한 주님의 가족을 섬기며, 왕의 아들들을 향해 사랑으로 대하고 우리를 열심히 섬겼습니다.

따라서 천사는 주님의 소식과 더불어 주님이 오셨던 그 장소와 그의 관심을 기쁨으로 전했습니다. 천사는 "내가 큰 기쁨의 좋은 소식을 너희에게 전하노라"(눅 2:10)고 말했습니다. 우리는 천사가 기쁨으로 전했다는 것을 확실히 알 수 있습니다. 그렇습니다. 천사들은 이 복음을 너무나 기뻐했습니다. 한 천사가 그 날의 복된 소식을 전하고 난 뒤 그 기쁨의 복된 소식을 처음으로 알린 그곳에 갑자기 한 무리의 천사의 찬양대가 등장했습니다. 그들의 찬송 소리는 우렁차고 아름답게 울려 퍼졌습니다.

하늘 천사들의 무리는 한 선택 받은 사자가 새로 나신 왕을 선포하러 보내졌다는 소식을 듣고 거룩한 기쁨과 경외감으로 충만하여 온 힘을 다해 그 천사를 설득했습니다. 그들은 그 천사 홀로 그런 일을 하도록 내려

보낼 수 없었습니다. 그들은 그 천사가 미처 그 기쁜 소식의 마지막 말을 마치기도 전에 돌진하듯이 와서 그 유명한 찬송이자 인간의 귀로 들었던 유일한 천사들의 노래를 불렀습니다.

> 지극히 높은 곳에서는 하나님께 영광이요 땅에서는 하나님이 기뻐하신 사람들 중에 평화로다(눅 2:14).

그들은 온전히 주님을 높여드렸습니다. 그것은 그리스도에 관한 많은 설교 중 복음의 진수였습니다. 하늘의 기쁨으로 충만한 한 무리의 천사들의 마음에서 우러나오는 찬양이었습니다. 그것은 너무나 기쁜 소식이어서 비록 한 천사가 전하러 왔지만 홀로 찬양하도록 내버려 둘 수 없었습니다. 그래서 그들은 주님께 새 노래로 기쁨의 찬양으로 합창으로 올려드렸습니다.

형제자매 여러분! 예수님의 탄생이 우리의 형제인 천사들에게 너무 기쁜 일이었습니다.

그런데 왜 우리에게는 그렇지 않습니까?

우리와 비교하여 상대적으로 적은 수라고 할 수 있는 우리 이웃인 천사들은 찬양했습니다.

그런데 왜 우리는 기뻐 뛰지 않습니까?

이 기쁜 소식이 하늘에서부터 땅으로 내려왔는데 왜 우리의 찬양은 이 땅에서부터 하늘로 올라가지 못하는 것입니까?

천국의 진주 문이 활짝 열리고, 그 빛나는 광채가 내려와 위대한 왕의 영광스러운 강림을 맞이하였습니다. 그 때를 예비하기 위해 모든 천사가 내려와 화려한 장관 앞에 섰습니다. 이 땅에서의 기쁨을 위해 천사들은 잠시 하늘을 비워야 했습니다.

  그런데 왜 우리는 그 영원한 문으로 가기 위해 우리의 생각과 찬양과 사랑으로 노래하지 못합니까? 왜 우리는 유한한 인간의 노래로 하늘을 가득 채우기 위해 이 땅을 떠나지 못합니까?

  그렇습니다. 참으로 그렇게 해야 합니다.

> 새로 나신 왕께 영광 돌려보내세
> 우리 모두 찬양 드리세
> 이 땅에는 평화요
> 하나님과 죄인들 사이에 평화로다.

  그리스도의 나심은 하나님의 성육신이었습니다. 하나님이 인간의 몸을 입고 오신 것은 신비입니다. 설명하기 보다는 믿어야 하는 놀라운 신비입니다. 무한하신 분이 구유에 아기로 누이셨습니다. 하늘과 땅의 창조자이신 분이 연약한 아이로 오신 것입니다. 어떻게 이런 일이 일어날 수 있는지 우리는 잘 알지 못하지만 분명 이 일은 일어났고 우리는 확실히 믿습니다. 그로 인해 우리는 기뻐할 수 있습니다.

  하나님이 인간의 몸을 입고 오셨기에 희망 없는 우리가 버려지지 않고 포기 되지 않을 수 있었습니다. 인간이 그 언약의 관계를 깨뜨렸을 때 금지된 그 열매를 낚아챘을 때 하나님은 이렇게 말씀하실 수도 있었습니다.

> 이제 내가 포기하노라, 네 민족을 버리노라. 루시퍼와 모든 천사를 버리고, 반역을 따라간 너희를 저버리노라.

그러나 하나님께서 우리와 연합하시려고 인간의 몸을 입고 오셨기에 우리는 더 이상 두려워할 필요가 없습니다. 사랑의 예수님이 처녀의 몸에 나시어 오셨기 때문에 더 이상 주님 옆에서 저주받은 자로 놓여있지 않습니다. "그것을 상하지 말라 거기 복이 있느니라"(사 65:8)고 말씀하지 않으셨다면 하나님은 우리와 연합하기 위해 인간의 몸을 입지 않으셨을 것입니다.

우리가 범죄하여 저주가 사람에게 임하게 되었다는 사실을 잘 알고 있습니다. 성육신은 추상적인 개념으로 사람에게 임하는 것이 아닙니다. 분명히 그리스도가 여자에게서 태어나 인간의 몸을 입고 오신 것입니다. 말씀이 육신이 되었다는 의미는 죄에도 불구하고 인류에게 희망을 의미합니다. 인류는 더 이상 죄 아래 있는 사람이 아니고 죽음과 지옥의 오명을 쓰지 않아도 되며 파멸하도록 버려지지 않았습니다. 오히려 우리 주님이 인류와 연합하기 위해 하나님의 아들이 사람의 아들, 인자가 되셨습니다. 이 모든 것이 우리가 기쁨으로 찬양할 수 있는 충분한 이유가 됩니다.

하나님이 우리와 연합하기 위해 인간의 몸을 취하신 것은 그가 사람을 사랑한다는 것을 의미합니다. 우리의 본성과 자신을 연합하시기까지 우리에게 베풀어 주신 사랑의 방식을 명심하시기 바랍니다. 하나님은 전에 어떤 피조물과 연합하신 적이 없으십니다.

그의 자비는 그의 모든 일을 덮을 만큼 넓지만 창조주와 피조물 사이의 생긴 커다란 간극을 메우지는 못했습니다. 주님은 고매한 지적인 존재도 이 세상의 주권도 우리가 잘 알지 못하는 권세도 만드신 분입니다. 심지어 "영원한 보좌 주위에 있는 네 생물"(계 4:6-8)이 무엇인지 잘 알 수 없지만 하나님은 그런 모습을 취하지도 그 모습과 연합하지도 않으셨습니다.

하나님은 천사보다 조금 못하면서 자신의 죄로 죽을 수밖에 없었던 피조물인 인간의 몸을 입고 오셨습니다. 하나님이 인간과 연합하기 위해 오셨다는 것은 말로 표현할 수 없을 정도로 인간을 사랑하신다는 것과 인간을 향한 선한 뜻이 있다는 것을 의미합니다. 한 왕의 아들이 반역을 사랑하여 결혼하였지만 반역의 자손들이 화해와 용서와 회복을 기대하고 있습니다. 인간의 모습을 취하기까지 자신을 낮추어 사랑과 긍휼을 베푸시는 위대한 마음을 가진 놀라운 분이 여기 계십니다.

기뻐하세. 영원히 기뻐하세. 성육신하셔서 우리 인류에게 다가오신 분께 기쁨의 심벌즈를 크게 울립시다.

하나님께서 우리와 연합하기 위해 인간이 되신 후에 하나님은 좀 더 우리를 이해하시고 긍휼히 여기시며 티끌 같은 존재여서 질병 같은 것에도 취약할 수밖에 없음을 불쌍히 여기셨습니다.

사랑하는 여러분, 예수님이 베들레헴에서 한 여자에게 나시고 우리의 약함과 우리가 겪을 수 있는 유혹에 다 노출되셨다는 것을 생각해 볼 때 여러분은 이것이 얼마나 은혜로운 일인지 잘 알 것입니다. 그분이 우리와 같은 인간이 되지 않으셨다면 지극히 높은 제사장 되시는 주님은 그런 친밀하고 실제적인 긍휼함을 느끼지 못했을 것입니다.

비록 그가 하나님이시지만 우리 육체의 뼈와 살을 취하지 않으셨더라면 우리와 완벽한 일치를 이루지 못하셨을 것입니다. 우리 구원의 선장이신 주님은 고통을 통해 우리와 완벽한 일치를 이루실 수 있었습니다. 그의 자녀인 우리가 육체의 살과 피로 이루어져 있으므로 예수님이 우리와 똑같은 모습으로 되시는 것은 꼭 필요한 것이었습니다. 다시 한 번 우리와 친밀하기 위해서 우리 모든 구석구석까지 똑같이 취하신 주님께 아름다운 은종을 울려드립시다.

게다가 하나님이 인간과 친밀한 연합을 위해 친히 내려오셔서 인간을 구원하시고 복 주시려 하신 것은 분명한 사실입니다. 성육신은 구원을 예시합니다.

믿음의 성도 여러분, 하나님은 여러분을 저주하러 오신 것이 아닙니다. 하나님께서 성육신하신 것을 보십시오.

구원 이외에 무엇을 더 볼 수 있습니까?

인간의 육신을 입으신 하나님께서 다른 어떤 피조물보다도 인간을 위에 두시고 소와 양 뿐만이 아니라 공중에 있는 것과 바다 속 모든 피조물을 다스리도록 했습니다. 그렇습니다. 이것은 모든 피조물을 인간의 발아래 두시고 심지어 죽음까지도 복종케 했다는 것을 의미합니다.

하나님께서 인간의 몸으로 내려 오셨을 때 그것은 우리 인간이 하나님께 높임을 받는다는 것을 의미합니다.

이 얼마나 기쁜 일입니까?

우리의 마음이 그의 성육신으로 살아난 것입니다. 하나님의 아들이 베들레헴에서 태어나신 바로 그 분이라는 이 숨겨진 의미 속에 말로 표현할 수 없는 기쁨이 넘쳐난다는 것을 알 수 있습니다. 성육신을 통해 태어나신 그리스도 안에 우리의 기쁨의 원천이 흘러넘친다는 것을 알 수 있습니다.

천사는 "우리를 위하여 나신 구주가 바로 그"라고 말하면서 우리의 기쁨의 원천을 설명했습니다.

오늘 너희를 위하여 구주가 나셨으니(눅 2:11).

형제자매 여러분! 저는 그리스도가 구주로 나신 것을 깊이 생각하는 바로 오늘이 가장 기쁜 날임을 알고 있습니다. 자신들의 죄를 깊이 자각하고 있는 사람들에게도 오늘이 가장 기쁜 날일 것입니다.

구원자라고 적힌 열 개의 현으로 된 하프를 꺼내어 죄인에게 건네주십시오. 하프는 우리의 구원자를 나타내며, 하프의 현을 튕기며 아름다운 음악을 연주하는 손가락은 우리 죄인을 나타냅니다. 여러분들이 본성을 잃어버리고 마음속 큰 병으로 자리 잡은 죄를 느끼고 마귀가 여러분을 지치고 무기력하게 하지만 악으로 인해 걱정과 수치를 깨달아 안다면 주님이 보내주신 구원자의 음성을 듣는 것이 크나큰 축복이 될 것입니다. 심지어 아기로 오신 구원자 예수님이 이미 여러분의 구원의 일을 완성하셨기에 여러분에게 소중한 분이 될 것입니다.

여러분이 그 일의 결과를 알고 싶어 자세히 조사해 본다면 주님의 이름을 높여드리지 않을 수 없을 것입니다. 죄인의 괴수인 여러분을 위해서 의도적으로 죄를 짓는 당신을 위해서 바로 구원자가 나신 것입니다. 그는 나면서부터 구원자였습니다. 이것이 그가 나신 목적입니다. 죄인들을 구원하시는 것이 그가 나신 이유이자 임무입니다. 이것은 잃어버린 자를 구하시려는 하나님의 통치이자 하나님의 성품에서 나온 것입니다. 하나님께서 잃어버린 영혼을 찾으시고 구원하시는 전능하신 그분을 도우사 사람들 중에서 택하시어 높이셨습니다.

어찌 이 안에 기쁨이 없겠습니까?

이곳이 아닌 다른 어떤 곳에서 기쁨을 찾을 수 있겠습니까?

다음으로 천사가 우리에게 말합니다. 이 구원자가 '우리 주 그리스도'라고 말합니다. 그 사실에 큰 기쁨이 있는 것입니다. 그리스도는 '기름 부은 자'라는 뜻입니다. 지금 우리는 우리 주 예수 그리스도가 우리를 구원하시려고 이 땅에 오신 것을 압니다. 우리 아버지께서 예수님이 사역을 감당하실 때 필요한 자격이 제대로 갖추어지지 않은 채로 일하시는 것을 허락하지 않으셨다는 것을 알아야 합니다.

　예수님은 그의 일을 감당하기 위하여 가장 높은 분으로부터 기름 부음을 받으셨습니다. 주님의 영이 측량할 수 없을 정도로 그에게 임했습니다. 우리 주님은 예언자로, 제사장으로, 왕으로 기름 부음 받았습니다. 이 기름 부음은 다른 어떤 사람에게 임한 적이 없는 세 배의 능력으로 나타나있습니다. 다윗에게는 왕 같은 예언자들이 있었습니다. 왕 같은 제사장인 멜기세덱이 있었습니다. 사무엘처럼 제사장 같은 예언자도 있었습니다. 이렇게 두 가지 역할을 한 사람이 감당하는 경우는 종종 있었지만 예언자, 제사장, 왕, 이 세 가지 역할로 기름 부음 받은 존재는 예수님이 오시기 전까지 없었습니다.

　우리는 하나님의 보내심을 받은 자로 메시아로 우리의 구원의 일에 완벽히 예비되고 준비되신 예수 그리스도 안에 기쁨으로 기름 부음을 받은 충만함을 봅니다. 이 일에 우리의 마음이 기쁨으로 뜁니다. 우리는 평범한 구원자를 가진 것이 아니라 전적으로 준비된 구원자를 모시게 된 것입니다. 그가 사람으로 오셔서 모든 부분에서 우리와 같은 분이셨고 기름 부음을 받은 사람으로 모든 부분에서 우리처럼 약함을 감당하셨습니다.

　얼마나 하나님과 인간이 친밀한 연합을 하고 있는지 천사의 노래 속에 잘 나타나 있는 것을 보십시오. 그들은 그분을 '구원자'로 노래했습니다. 구원자는 죽음과 지옥에서 구하시기 위해 반드시 신적인 모습이 있어야 합니다. 그러나 인간의 일을 대처하셔야 하는 부분도 있었습니다. 그리고 그들은 그분을 '그리스도'로 노래했습니다. 인간이셨지만 유일하게 기름 부음 받은 분이셨습니다. 하지만 그것은 하나님으로부터 온 것이었습니다.

　이 놀라운 기름 부음 받은 분께 축제의 나팔을 올려드립시다. 여러분을 정결케 하는 제사장으로, 교훈하시는 예언자로, 구원하시는 왕으로 오신 그분을 기뻐하십시오. 천사들은 주님으로 나신 그분을 노래했습니다. 여기에 하나님이 그분의 통치 아래에 있는 인간으로 나서서 우리와 연합하고 있다는 것을 잘 보여줍니다. 이것은 성육신의 말과 의미들이 얼마나 잘 조화되는지 보여주는 것입니다.

천사는 목자들에게 기쁨의 소식을 전하러 갔습니다. 목자들은 구세주로 나셨지만 '낮고 낮은 곳에 나셨기에' 아기로 강보에 싸여 구유에 누인 그분을 볼 수 있었습니다.

정말 그곳에 기쁨이 있었습니까?

저는 정말 있었다고 생각합니다. 종종 죄인들과 화해할 수 없는 하나님의 성품에 대해 두려움이 있지만, 작은 아기로 태어나서 다른 어느 아기와 같이 배냇저고리 같은 얇은 천에 싸여 누워있는 하나님의 은혜로운 성품을 보십시오.

누가 그분께 나아가는 것을 두려워하겠습니까?

누가 아기 앞에서 무서워 떨겠습니까?

하나님이 여기 계십니다. 여러분이 불과 한데 뒤섞여 있는 바다 앞에 너무 놀라 서있을 수조차 없을 때, 하나님의 영광이 여러분의 영혼을 집어삼키는 불과 같을 때, 하늘의 무서운 존재가 여러분을 압도하고 있을 때, 여러분은 이 아기 앞으로 나와 말합니다.

하나님 여기 계시네.

사랑하는 아들 속에 계시는 그분을 만나네.

하나님의 성품이 온전히 육체 가운데 거하시는 그분을 만나네.

오! 무소부재하신 하나님이 연약한 인간의 몸을 입고 오신 것과 무한한 존재가 무기력한 인간으로 내려오신 것을 기억한다면 이 성육신이야말로 얼마나 축복입니까?

주목하여 보십시오. 목자들은 고대 고급스런 자줏빛의 강보에 싸여 누인 아기를 발견한 것도 아니고 이제껏 나온 옷감 중에서 최고의 천에 둘러싸인 아이를 발견한 것도 아닙니다.

그의 아름다운 이마를 화려하게 꾸민 왕관도 없다네.
거기엔 진주도, 보석도, 비단 마저도 없네.

왕자님들을 위한 대리석 방에서도 발견할 수 없습니다. 많은 근위병의 호위를 받지도 않습니다. 봉건 군주들의 충성을 받지도 않습니다. 고귀한 혈통인 것은 사실이지만 가계의 씨는 마르고 이스라엘에서 완전히 잊혀진 한 시골 여인의 품 안에 안겨있는 아기를 목자들은 발견했습니다. 그 아기는 목수의 아들이었습니다. 여러분이 이 가난한 아버지와 어머니를 본다면 그리고 그들이 만든 침대라고 할 수 없는 원래는 소를 먹이던 그 보잘것없는 것을 본다면, 아마 "정말이지 낮아짐의 극치다"라고 말할 것입니다.

가난한 여러분, 비천하게 나서서 구유에 누이신 예수님으로 인해 기뻐하십시오. 힘든 노동으로 지친 자녀들이여, 구원자가 낮고 낮은 한 처녀에게 나시고, 목수가 그의 아버지가 되심을 기뻐하십시오.

때때로 무시당하고 고통당하는 분들이 여기 있습니까?

일반 서민의 왕인 분이 사람 가운데 나서서 보좌로 높임을 받으십니다. 여러분 자신을 높은 위치로 올리느라 이 땅의 왕들의 아들을 주목하여 보느라 하나님과 연결된 혈통을 가진 그분을 위한 여관 방 하나가 여기에 없습니다.

오, 여러분! 하나님의 아들이 여러분과 같은 육체를 입고, 여러분이 슬퍼하는 것처럼 슬픔을 느끼며, 여러분이 배고픈 것처럼 배고프고, 힘겨워하는 것처럼 힘겨워하고, 여러분처럼 남루한 외투를 입고 계십니다. 오히려 여러분보다 더 극심한 가난에 머리 둘 곳마저 없으셨던 그런 고난을 당하셨습니다. 하나님께서 진실로 온전한 인간의 모습으로 내려 오셨기에 하늘과 땅들이 기뻐하는 것입니다.

이것이 전부는 아닙니다. 저 또한 이 땅에서 기쁨으로 천사들이 노래했던 것처럼 "지극히 높은 곳에서는 하나님께 영광이요 땅에서는 기뻐하심을 입은 사람들 중에 평화로다"(눅 2:14)라며 찬양하기를 간구합니다. 그리스도의 탄생은 이 땅에서 다른 어떤 것으로도 바꿀 수 없는 하나님께 영광입니다. 우리는 하나님의 영광을 이야기할 때 항상 부드럽고 낮은 목소리로 말해야 합니다. 그 영광은 그 자체로 무한한 것이며 우리가 이해할 수도 없는 것입니다. 우리는 감히 하나님의 손으로 만든 모든 것들이 선물로 오신 그분의 아들만큼 하나님께 영광이 된다고 말할 수 없습니다.

그분의 모든 창조와 섭리가 위대하지만 그 위대함이 그분의 유일한 아들을 이 땅에 보내어 그로 인해 생명을 누릴 수 있게 하신 하나님의 마음을 다 표현한다고 말 할 수 있을까요?

어떤 지혜로 성육신하신 하나님이 핵심이 되는 이 구속의 계획을 표현할 수 있을까요?

어떤 사랑으로 밝히 드러내 보일까요?

어떤 권능으로 하나님이신 분을 영광의 자리에서 구유로 내려 보낼 수 있을까요?

오직 무소부재하신 분만이 그런 위대하고 불가사의한 일을 하실 수 있는 것입니다.

예부터 있었던 그 약속들이 얼마나 신실하게 지켜졌는지요?

그 언약들이 얼마나 진실되게 지켜졌는지요?

이 얼마나 그분의 은혜이며 공의입니까?

새로 나신 아기로 그 언약이 성취되었으며 그의 귀하신 몸이 상하심으로 하나님의 의로우심에 보답하셨습니다. 하나님의 모든 속성들이 작은 아이의 몸에 비밀스럽게 숨기어져 있다가 놀랍게 나타났습니다.

마음속으로 상상해 보십시오. 태양이 있어서 한 곳을 향해 집중적으로 빛을 비추어도 부드럽게 비추면 우리 눈으로 보는 것이 가능한 것처럼 아무리 영광스러운 하나님이라도 그분이 친히 인간을 위해 여자의 몸에 나셨기 때문에 우리가 그를 바라 볼 수 있는 것입니다.

생각해 보십시오. 유한한 존재로 죽을 수밖에 없는 육체 가운데 하나님의 형상이 어떻게 표현되어 있는 지를 말입니다. 모든 만물의 상속자가 구유에 뉘여 있습니다.

얼마나 놀라운 일입니까?

지극히 높은 곳에는 하나님께 영광입니다! 그는 친히 밝히신 적이 없으신 분이지만 예수님의 몸으로 나타내셨습니다.

우리 주 예수 그리스도를 통한 한량없는 평화가 이 땅에 임했습니다. 전쟁의 날 선 검들은 이미 부러졌고, 죄악에 맞서는 하나님의 증거만이 신실하게 나타납니다. 기독교는 압제당하는 자들을 위해서 보호의 방패를 들고 서 있으며 하나님 앞에서 폭정과 학대를 역겨운 것이라고 선포합니다. 진실된 기독교 사역자가 엄청난 학대와 모욕을 당할 때 그리고 압제당하는 나라와 민족이 그분의 도움을 필요로 할 때 그는 결코 침묵하지 않으실 것입니다. 평화의 왕자이신 그 분께서는 신실하였지만 사람들 사이에서 결코 평화롭게 지내지 않았다면 하나님의 종들도 결코 침묵하지 않을 것입니다.

이러한 증거가 많아져서 더 이상 나라들이 전쟁을 알지 못할 때가 올 것입니다. 평화의 왕자이신 그분이 전쟁의 창을 무릎으로 부러뜨릴 것입니다. 만물의 주인이신 그분이 화살과 검과 방패와 갑옷을 부수어 버리고 이 모든 것을 모든 산보다 더 영광스럽고 훌륭한 시온에서 하실 것입니다. 분명히 그리스도가 베들레헴에서 태어나신 것처럼 반드시 모든 사람들을 형제로 만들고 전 세계를 영원한 평화의 나라로 세울 것입니다.

새로 나신 한 아이가 친히 밝히실 것으로 인해 귀하신 하나님께 영광의 찬양을 올려 드립시다.

이 땅에 가져 오신 평화로 인해 귀하신 하나님께 영광의 찬양을 올려 드립시다.

평화로운 이 땅과 영광스런 하늘이 하나가 되는 것을 기뻐하는 사람들은 영원하신 이가 선포하신 대로 우리 가운데 나시어 이 모든 것을 이루신 임마누엘되시는 하나님을 송축할 것입니다.

> 지극히 높은 곳에서는 하나님께 영광이요 땅에서는 하나님이 기뻐하신 사람들 중에 평화로다(눅 2:14).

저는 목자들이 보고 들었던 모든 것으로 주님을 찬양하고 영광을 돌려드렸을 때 목자들에게도 큰 기쁨이 있었던 것처럼 후대를 사는 여러분과 제가 구원의 전 사역을 이해할 때 우리도 더 많이 기뻐할 수 있다고 생각합니다.

형제자매 여러분! 이 소박한 목자들이 영혼으로 기뻐한 만큼 우리도 기뻐할 수 있기를 바랍니다.

2. 이 기쁨의 근원

이 기쁨이 누구에게 속하였는지 이 기쁨이 근원이 누구인지 생각해 보길 바랍니다. 저는 어제 황량한 날씨로 인해 마음이 많이 가라앉는 것을 느꼈습니다.

종달이도 흐릿한 회색빛 하늘을 노래하지 않네.[1]

그러나 불현듯 강렬한 기쁨이 나를 가득 채웠습니다. 이것을 여러분께 말하는 것은 여러분보다는 저 자신에게 큰 기쁨이기 때문입니다. 그 기쁨 속에 제 자신이 들어 있습니다. 그리스도의 나심으로 생기는 기쁨은 '그것을 전하는 자에게' 속합니다. 그렇게 때문에 그 소식을 전했던 천사들노 그 기쁨을 이기지 못했습니다.

저는 이것을 생각하며 제 마음속으로 속삭였습니다. "예수의 태어나심을 이 땅의 사람들에게 전하면서 그 소식을 전하는 것 외에는 바라는 것이 아무것도 없다는 것이 나의 큰 기쁨이다"라고 말입니다. 주변 사람들에게 "하나님께서 여러분을 구원하시기 위해 여러분과 같은 몸을 입고 친히 낮아지셨습니다"라고 전할 수 있는 특권을 얻었다고 생각하자 눈물이

---

[1] 찰스 킹슬리(Charles Kingsley)의 시 "작별"(A Farewel)의 한 구절 – 역주.

앞을 가렸습니다.

이 말은 하나님께서 말할 수 있었던 기쁘고 위엄 있는 말입니다. 키케로[2]와 데모스테네스[3]와 같은 유창한 웅변가라도 그런 주제를 생각할 수 없었습니다.

오 이 얼마나 큰 기쁨입니까? 이 땅에 나신 한 사람이 바로 하나님이셨습니다. 하나님의 언약궤 앞에서 춤을 추었던 다윗처럼 제 마음도 기뻐 춤을 춥니다.

이 기쁨은 그 소식을 전하는 사람에게만 아니라 그 소식을 듣는 모든 자들에게 속한 것이었습니다. 이 기쁜 소식은 "온 백성에게 미칠"(눅 2:10) 기쁨의 큰 소식이었습니다. "온 백성에게"라는 부분을 주목하여 읽어 보십시오. 그러면 그 본래의 의미가 말하는 것을 알 수 있을 것입니다. 이것은 유대 모든 족속에게 기쁨이었다는 것을 말하지만 그 본문에서 말하는 속뜻을 살펴보면 그것은 그리스도의 나심이 이 땅의 모든 사람에게 기쁨이 된다는 것을 말하고 있습니다. 이 기쁨은 하늘 아래 한 나라에 관한 것이 아니라 하나님께서 사람들을 위해 이 땅에 오셨기 때문에 기뻐할 수 있는 권리에 관한 것입니다.

예루살렘의 버려진 땅 같은 그대들이여, 같이 찬양하십시오.

오! 광야에 있는 그대들이여, 긴장의 끈을 놓지 마시오. 수많은 섬들이 그로 인해 기뻐할 것입니다. 북방에서 불어오는 하나님의 바람으로 인해 그 매서운 추위로 뼛속까지 떨고 있는 그대들이여, 이 행복한 진리로 여러분의 마음을 불태우시길 바랍니다. 하나님의 독생자이자 우리 인류의 친구가 되어주신 여호와 하나님께 기쁨의 찬송을 올려 드립시다.

---

2 키케로(Cicero, BC 106-43): 고대 로마의 정치가 및 웅변가 - 역주.

3 데모스테네스(Demosthenes, BC 384?-322): 그리스의 웅변가 및 정치가 - 역주.

> 오! 우리의 마음을 깨워 기쁨의 노래하네.
> 새로 나신 왕께 경배하네.
> 사랑하는 영의 살아있는 노래가
> 능력 있는 물의 소리처럼 흐르네.

그러나 형제자매 여러분! 이 영광스러운 진리를 아는 그들 모두가 기뻐하지 않았습니다. 그들의 마음은 요동치지도 않았습니다.

그렇다면 누구에게 기쁨이 되었을까요?

저는 이렇게 대답할 수 있습니다. 그것을 믿는 자 모두에게 기쁨이 되었다고 말 할 수 있습니다. 불신으로 인해 동요하지 않고 믿음을 가졌던 그 목자들처럼 그것을 믿는 자에게 기쁨이 되었다고 말 할 수 있습니다.

그 목자들은 결코 의심하지 않았습니다. 그 빛, 천사들, 노래만으로도 그들이 믿기에 충분했습니다. 그들은 단 한 번의 의심도 없이 그 기쁜 소식을 믿었습니다. 그 목자들은 틈만 나면 트집 잡기 바쁜 사이비 현자들보다 훨씬 현명하고 지혜로웠습니다. 지금 현 시대는 어린아이와 같은 단순한 믿음을 좀 무시하는 경향이 있습니다. 그러나 하나님은 놀랍게도 이런 생각을 질책하십니다. 하나님은 그 지혜 있다고 하는 자들의 교활함으로 그들을 다루십니다.

유명한 그리스 도시들과 영웅들의 무덤 속에는 의심과 회의적인 태도만이 가득합니다. 지혜 있다고 하나 의심으로 가득 찬 이들은 스스로 자초하는 혼란에 빠져버렸습니다. 물론 그들은 그 옛날 호머[4]는 신화 속 인물이며 그의 이름으로 불리는 시들은 단순히 알려지지 않은 전설이나 이

---

4 호메로스(호머, Homer): 기원전 8세기의 그리스의 서사 시인, 'Iliad'와 'Odyssey'의 작자라고 알려짐 – 역주.

야기를 모아 놓은 문집이라고 우리에게 말하기도 합니다. 몇몇 고대 시인들은 그들의 꿈을 시 속에 끼워 넣거나 노래 속에 몰래 삽입하기도 했습니다. 그들이 말하길 그 글 속에는 진실이 없고 현 역사 속에 실제로 있는 것은 없다고 합니다. 모든 것이 한 낮 신화에 불과하다고 합니다. 오래 전 이 신사들은 우리에게 말하길, 아서 왕[5]이나 윌리엄 텔[6]과 같은 사람은 없었다고 말합니다.

비록 모든 신성한 기록에 대해 의심을 품을 수는 있어도 보통 사람들이 믿는 모든 것에 의심을 갖기는 힘들어 보입니다. 보십시오. 고대 도시들이 말하고 있습니다. 이야기 속 영웅들이 그 무덤에서 발견되고 있습니다. 아이들의 믿음이 증명하고 있습니다. 그들은 사람의 왕을 세상에 내놓고 우레와 같은 소리로 믿지 않는 자들의 귀에 대고 말합니다. 그대, 어리석은 자여. 바보들이나 그것을 믿는다고 생각했지만 그대들의 문화가 그대들보다 그 바보들을 더 현명하게 만들었습니다. 그대들의 끝없는 의심이 그대들을 기만으로 이끌고 진리가 아닌 곳으로 이끌었습니다.

목자들은 믿었고 그들이 기뻐할 수 있을 만큼 기뻐했습니다. 만약 신학 교수가 그 날 밤, 그 기념비적인 밤에 목자들이 있던 곳에 있었더라면 아마도 그 천사와 논쟁을 벌였을지 모르겠습니다. 그리고 구원자가 정말 필요한 지에 대해 부정적인 모습을 보였을 지도 모르겠습니다. 그는 냉정하게 그 날 밤 나타난 그 빛의 성질에 대해 강의를 준비하려고 메모를 한다거나 한밤중 베들레헴 근처 들판에 있었던 어떤 놀라운 현상이 일어난 원인에 대해 조사를 착수했을 지도 모르겠습니다. 무엇보다도 그는 초인적인 어떤 것이 절대적으로 존재하지 않는다고 그 날 밤 놀라운 일을 목격

---

5 아서 왕(King Arthur): 6세기경 영국을 통치한 전설적인 왕 – 역주.
6 윌리엄 텔(William Tell): 14세기경 스위스의 전설적인 용사 – 역주.

한 목자들에게 힘주어 말할 것입니다.

지금도 배운 사람들은 몇 번이고 토론하면서 그 사건이 불가능하다는 것에 대해 확신시키려 하지 않겠습니까?

그들은 하나님도 없고 천사도 없고 영혼도 없다는 것을 팔 곱하기 이가 십팔이 되는 쉬운 구구단처럼 쉬운 논리로 만들어 버릴 것입니다. 그들은 의심될 만한 모든 것을 증명하려고 합니다. 과학적인 체 하는 사람들이 주장하는 무오성을 제외하고는 어떠한 것도 믿으려 하지 않고 자신들의 독단적인 것만 생각하면서 모든 것에 회의적인 시선을 가지고 의심합니다.

그러나 이 사람들은 어떠한 위로도 받을 수 없습니다. 약한 부분을 인정해서 도움을 얻으려 하지도 않습니다. 그들의 가르침은 기쁜 소식이 될 수 없습니다. 오히려 꽃 봉우리의 모든 희망을 얼어붙게 만드는 매서운 추위와 같습니다. 이성이라는 이름으로 주장하며 사람의 진정한 기쁨을 빼앗아가 버리는 졸렬한 반대에 불과합니다.

우리는 목자들이 했던 믿음의 생각을 해야 합니다. 그들은 지나치게 맹목적으로 믿지 않았고 잘 입증되었던 것이나 개인적인 탐구로 진실로 밝혀진 것만을 바로 믿었습니다. 그 믿음 안에는 기쁨이 있습니다. 우리가 믿을 때 우리는 행복해 질 수 있습니다.

저는 오늘 아침 주님의 영광이 여전히 하늘에서 빛나고 있는 것을 보기를 원합니다. 그 영광은 비록 전에 보지 못했을 지라도 거기서 빛나고 있었습니다. 저는 천사 보기를 소망합니다. 그리고 그 천사가 말하는 것을 들을 수 있기를 소망합니다. 못 듣는다 해도 그는 여전히 말하고 있다는 것을 알고 있습니다.

목자들은 거짓말을 하지 않았고 주의 종인 누가가 목자들의 일을 기록으로 남겼을 때 성령님도 우리를 속이지 않았습니다. 현재와의 긴 시간차에 집중하지 말고 그것이 정말로 일어난 것에 집중하십시오. 정말로 중요한 것을 기억하십시오. 저 건너편 하늘에서 여전히 "지극히 높은 곳에서는 하나님께 영광이요 땅에서는 하나님이 기뻐하신 사람들 중에 평화로다"(눅 2:14)라며 찬양하고 있는 천사들의 합창 소리를 들을 수 있을 것입니다. 어찌되었든 우리는 계속 그 찬송을 부르면서 목자들이 그랬듯이 믿음으로 그 찬송 속의 기쁨을 느낄 수 있습니다.

기억하십시오. 그들이 했던 것은 믿는 것이었습니다. 어찌 보면 단순하다고 할 수 있는 이런 마음으로 목자들은 이 놀라운 아기에게 '다가갔습니다.' 목자들이 서로 말하면서 "이제 베들레헴으로 가서 주께서 우리에게 알리신 바 이 이루어진 일을 보자"(눅 2:15)라고 한 것 이외에 그들이 한 일이 무엇입니까?

오, 사랑하는 성도 여러분! 여러분이 그리스도의 기쁨을 누리기 원한다면 그분께 가까이 가십시오. 그분에 관해 무엇을 들었든지 그대로 믿으십시오. 그리고 "내가 가서 그를 만나보리라"고 말하십시오. 여러분은 시내 산에서 주님의 음성을 들었을 때 그 화염에 휩싸인 산 근처로 갈 수 없었습니다. 율법이 여러분을 금하고 하나님의 공의가 여러분을 사로잡았습니다. 겸손한 자세로 허리 굽혀 경외함으로 경배해야 했습니다.

그러나 그리스도 안의 하나님의 음성을 듣는다면 서둘러 이곳으로 나오십시오. 믿음으로 이곳으로 달려 나오십시오. 가까운 산이지만 화염에 휩싸인 산으로 나오실 필요가 없습니다. 아벨의 제단보다 더 좋은 피의 제단으로 나오시면 됩니다. 더 가까이 더 가까이 나 오십시오.

'나오라'는 말은 수고하고 무거운 짐 진 자들에게 하시는 말입니다. 그분이 동일하게 여러분에게 사용하시는 나오라는 말은 "내 아버지께 복 받을 자들이여 나아와 창세로부터 너희를 위하여 예비된 나라를 상속받으라"(마 25:34)는 말 속에 잘 나타나 있습니다. 여러분이 그리스도 안의 기쁨을 원한다면 나와서 그의 가슴과 발 앞에 있는 그 기쁨을 찾으십시오. 요한과 마리아가 오래 전에 찾았던 그 기쁨 말입니다.

나의 형제자매들이여! 목자들이 나오라는 말에 순종하며 했던 일을 여러분도 하시길 바랍니다. 그들은 전해 들었던 그 아기를 보고 기뻐했습니다. 여러분은 지금 육체의 눈으로 그 아기를 볼 수 없습니다. 하지만 여러분의 묵상 가운데 내면의 눈으로 말씀이 육신이 되어 우리 가운데 거하시는 그 위대하고 영광스러운 진리를 볼 수 있습니다. 이것이 오늘날 기쁨을 가질 수 있는 방법입니다. 이 기쁨은 하늘의 왕의 혈통으로 천국에서 적시 적소에 내려온 것입니다. 믿고 나아와 확실히 그 분을 바라보십시오. 그러면 축복을 받을 것입니다.

하늘이 찬송하는 소리에 귀 기울여 보세
왕의 왕께 영광
이 땅에 평화와 자비로
하나님과 죄인들이 하나 되었네.

육신을 입으신 하나님을 보라!
성육신하신 하나님을 찬양하라!
사람들과 같이 인간으로 나타나심을 기뻐하시는
예수, 여기 우리와 함께하시는 임마누엘.

3. 이 기쁨의 표현[7]

제 설교 시간이 너무 빨리 지났지만, 그 기쁨이 어떻게 표현되었는지 생각해 보고자 합니다.

제가 한두 개 힌트를 드릴 것입니다. 많은 성도들이 성탄절을 지키는 한 방식으로 축제를 연다는 것을 우리는 잘 알고 있습니다. 이것은 이 나라가 기독교 나라임을 보여 주는 것 아니겠습니까? 저는 성탄절이 진실 되게 지켜져야 한다는 자성의 소리를 너무나 자주 들었습니다. 이런 말이 나온다는 것은 바로 이 나라가 기독교 나라라는 증거입니다.

그러나 기독교는 더 굉장한 것입니다. "크리스마스에 가장 센 맥주를 꺼낸다"라는 말은 옛날에만 해당되는 것이 아닙니다. 요즘도 크리스마스를 절기로 지키는 사람들 중에 술에 취하는 것을 당연시하는 사람이 있습니다. 저는 크리스마스 시즌에 기쁨을 누리는 주요 품목 중 하나로 거나하게 술 취하는 것을 꼽는 시골 촌부를 비난하자는 것이 아닙니다. 바커스[8]가 이 기간에 태어났다면 영국 사람들이 이 가증할 신의 생일을 이런 식으로 지키는 것이 적절하다고 생각했겠지만 거룩한 아기 예수님이 태어나신 날로 축하하는 것에는 생각을 달리합니다.

그는 그런 모독을 당하려고 십자가에 달려 죽지 않았습니다. 이 가증한 사람들에게 예수님은 "당신들의 폭식과 술취함이 도대체 나와 무슨 상관이기에 내 이름을 언급하며 내가 태어날 날을 그렇게 지키는 것인가?"라고 말씀하셨을 것입니다. 그런 말들이 나왔다는 것만으로도 부끄러워해야

---

7 이 내용은 13년 전인 1863년 크리스마스이브 때 설교한 내용 - 본서 4장에 나온 '크리스마스를 위한 거룩한 사역'(이 책의 111페이지를 확인하시오)을 요약한 것입니다.

8 바커스(Bacchus): 로마신화에 나오는 주신(酒神) - 역주.

할 것입니다. 열 배는 더 부끄러워해야 합니다.

여러분은 그의 태어나심을 일 년 내내 지킬 수도 있다고 생각해야 합니다. 그가 매일 새롭게 태어나셨다고 말하는 것이 더 나을 수 있기 때문입니다. 영적인 관점에서 보면 그가 매년 매일 새롭게 태어나셨다는 것이 어떤 이의 마음에는 우리가 거룩한 날들을 지키는 것 보다 훨씬 무게감 있게 다가올 것입니다.

첫째, 천사들이 했던 것처럼 여러분의 기쁨을 다른 사람들 앞에서 표현하시길 바랍니다. 우리들은 많은 사람들 앞에서 말하도록 부르심을 받았습니다. 분명하고 간절한 말투로 구원자와 인간을 구원하신 그분의 능력을 선포합시다. '선포'할 수 없다면 '찬양'할 수 있습니다. 마음을 다해 하나님을 찬양하십시오. 열정적으로 여러분의 입술을 사용하는 것에 주저하지 마십시오. 이것이 여러분에게도 영광이 됩니다. 새로 나신 왕께 또 다시 기쁨의 찬송을 올려드리는 일이 과한 일은 아닌 것입니다.

다른 사람들은 이 기쁜 소식을 전하거나 찬양하지 않을 수 있습니다. 그러나 여러분은 목자들이 했던 대로 해야 할 것입니다.

목자들이 무엇을 했습니까?

여러분은 이미 그들은 "그 소식을 전파했다"는 것을 들었습니다. 아기를 보자마자 그들이 들은 것을 말했습니다. 그리고 하나님께 영광 돌리며 집으로 돌아갔습니다. 이것이야말로 기쁨을 표현하는 가장 실제적인 방법 중 하나입니다. 거룩한 대화는 설교나 찬송만큼이나 좋은 방법입니다.

말을 거의 안 하지만 깊게 생각하는 사람이 있습니다.

마리아는 이 모든 말을 마음에 새기어 생각하니라(눅 2:19).

여러분의 마음속 조용하지만 행복한 영으로 예수님께서 베들레헴에 나셨다는 위대한 진리를 묵상하시기 바랍니다. 우리와 함께하시는 임마누엘의 하나님을 중요하게 생각하셔야 합니다. 다시 보고 또 보고 해서 값으로 매길 수 없이 훌륭한 그분의 성품을 깊이 깨달아야 합니다. 축복하고, 경배하고, 사랑하고, 감탄하고, 또 다시 이 비할 수 없는 사랑의 기적을 경외해야 합니다.

둘째, '가서 다른 사람에게 선을 행하십시오.' 동방 박사들처럼 여러분의 선물을 가지고 가십시오. 여러분의 마음으로 드리는 최상급의 사랑의 금, 찬양의 유향, 참회의 몰약을 새로 나신 왕께 드리십시오. 최선을 다해 마음으로 드릴 수 있는 모든 것을 드리십시오. 물질이 될 수도 있을 것입니다. 왜냐하면 이날은 복된 소식이 전해진 날이기에 빈손으로 주님 앞에 나아가는 것은 좀 어울리지 않아 보입니다. 어서 나오십시오. 그리고 육신을 온전히 입으시고 성령의 능력으로 빛과 온화함으로 오신 하나님을 경배하십시오. 아멘.

Sermons about Christmas

8장
애굽으로부터 불렀다

1882년 8월 20일 뉴웡턴, 메트로폴리탄 태버나클에서 찰스 스펄전 목사가 전한 주일 오전 설교문이다.

요셉이 일어나서 밤에 아기와 그의 어머니를 데리고 애굽으로 떠나가 헤롯이 죽기까지 거기 있었으니 이는 주께서 선지자를 통하여 말씀하신 바 "애굽으로부터 내 아들을 불렀다" 함을 이루려 하심이라(마 2:14-15).

이스라엘이 어렸을 때에 내가 사랑하여 내 아들을 애굽에서 불러냈거늘(호 11:1).

이스라엘 입장에서 애굽은 독특한 한 가지 위치를 가지고 있는데, 그것은 아브라함의 자손에게 피난처가 된다는 것입니다. 아브라함 자신도 그가 기거하던 곳에 가뭄이 들자 애굽으로 갔습니다. 요셉에게 애굽은 질투심 많은 형제들에 의해 죽을 뻔했지만 도망쳐 갔던 곳이었습니다. 그 후 그는 이스라엘 족속의 중요한 조상이 됩니다.

그리고 우리가 잘 아는 대로 야곱의 일가족은 애굽으로 갔고 그 이방 땅에서 기거했습니다. 또한 모세는 거기서 큰 깨달음을 얻게 됩니다. 하나님은 두로 왕 히람이 베어 보낸 나무를 성전 재목으로 쓰시고 이방인의 손을 들어 자신의 영광 앞에 제물을 바치도록 하셨듯이 성막의 기물들이 다 애굽에서 강탈한 전리품으로 만들어지게 하셨습니다. 그들이 언젠가 이스라엘과 함께 상속자가 된다는 증거로 이방인들도 성전 건물 안에 공간을 가졌습니다.

애굽이 이스라엘 족속의 피난처가 되었지만 후에 결박의 집이 되었고 선택된 나라 이스라엘의 존재를 위협하는 나라가 되었습니다. 여기에 이스라엘이 잠시 동안 애굽에 내려가 종으로 섬겨야 했던 이유가 있었습니다. 그들이 한 민족으로 견고히 세워지고 가나안 광야 생활을 할 때 배울 수 없었던 유용한 기술들을 익히도록 하기 위함이었습니다. 매우 소중한 교훈을 얻었지만 지불한 대가는 무척 혹독했습니다.

채찍 아래 온 몸은 성한 곳이 없고 중한 노동으로 거의 실신할 지경이었습니다. 잔혹한 속박으로 이스라엘의 고통이 견딜 수 없이 커지자 그들의 비통한 울음이 하늘에 상달되었습니다. 무거운 짐이 그들의 어깨를 짓눌렀을 때 자유의 날이 도래했습니다. 그들이 만들어야 될 벽돌의 양이 두 배가 되었을 쯤 모세가 태어났습니다. 박해가 극에 다다르자 하나님은 구원의 손길을 펴시어 그의 백성 이스라엘을 독재자의 입에서 구하셨습니다.

처음에 애굽은 나일 강 삼각주 어귀에 비옥한 곳, 고센 땅을 지칭하였습니다. 그 후 애굽을 나타내는 히브리말로 시련과 궁핍을 의미하는 곳, 미스라임이 되었습니다.

예언자의 예언의 핵심은 그들이 애굽에서 나올 것이라는 것입니다. 이스라엘 자손이 함의 자손과 함께할 수 없고 그들의 정체성을 져버릴 수 없었기 때문입니다. 나일 강 둑에 기거하며 처음에는 매우 안락하게 생활했을 것입니다. 그러나 이런 안락함이 오래가지는 못했습니다. 곧이어 심한 압제 속에 있으면서 존재마저 위협당했습니다.

애굽의 안락함과 속박 속에서 하나님은 그들을 부르셨습니다. 생명의 자손은 먼 이방 땅으로 갈 지라도 결코 썩어 없어지지 않습니다. 주인 되신 하나님은 불 속을 걷더라도 소멸되지 않으십니다. 하나님께서 생명의 자손을 영원히 죽지 아니할 것으로 만드셨습니다. 그것은 하나님에게서 나왔기 때문입니다. 모든 호흡이 병들어 가는 그 죽음의 땅에서 영원한 목소리가 부르셨습니다. 하나님의 선택한 자들은 멀리 보내질지언정 결코 버려지지 않습니다.

그들은 가장 미신적인 것을 믿는 애굽 땅에 거했습니다. 심지어 이교도였던 유베날리스[1]는 "오! 자신의 신들을 부엌 정원에서 기르는 행복한 자들이여"라고 말하며 애굽 사람들을 조롱했습니다. 왜냐하면 그들은 각종 식물, 들짐승과 날짐승 심지어 기어 다니는 것까지 신으로 섬겼기 때문입니다. 주님의 자녀들은 그런 민족과 함께 거하는 것을 견딜 수 없었습니다. 주님은 하나님을 믿는 자들인 이스라엘 민족을 ✝하길 원하셨습니다. 주님은 자신을 위해 지으셨던 그의 백성이 찬양할 수 있도록 애굽의 압제 가운데에서 불러내셨습니다.

압도하는 바다와 같이 많은 이방신들도 하나님의 살아있는 백성의 성결한 삶의 불꽃을 끌 수 없었습니다. 하나님은 파도 한 가운데서도 그의 오른손으로 타오르는 불을 여전히 타오르게 하셨습니다. 그리고 그 파도의 소용돌이 속에 있는 불을 하나 가져다 집 안 모든 사람들을 비춰줄 촛대

---

[1] 유베날리스(Juvenal, 60?–140?): 로마제국의 정치, 사회를 풍자한 시인 – 역주.

위에 두셨습니다. 애굽도 바벨론도 심지어 로마도 그 고귀한 자손을 없애 버릴 수 없었습니다. 어떠한 어려움과 고통에도 교회는 잘 견뎌냈습니다.

"애굽으로부터 내 아들을 불렀다"(마 2:15; 호 11:1)라는 말씀은 의미 있고 가치 있는 말씀입니다. 이것은 선택받은 자손의 역사를 통틀어 생각해 볼 때 사실이기 때문입니다. 반역의 민족들에 둘려 싸여 있었을 때 그들은 부르심을 받았고 그 부르심에 물러서지 않았습니다. 영원한 억눌림 상태에 있는 자들을 구하시는 주님의 구속을 막는 것 보다 떠오르는 태양을 막는 것이 더 쉬웠습니다.

> 길을 여는 자가 그들 앞에 올라가고 그들의 왕이 선두로 가시리라
> (미 2:13).

누가 그들의 길을 막을 수 있겠습니까?

하나님께서 여전히 그들을 부르시고 마지막 선택한 자들까지 불러 모으십니다. '애굽으로부터' 나올 때도 여전히 그러했습니다. 애굽과 같이 가장 혹독하고 쓰디 쓴 속박의 굴레가 있는 곳으로부터 나올 때도 '내 아들을 불렀다'라고 말씀하십니다.

이 시간 선지자 호세아가 처음 말로 표현했던 것을 따라 본문을 집중해서 보기를 원합니다. 호세아는 '피난처 되는 세상에서 부름 받아 나온 자손'에 대해 말하고 있습니다.

첫째로, 피난처 되는 세상은 애굽을 말하며 자손은 이스라엘은 말합니다. 전능한 하나님의 능력으로 그들은 부름 받아 나왔습니다.

둘째로 '글자 그대로 피난처인 애굽으로부터 부르심을 받은 신령한 자손'에 대해 집중해서 보기를 원합니다. 애굽에서 자라 유대 땅으로 돌아가

서 이스라엘 백성의 영광이 되었습니다.

셋째로 '선택받은 자손'에 대해 좀 더 생각해 보기를 원합니다. 이들은 세상이 친근하든 적대적이든 세상으로부터 왔지만 그리스도에게 드려졌습니다. 주님은 말씀하십니다.

> 이것은 너희가 쉴 곳이 아니니 이는 그것이 이미 더러워졌음이니라 (미 2:10).

주님은 오늘날에도 동일하게 말씀하고 계십니다. 신령한 자손인 우리 주 그리스도와 애굽에서 부름 받아 나온 자손인 이스라엘에게 '애굽으로부터 내 아들을 불렀다'라고 말씀하셨던 것처럼 영적인 자손에게도 동일한 진리로 말씀하십니다. 성령님께서 우리의 선생 되셔서 우리가 이 위대한 내용을 잘 이해할 수 있기를 바랍니다.

1. 애굽에서 부름 받은 자손 이스라엘

본문에서 상세하게 설명된 '애굽에서 부름 받은 자손'인 이스라엘에 대해 생각해 보도록 하겠습니다. 이 본문을 깊이 생각해 보는 것은 정말 가치 있는 일입니다. 왜냐하면 여러 히브리 시 중에서 가장 고상한 구절 가운데 하나이기 때문입니다. 이 시는 애굽으로부터 백성을 구원해내시고 "강한 손과 펴신 팔로 인도하여 내신"(시 136:12) 하나님께 이스라엘 민족과 우리가 계속해서 불러도 지나치지 않는 그런 노래입니다. 하나님과 그 어린 양의 종 모세가 부른 이 노래를 구속받은 우리와 구원받은 모든 영혼이 부를 것입니다.

출애굽의 위대한 구속은 십자가에서의 위대한 구속과 묘하게 닮아 있습니다. 그래서 죽음과 지옥에서 우리를 구원해 주신 그 기쁨을 표현하는데 있어서 우리가 불렀던 첫 번째 구속에 관한 출애굽의 노랫말을 충분히 사용할 수 있습니다.

> 어두움과 죽음이 통치하는
> 애굽에서 나왔네
> 새롭고 더 좋은 집을 찾아
> 우리 쉴 곳 얻었네
> 할렐루야!
> 하나님 그분께 가려네.

이 자손에 대해 말할 때 여러분들이 알아야 될 첫 번째는 애굽으로부터 나오기 위해서 '그들은 먼저 애굽으로 가야 했다'는 것입니다. 그들이 먼저 그곳에 가지 않았더라면 그곳으로부터 나올 수 없었을 것입니다. 저는 애굽으로 가야 했던 어떤 요인이 있었는지 잘 모르겠습니다. 왜냐하면 애굽이 가나안보다 더 나을 것이 없기 때문입니다. 그러나 온 세상이 가뭄으로 고통당할 때 이스라엘 족속의 조상은 애굽으로 갔습니다. 하나님께서 먼저 요셉을 보내어 칠년의 가뭄을 대비하게 하셨고 이스라엘 족속은 그곳으로 내려가 그 땅의 실질적 주인이 되었던 요셉의 도움으로 죽지 않고 살 수 있었습니다.

주님은 그의 백성들이 최악의 상황으로 가는 것을 막기 위해 희망적으로 보였지만 결국 시련을 안겨주었던 그곳으로 그들을 보냈습니다. 고통은 차라리 죄를 짓는 것 보다 낫습니다. 때로 주님은 우리를 악에서 구하시고자 슬픔을 주시기도 합니다.

성도 여러분! 여러분의 마음을 잘 아시는 주님은 여러분이 정말로 필요한 시험을 받아 영적인 애굽에 내려가는 것을 잘 알고 계십니다. 그분은 여러분에게 가뭄을 주시어 그곳으로 보내시기도 합니다. 그분은 여러분을 고된 시련의 자리로 내려놓기도 하십니다. 여러분을 정신적으로나 영적으로 슬픈 환경에 내 몰기도 하십니다. 그래서 그 속박에 사로잡힌 여러분은 한숨짓고 눈물 흘리기도 합니다.

이것을 이상한 것으로 바라보지 마시길 바랍니다. 하나님의 모든 금은 불에 연단되어야 하기 때문입니다. 여러분이 고통당하는 것은 하나님이 선택하셨다는 증거입니다. 우리 주 예수님께서 "무릇 내가 사랑하는 자를 책망하여 징계하노니"(계 3:19)라고 말씀하십니다. 이 말씀에 의지해서 생각해 보면 진정한 자손인 여러분이 애굽으로 내려가는 것은 당연한 것입니다.

주님이 아브라함에게 "너는 반드시 알라 네 자손이 이방에서 객이 되어"(창 15:13)라고 말씀하셨습니다. 선택된 자는 연기나는 화로와 불타는 횃불을 견딥니다. 세상이 여러분의 피난처로 보여도 곧 속박의 집으로 변할 것입니다. 하지만 여러분은 그 속박의 집으로 가야만 합니다. 고통 중에서 엄청난 연단의 과정을 거친 뒤에 젖과 꿀이 흐르는 그 곳이 예비 될 것입니다.

애굽은 이스라엘의 초반 교훈을 얻는 곳 중 하나입니다. 처음에는 애굽의 생활이 조금 이상하고 어색했습니다. 하지만 곧 그들의 신앙생활은 먹구름과 폭풍우로 뒤덮이기 시작했습니다. 그러나 결국에는 이 모든 것이 선한 것으로 작용했습니다.

> 사람은 젊었을 때에 멍에를 메는 것이 좋으니(애 3:27).

> 이스라엘이 어렸을 때에 내가 사랑하여 내 아들을 애굽에서 불러냈거늘(호 11:1).

초창기 시절에 이스라엘은 애굽에 있었지만 그때부터 초기 민족의 형태로 불리기 시작했습니다. 심지어 우리는 영적인 삶이 아직 성숙되지 못했을 때에도 고난과 곤경을 맞아 애굽으로 내려가서 어깨에 멍에를 져야만 하는 경우가 있습니다. 이것은 하나님께서 우리를 연단시키는 한 방법입니다. 고통의 쓴 맛을 모르고서는 그리스도가 주시는 참 자유의 달콤함을 알 수 없기 때문입니다. 그래서 이스라엘은 먼저 애굽으로 내려가야만 했습니다. 내려가야 더 높은 곳으로 올라갈 수 있는 것입니다.

다음으로 생각할 것은 '이스라엘이 애굽에 있을 때 혹독한 속박 아래 가장 심한 고통의 시간을 보냈지만 이스라엘은 처음으로 하나님의 자녀라 불리며 민족으로 인식'되었습니다. 이스라엘은 모세가 바로에게 가서 "이스라엘은 내 아들 내 장자라 내가 네게 이르기를 내 아들을 보내 주어 나를 섬기게 하라"(출 4:22-23)고 전한 말에서 처음으로 아들이라 불리게 되었습니다.

하나님께서 아브라함과 함께 거하시며 그를 친구로 부르셨지만 아들로 불렀다는 기록을 찾을 수 없습니다. 아브라함도 주님을 '하늘에 계신 나의 아버지'라고 언급한 적이 없습니다. 이삭이나 야곱의 입에서도 아버지라는 따뜻한 관계를 나타내는 말을 비슷하게라도 사용했다는 기록을 찾을 수 가 없습니다. 그러나 이스라엘이 애굽의 속박 아래에 있었을 때 주님은 이스라엘을 자녀 삼으시고 "이스라엘은 내 아들 내 장자라"(출 4:22)라고 선포하셨습니다.

> 그는 받아들이시는 아들마다 채찍질하시고(히 12:6).

심지어 채찍질로 아들이 상하게 될 때에도 아들로 받아들이십니다.

이스라엘은 압정에 신음하는 민족이었으며 벽돌을 만드는 흙으로 흙투성이가 되고 감독의 폭정아래 피 흘리는 노예의 민족이었습니다.

애굽 사람들은 강제 징수된 양을 채우기 위해 애쓰는 이스라엘 사람들을 경멸했습니다. 단지 한 무리의 노예로 반역할 힘도 없이 온갖 학대를 견뎌야만 하는 사람으로 내려다보았습니다. 이스라엘 사람들이 웅덩이에 누우며 눈물로 얼굴이 얼룩졌을 때 주님은 오만한 바로 앞에서 "이스라엘은 내 아들 내 장자라"(출 4:22)라고 말씀하시며 이스라엘 민족을 아들로 부르셨습니다. "비참하게 벽돌이나 만드는 노예이자 내 백성 중 가장 천하며 무시당하는 자들이 여호와의 장자라는 것이 무슨 상관이냐?"라고 말하며 무자비하고 비열한 웃음 짓는 바로의 얼굴이 보이는 듯합니다.

형제자매 여러분! 여기서 배울 수 있는 것은 하나님은 자녀의 상황이 최악이라 할지라도 부끄러워하지 않으신다는 것입니다. 우리 주 예수님도 "형제라 부르시기를 부끄러워하지 아니하시고"(히 2:11)라고 말씀하셨습니다. 아름다운 의상을 입고 있지 않아도, 그 귀에 보석을 걸지 않아도, 앞에 서서 음악을 연주하고 춤을 추지 않아도, 홍해에 수장되는 애굽 군대를 보고 소리치지 않아도, 속박의 집에 거할 때 보다 더 주님의 자녀가 될 수 있었습니다.

우리 주 하나님은 이스라엘이 압제자의 억압 아래 여전히 고통당하며 구원의 소망이 끊어졌을 때 처음으로 그들을 자녀라 부르셨습니다. 주님은 오만한 바로에게 "내가 네게 이르기를 내 아들을 보내 주어 나를 섬기게 하라 하여도 네가 보내 주기를 거절하니 내가 네 아들 네 장자를 죽이리라"(출 4:23)고 분명히 말씀하셨습니다.

우리가 처음부터 주님의 자녀가 된다는 것을 알고 있었다 하더라도 애굽의 고통스런 압제 아래로 내려가는 것이 마냥 축복된 일이었을까요?

주님의 자녀로 예수 그리스도와 함께하는 상속자로 된다는 것을 그 전부터 알고 이해했다 하더라도 무거운 속박의 굴레 아래 사는 것이 마냥 좋은 일이었을까요?

그리스도는 모든 생명의 장자가 되시고 우리는 그 장자의 몸인 교회입니다. 우리의 이름이 천국에 적혀 있습니다. 그 장자의 유산이 그에게 그리고 그 안에 있는 우리에게 속하였습니다. 종종 죄로 인해 우리 마음이 찢어지고 여러 문제로 우리의 영이 견디기 어려울 때 이 사실을 잘 알 수 있습니다. 그가 말씀하십니다.

> 두려워하지 말라 내가 너를 도우리라 버러지 같은 너 야곱아, 너희 이스라엘 사람들아 두려워하지 말라 나 여호와가 말하노니 내가 너를 도울 것이라 네 구속자는 이스라엘의 거룩한 이이니라(사 41:13-14)

그렇습니다. 이스라엘이 하나님의 자녀로 하나님의 백성으로 그 영의 증거자로 부르심을 받았을 때는 바로 애굽의 속박 아래에 있었을 때였습니다.

하나님의 자녀라는 것이 정말로 분명해 졌을 때 '그들은 그로 인해 고통'당했습니다. 말씀드린 대로 피난처였던 그 곳은 지금 억압하는 뜨거운 용광로가 되었습니다. 고통스러운 노동은 두 배가 되었고 남자 아이들을 강에 던져버리라는 명령이 있었으며 견딜 수 없는 칙령들이 맹렬히 쏟아져 나왔습니다.

형제자매 여러분! 하나님께서 이스라엘을 그의 아들이라고 말씀하시자마자 헤롯이 예수님을 죽이려고 했던 것처럼 사탄은 그들을 죽이려고 했습니다. 한 사내아이가 태어났고, 용의 모양으로 나타난 사탄은 그 아이가 누군지 알았습니다. 그래서 사탄은 이 아이를 죽이려고 홍수가 나도록 물을 뿜었습니다. 하지만 땅이 그 여인을 도와 광야로 갈수 있도록 큰 독수리를 보냈습니다. 그 곳은 사탄의 얼굴을 피해 살 수 있는 곳이었습니다.

하지만 하나님의 자녀가 아버지의 일을 알아채자마자 사탄의 자손이 그를 위협했습니다. 할 수만 있다면 그 독으로 죽여 버리려고 했습니다. 하나님께서 그의 자녀가 예수의 이름으로 그 원수의 머리를 부수기 전까지 사탄은 그 자녀의 발꿈치를 상하게 할 것입니다. 이것은 확실히 은혜의 또 다른 증거입니다.

그리스도 예수 안에 사는 모든 사람은 핍박으로 고통당합니다. 이스마엘의 경우에서처럼 육으로 난 자가 영으로 난 자를 핍박하였습니다. 그것은 지금도 그렇습니다. 믿지 않은 자의 소롱과 냉소 없이 "허영의 시장"[2]을 지나갈 수 없는 것입니다. 얼룩덜룩한 반점이 있는 새를 다른 새들이 경계하고 공격하듯이 주님을 믿는 자에게도 그런 일이 일어납니다. 이 세상의 모든 다윗은 각자의 사울이 있고 모든 느헤미야는 각자의 산발랏이 있으며 모든 모르드개는 각자의 하만이 있는 것입니다.

그러나 지금 "내 아들을 애굽에서 불러냈거늘"(호 11:1)이라는 말씀 속에 본문의 핵심 내용이 등장하고 있습니다. '애굽으로부터' 이스라엘은 나와

---

[2] 허영의 시장(Vanity Fair): 존 번연의 『천로역정』(Pilgrim's Progress)에 나오는 시장 이름 – 역주.

야 합니다. 애굽은 이스라엘의 몫이 아니었습니다. 그들은 "이방에서 객이 되어"(창 15:13) 그 땅을 소유할 수 없었습니다.

형제자매 여러분! "그 성은 영적으로 하면 소돔이라고도 하고 애굽이라고도 하니 곧 그들의 주께서 십자가에 못 박히신 곳이라"(계 11:8)고 말씀하신대로 우리는 그 성의 주민이 될 수 없습니다. 현재 이 악한 세상에서 가장 좋아 보이는 것이 여러분의 것도 제 것도 아닙니다. 친근한 애굽, 피난처인 애굽이 이스라엘의 유업이 아니었던 것처럼 말입니다. 하나님은 그들에게 고센 땅 어느 곳도 유업으로 주신 적이 없으셨습니다. 그들은 그곳에 잠시 머무를 수 있지만 "주께서 한 포도나무를 애굽에서 가져다가"(시 80:8)라고 말씀하신대로 애굽으로부터 나와야 했습니다.

이 세상이 아주 따뜻하고 부드러워 보여도 우리는 편안하게 머무를 수 없습니다. 그의 백성의 진정한 피난처는 하나님의 품안입니다. 거기서 우리는 참된 쉼을 얻을 수 있습니다.

우리가 이 세상에 살면서 이 세상의 일부가 되고 싶은 유혹에 빠지기도 하고 애굽의 부유함에 사로잡히기도 하지만 우리는 은혜로 이 모든 것을 물리쳐야 할 것입니다. 왜냐하면 그것은 우리 인생의 유업도 아니며 다가올 인생의 기업도 아니기 때문입니다.

야곱은 죽을 날이 가까이 왔을 때 "애굽에 나를 장사하지 아니하도록 하라"(창 47:29)고 말했습니다. 요셉은 그의 몸이 바로의 땅에 머무르지 않아야 한다고 생각하여 명령했습니다. 심지어 하나님을 신실하게 믿었던 성인들도 이 세상의 통치에 지치곤 하여 새처럼 떨면서 애굽을 떠났습니다.

하나님은 애굽에서 그의 백성들에게 자신을 밝히지 않으셨습니다. 하지만 하나님은 "너희는 그들 중에서 나와서 따로 있고 너희에게 아버지가 되고 너희는 내게 자녀가 되리라"(고후 6:17-18)고 말씀하셨습니다.

하나님께서 이스라엘을 아들이라고 불렀을 때 이스라엘은 하나님과 연결되었습니다.

아들을 애굽에서 불러냈거늘(호 11:1).

여러분과 저는 세상의 모든 관계에서 분리되었습니다. 우리 주 하나님께 돌아와 주님을 알았다면 우리는 진정으로 세상과 단절된 것입니다. 애굽에서 하나님은 알려지지 않았지만 "하나님은 유다에 알려지셨으며 그의 이름이 이스라엘에 알려지셨도다"(시 76:1)고 말씀하십니다.

그의 백성이 영원히 이방 나라에 기거할 수 없음은 분명합니다. 무덤의 땅은 살아계신 하나님을 섬기며 살아가는 백성을 위한 집이 될 수 없습니다. 그래서 "아들을 애굽에서 불러냈거늘"(호 11:1)이라고 말씀하신 것입니다. 이방인들은 그것을 알았고 "보라 애굽에서 나온 민족"(민 22:11)이라고 부르며 서로 서로 수군댔습니다.

애굽으로부터 이스라엘을 부르실 때 많은 어려움이 있었습니다. 가장 큰 어려움 중 하나는 거기에 머무르고 싶어하는 그들의 소망이었습니다. 이상하게 들릴지 모르겠지만 비록 그곳이 그들에게 속박의 집이었다고 할지라도 자신의 집의 근간이 흔들리는 것을 원하지 않았을 것입니다. 그들의 영은 혹독한 속박으로 상하였지만 모세와 아론이 해야 한다고 말하는 것을 받아들일 수 없었습니다. 심지어 그들을 비난하기까지 했습니다.

아, 형제자매 여러분! 우리와 함께하시는 하나님의 주된 사역은 우리가 기꺼이 나와서 믿음으로 그리스도를 기꺼이 따르고 기꺼이 애굽의 모든 보화보다 그리스도의 책망을 더 귀히 여기는 것입니다. 그리고 그는 그의 백성이 기꺼이 그렇게 하도록 만드셨습니다. 하나님은 그들이 기꺼이 주님께 나아와 마침내 잘 훈련된 군사같이 기쁨으로 행진하게 하시고 억지로가 아니라 기꺼이 서둘러 적군의 나라에서 나오도록 하셨습니다. 주님은 그들이 기꺼이 그리고 충분히 할 수 있게 하셨습니다.

이스라엘이 출애굽 할 시간이 왔을 때 온 이스라엘 민족 중에 아픈 사람 하나 없었다는 것은 생각만 해도 아름다운 일입니다. "그의 지파 중에 비틀거리는 자가 하나도 없었도다"(시 105:37)라고 성경에 쓰여 있습니다. 온 이스라엘 민족 중에 병약한 자가 하나도 없었다는 것이야 말로 얼마나 멋진 일입니까? 구급차에 실어 나를 필요도 없이 모든 사람이 규칙적인 발걸음으로 바로의 통치에서 벗어나 행진하였습니다.

하나님의 자녀인 여러분!

하나님께서 죄의 굴레와 이 구부러진 세대의 타락에서 벗어나도록 여러분에게 선한 뜻을 주시지 않으셨습니까?

여러분에게 그 선한 뜻을 주신 그 분이 동시에 능력도 주실 것입니다.

여러분은 아마 "누가 나를 건져낼 수 있을까? 원함은 내게 있으나 선을 행하는 것은 없다"라고 말하며 울부짖을지 모르겠습니다. 여러분에게 선한 뜻을 주신 성령 하나님께서 능력 또한 주실 것이 확실합니다.

여러분은 애굽에서 나와 유월절 어린 양인 예수님을 대할 것입니다. 주님께서 적들을 놀라게 하시어 그 적들은 이스라엘이 떠나도록 간청하였고 서둘러 가도록 은금 패물을 주기까지 했습니다. 하나님은 그 가혹한 밤에 애굽 사람들의 마음에 심한 상처를 내셨습니다. 애굽의 모든 집 곳곳에서 고통의 비명소리가 흘러나왔습니다. 애굽 사람들은 이스라엘 사람들이 서둘러 떠나도록 했습니다. "너희를 보내지 않으면 우리가 다 죽은 자가 되도다"(출 12:33)라고 말했습니다. 심지어 감독관들도 그들을 재촉하여 속히 내보내려 했습니다.

우리 하나님도 세상의 악한 자들이 어떻게 크리스천을 내쫓으려고 하는지 잘 아십니다. 악한 자들은 일단 그가 주님의 자녀임일 깨닫게 되고 나면 그를 견디지 못하게 괴롭힙니다. 악한 자들은 크리스천 자신이 가지고 있는 우울한 처지에 대해 죄에 대한 확신에 대해 그리고 자신이 짊어지는 어두운 현실에 대해 지치게 만듭니다. 그리고 "나가버려, 나가 버리라고. 너를 더 이상 봐줄 수가 없다고"라고 하면서 그에게 심한 말을 쏟아 냅니다.

악한 자들은 자신들에게는 낯설지만 크리스천들 마음속에 있는 그 어떤 것을 발견하고 그를 세게 밀어붙입니다. 애굽 사람들은 이스라엘 사람들이 떠날 때 기뻐했습니다. 그리고 이 세상도 이스라엘과 애굽을 갈라놓을 그 시간이 왔을 때처럼 주님의 선택된 자들이 없어지는데 기뻐하는 듯합니다.

이 모든 것의 영적인 의미는 죄와 사탄과 세상의 권세 아래에 있는 구속된 자들을 하나님은 반드시 부르신다는 것입니다. 그들은 애굽의 땅에 머무를 수 없습니다. 죄로 인해 그들은 기뻐 할 수 없습니다. 그들은 사탄의 권세 아래 영원히 있을 수 없습니다. 그들은 그들의 목을 감고 있는 멍에를 깨뜨려야 할 것입니다.

주님이 그들을 도와주시고 힘 주셔서 그들은 이전의 노예의 삶에서 깨끗이 벗어날 것입니다. 강한 손과 펴신 팔로 그가 선택하신 자, 세상의 기초가 있기 전부터 사랑하시는 자, 가장 고귀한 피 값으로 사신 자들을 구할 것입니다. 하나님께서 그들을 구하실 그 날에 이스라엘이 "내가 여호와를 찬송하리니 그는 높고 영화로우심이요"(출 15:1)라고 했던 대로 그들도 찬양할 것입니다. 지금까지 부름 받은 자손에 대해 이야기했습니다.

2. '신령한 자손' 예수 그리스도

'신령한 자손'인 예수 그리스도로 기쁘게 넘어가 보겠습니다. 요셉과 그의 어머니가 도망쳐 온 곳, 피난처인 애굽에 한 천사가 와서 말했습니다. 저는 여러분들이 호세아서를 읽는다면 분명히 "그리스도에 관해 어떠한 것도 찾아 볼 수가 없다"라고 말할 것이라 생각합니다. 호세아서는 분명 이스라엘에 관한 것입니다. 왜냐하면 하나님께서 그 절 앞뒤로 이스라엘에 관해서 말씀하고 계시기 때문입니다.

보십시오. 신령한 자손이 생명이라면 이스라엘의 자손은 생명의 껍데기에 해당합니다. 하나님께서 이스라엘을 그의 아들로 부르셨습니다.

무엇 때문에 그러셨습니까?

이스라엘 민족 안에 사랑 받는 자, 지극히 높으신 이의 아들이라 일컫는 자손을 잉태하고 있기 때문입니다. 이스라엘은 생명을 지닌 껍데기였기에 육신으로 그 민족 안에 태어날 축복받은 자를 위해 보호받아야 하는 것입니다.

저는 예수님께서 그 시간에 이스라엘의 자손으로 나지 않았더라면 아버지의 기쁨이 아니었다면 아버지가 사랑하는 아들이자 아버지의 선택받은 자가 아니었다면 주님이 다른 어떤 민족보다 유대인을 더 돌보실 이유가 없다고 생각합니다. 하나님께서 그의 아들인 이스라엘을 애굽으로부터 불러내었을 때 그가 대외적으로 명목적으로 표면적으로 아들인 백성을 구하는 것처럼 보이지만 핵심은 주님이 다른 모든 것 제쳐 두고 "이는 내 사랑하는 아들이요 내 기뻐하는 자라"(마 3:17;17:5)라고 말씀하신 이 진정한 아들을 구하시려는 것이었습니다.

이 본문은 이스라엘에만 국한된 것이 아닙니다. 만약 그렇다면 정확하게 기술하지 않은 것입니다. 그럼 왜 이렇게 애매하게 나타나 있을까요?

마태가 받은 영적인 가르침 없이 그 본문을 읽은 사람이라면 어느 누구라도 그리스도가 말씀을 이루기 위해 애굽으로 내려간 것을 알 수 없도록 했습니다. 이것이 바로 본문에 분명하게 나타나지 않은 이유입니다.

이 모호함은 주님이 홀로 말씀을 이루셔야 한다는 것을 나타냅니다. 그의 아버지와 어머니가 이 예언을 알았다면 의도적으로 그 말씀을 이루려고 했을 것이고 그의 아들을 증명하기 위해 하나님의 놀라운 지혜를 흐리게 만드는 어떤 일을 공모했을 지도 모르겠습니다.

마리아와 요셉은 어쩌면 이 예언을 알았을 것입니다. 그러나 그들은 온전히 그들의 아들에게만 해당하는 것인지 아니면 지극히 높으신 자의 아들에게도 해당하는 것인지 대해 분명히 알고 있었는지는 의문입니다. 그러나 그들은 말씀을 이루게 한다는 것이 무엇인지 정확히 알지 못한 채 하나님께서 말씀하시는 그것을 이루려고 행했습니다.

여러분과 제가 저지를 수 있는 가장 최악의 잘못은 우리 힘으로 그 예언을 이루게 하려 한다는 것입니다. 이삭의 선한 아내였던 리브가는 그 말씀을 이루기를 원했습니다. 그래서 그녀가 저지른 일을 한 번 생각해 보십시오. 그녀는 둘째 아들에게 유업을 받게 하려고 애썼고 그런 시도는 그녀 자신과 그 아들에게 큰 슬픔을 안겨다 주었습니다.

예언이 이루어지도록 그냥 놔두었다면 더 좋지 않았을까요?

분명 예언은 하나님께서 만드신 것이기에 하나님께서 이루실 것입니다. 만약 일반 점성술가의 예언이었다면 의심할 여지도 없이 자신의 예언이 사실이라는 것을 보여주려고 애쓸 것입니다. 그러나 모든 만물의 시작과 끝을 보시고 명하시는 주님은 그 미래를 분명히 말씀하실 수 있습니다. 여러분 중 누구라도 예언가인체 한다면 그 예언이 잘 이루어질지 확신할 수 있을 때까지 예언을 조심하셔야 합니다. 그러나 하나님은 그러한 사소한 대비가 필요 없으신 분입니다. 그는 우리의 도움이 필요 없으신 분입니다. 그의 말씀은 반드시 성취될 것입니다.

마리아와 요셉은 그 예언을 이루려고 애쓰지 않았습니다. 사실 그들은 그 예언이 의미하는 바를 잘 이해하지 못했습니다. 하나님은 의도적으로 어둡고 희미한 상태로 두었지만 "이는 주께서 선지자를 통하여 말씀하신 바 애굽으로부터 내 아들을 불렀다 함을 이루려 하심이라"(마 2:15)고 말씀하신대로 이루실 것이었습니다.

한 가지 기억해야 할 것은 구약과 신약에서 하나님의 모든 말씀은 그리스도를 나타낸다는 것입니다. 게다가 하나님의 모든 사역의 창은 그리스도를 향하여 열려있다는 것입니다. 그렇습니다. 하나님의 창조 세계의 주된 관심은 그의 아들 예수에게 집중되어 있습니다. 하나님은 이 세상을 그의 죽음과 부활 그리고 그의 영광스러운 다스림의 관점으로 만드셨습니다.

여름철 태양 아래 노니는 작은 벌레에서부터 바다 속 거대한 리워야단[3]에 이르기까지 세상을 만드신 모든 목적이 이 땅의 축복을 받는 그 자손에게 집중되어 있습니다. 그의 섭리 아래 모든 것은 동일합니다. 가을에 떨어지는 잎사귀에서부터 한 왕권의 등장에 이르기까지 모든 것이 그리스도의 나라와 연결되어 있습니다. 일일이 다 보여드릴 시간이 없지만 이것은 사실입니다. 여러분이 한 번 깊이 생각해 본다면 분명 깨달을 수 있을 것입니다.

하나님은 이스라엘 자녀의 민족들을 다 구원하셨습니다. 세상 밖에서

---

3 리워야단(leviathan): 물 속에 사는 거대한 짐승, 악어나 고래 또는 바다뱀으로 추정. 사 27:1; 시 74:14; 104:26; 욥 3:8; 41:1 – 역주.

일어났던 일이나 심지어 일어날 예정인 모든 것이 그리스도께 향하고 장차 오실 그리스도를 바라보게 하셨습니다. 성만찬의 빵과 포도주와 그리스도가 상관없었을 때조차 그리스도를 증거하고 있는 시편이나 다른 성경 본문을 왜곡하지 않은 채 온전히 그만 바라본다면 성경 어느 곳에서나 그리스도를 찾을 수 있다는 것이 너무 즐겁습니다. 사람들이 말하길 로마의 네르바[4]가 했던 가장 큰 실수는 세상 도처에서 그리스도를 찾았다고 말한 것이라고 하는데 저는 그가 저지른 그런 실수는 하지 않을 것입니다. 그리스도를 어디에도 찾을 수 없다고 말하는 것보다 더 실수하는 것이기 때문입니다.

그가 계신 곳에서 그를 그리워하는 것보다 그가 계시지 않는 곳에서 그를 바라보는 것이 더 멋진 일이 아니겠습니까?

이 땅에 일어나는 일의 원형은 하늘에 있습니다. 사실 하나님의 아들이신 그리스도 안에 있습니다. 그는 성막이나 성전의 원형이십니다. 이 멋진 세상과 장차 밝혀질 세상의 원형이십니다. 하나님의 모든 지혜의 보물이 그리스도 안에 감추어져 있고 그리스도 안에서 분명히 밝혀질 것입니다. 그래서 서는 호세아서의 이 밀씀이 그를 향하고 있다는 데 주저함이 없는 것입니다.

우리 주님이 지극히 높은 하나님의 아들이라는 것은 분명합니다. "애굽으로부터 내 아들을 불렀다"(마 2:15)에서 아들이라는 글자를 대문자로 쓴 것은 아들이 그분을 나타내기 때문입니다. 다른 어느 누구를 나타낼 수가 없습니다. 저는 성령님이 '내 아들'이라는 중요한 단어가 예수님을 나타내는 것이라고 알려주셨다고 생각합니다. 차라리 호세아가 그 단어를 이스

---

[4] 네르바(Marcus Cocceius Nerva): 로마제국의 전성기를 이끌었던 5현제 가운데 첫 번째 황제 – 역주.

라엘이라고 여겼던 그 생각을 포기하는 것이 낫겠습니다.

이스라엘에 방이 없어 우리 주님이 애굽으로 피난 가셔야 하는 상황이 벌어졌습니다. 여관에는 어린 아기가 머물 방이 없었습니다. 팔레스타인 지역 어느 곳에도 새로 나신 왕이 머물 방이 없었습니다.

아! 때때로 그리스도가 우리가 다니는 교회에서도 방을 찾지 못한다면 이 얼마나 슬픈 장면입니까?

바리새인들과 사두개인들이 싸우던 예전 보다 더 오늘날의 교회에서 그리스도를 위한 방이 없어 보입니다.

헤롯왕을 두려워하여 예수님의 부모가 걱정하였을 때 천사의 지시로 애굽으로 가게 되었습니다. 애굽은 당시 헤롯의 명령이 미치지 못한 곳이었습니다. 위선적인 유다가 죽임당할 때 이방인의 땅 애굽은 피난처가 되어 주었습니다. 요셉처럼 예수님도 애굽으로 내려가셔야 했고 어린 예수님의 생명은 보호받았습니다.

이것은 그의 인생의 시련의 전초에 불과합니다. 그의 고난이 시작된 것입니다. 유대인의 왕이 피해 가셨습니다. 주님은 애굽 땅에서 이방인의 마음을 틀림없이 아셨을 것입니다. 한 시인이 예수님의 어머니 마리아가 말하는 것을 시로 표현했습니다.

거칠고 황량한 사막을 지나
인적 없는 곳을 따라
슬프고 지친 마음을 이끌고
고달픈 길을 가네
이스라엘 고향은 아스라이 멀어지고
돌아볼 여유도 없이

날선 자들이 우리를 찾기 전에
어두운 살인자들이 우리를 덮치기 전에 가야하네.

독수리는 우리 머리 위로 빙글 돌며
자신의 둥지로 질주하고
늑대와 여우도
자신의 굴로 가고
모든 새와 미물도
각자의 집으로 가는데
이 세상의 주인, 한 아기가
머리 둘 곳이 없네.

나의 아기가 곤히 자네
쓰러져가는 엄마 품에 자네
하나님이 위대한 사랑으로 바라보시네
천사들도 보호하네
이 땅과 지옥이 헛되이 지키네
왕들이 대적을 꾀하나
우리 하나님은 결코 잊지 않으시네
쉼 없이 그의 팔로 보호하시네.

기억하십시오. 우리 주 예수 그리스도께서 하고자 하셨다면 아기였음에도 불구하고 헤롯왕을 완전히 멸하셨을 것입니다. 훗날에 그는 다른 헤롯에게 하셨듯이 벌레의 먹이가 되게 하실 수도 있었습니다. 영광스러운 여호와께서 많은 무리의 천사를 보내실 수도 있었고 이두매 왕조[5]를 그 왕좌에서 내려오게 할 수도 있었지만 어떠한 폭력적인 방법도 쓰지 않으셨습니다.

온화한 방법을 선택하셨습니다. 예수님께서 일어나서 직접 싸우실 수도 있었지만 그는 무저항으로 맞섰습니다. "내 나라는 이 세상에 속한 것이 아니니라 만일 그렇다면 내 종들이 싸웠을 것이니라"(요 18:36)고 말씀하셨습니다. 그는 맞서 싸우는 것보다는 피하시는 것으로 이 싸움을 극복하셨습니다.

그는 한 동네에서 박해하면 저 동네로 피하라고 가르치셨습니다. 결코 무리를 만들어 박해하는 자와 싸우라고 하신 적이 없으셨습니다. 직접 맞서는 것은 그리스도의 법과 본보기가 아닙니다. 싸우는 교회는 마귀의 교회며 듣고 인내하는 교회가 그리스도의 교회입니다.

그의 부모는 밤에 예수님과 함께 도망쳐 피난처인 애굽으로 내려갔습니다. 교회 전통은 예수님께서 애굽으로 가실 때 어떤 일이 있었는지에 대해 놀라운 이야기를 전해줍니다만 특별히 감동을 주는 것은 없어 이 시간 소개하지 않겠습니다. 사실처럼 보이는 유일한 이야기는 우상들이 가지런히 놓여있는 신전에 그 부모가 쉬고 있었는데 아기 예수가 들어오셨을 때 모든 우상이 떨어졌다는 것입니다. 실제 사실이 아니라 하더라도 거룩한 아이의 등장으로 일어날 수 있는 시적인 표현이라 생각합니다.

모든 우상들은 그분 앞에서 무너져 내립니다. 다곤이든 바알이든 아스라롯이든 무슨 신이든지 간에 그 앞에 무너집니다. 로마의 일곱 언덕에서 교황의 삼중관을 쓴다거나 이 땅에서 하나님의 대리자로 불린다 하더라

---

5 이두매 왕조(Idumaean dynasty): 예수님 당시 유대인을 다스리는 통치자 가문 중 하나, 헤롯 대왕도 이 왕조 출신 – 역주.

도 모든 나라들은 홍수 때 무거운 맷돌처럼 가라앉을 것입니다.

아기 예수와 마리아와 요셉이 동방박사로부터 예물을 받았다는 것 이외에 애굽에서 어떻게 지냈는지 알 수 없습니다. 가구 제조나 수레바퀴 제조 기술을 가진 목수였던 요셉은 이미 많은 유대인들이 자리 잡은 애굽에서 일거리를 많이 얻지 않았을까 추정해 볼 뿐입니다.

그리고 우리 주님이 알렉산드리아로 옮겼는지 아닌지도 알 수 없습니다. 그곳에 머물렀을 가능성은 충분히 있습니다. 그곳은 유대 민족과 그 배움의 유산이 만나는 곳이기 때문입니다. 그리고 그곳은 성경이 칠십인역 인 헬라어로 번역되었던 곳이고 유대 땅보다 오히려 더 자유롭게 유대인들의 학문이 꽃핀 곳이었습니다. 따라서 평화의 왕이신 예수님이 나무도 없고 정결한 피도 없는 유감스러운 곳으로 기독교를 묘사하는 그런 곳에 가신 것이 아니었습니다.

예수님은 애굽에 머물러 계시지 않으셨습니다.

애굽으로부터 내 아들을 불렀다(마 2:15).

담대한 믿음의 행동을 보여준 부모는 천사의 명령을 따라 다시 그 거룩한 땅으로 갔습니다. 그대 임마누엘, 거룩한 땅이여! 예수님은 애굽사람이 아니므로 애굽에서 머무를 수 없었습니다. 예수님은 애굽 사람을 위해 사역하러 오신 것이 아니었습니다. 그는 이스라엘 족속의 잃어버린 양을 위해 보내심을 받았습니다.

그러나 애굽에서 나오셨다고 해서 하늘의 큰 비전에 불순종하신 것이 아닙니다. 육의 아버지인 요셉이 예수님을 데리고 나와 그들은 나사렛에 정착하게 되었습니다. 그러나 기억하십시오. 그가 애굽에 계셨다는 것은 그 땅을 향한 축복의 예언이 있었다는 것을 말입니다.

예수님께서 어디를 가시던 그 주변은 사랑으로 바뀝니다. 그가 밟는 곳마다 영원한 그의 소유가 되는 것입니다. 하나님께서 야곱에게 무엇을 말씀하셨습니까? "네가 누워 있는 땅을 내가 너에게 주리니"(창 28:13). 이것은 야곱의 자손들에게도 똑같이 적용되는 말씀입니다. 예수님께서 애굽에 계셨고 그 애굽은 그의 것이 되었습니다. 하나님께서 그에게 주시면 그의 소유가 되는 것입니다. 그의 이름에 영광이 되는 것입니다.

3. 애굽으로부터 나온 '선택받은 자손'

애굽으로부터 나온 '선택받은 자손'에 대해 생각해 보겠습니다. 저는 여기서 이 문장이 문자 그대로 이해되어야 한다고 생각합니다. 하나님은 지금도 존재하는 바로 그 애굽으로부터 나온 사람들을 분명히 선택하셨습니다. 초기 복음의 진리가 애굽에서도 기쁘게 받아들여졌다는 사실은 놀라운 일입니다. 애굽은 성자와 신령한 자들의 땅이 되었고 한때 문명의 기원이자 본거지였으며 십자가 군병들의 효과적인 기지이기도 했습니다.

그러나 마호메트의 후손들의 지배 아래 이 모든 것은 사라지고 말았습니다. 한때 하늘의 빛이 무한한 영광을 발하며 자손들에게 번영을 주던 이곳은 지금 신월[6]의 파멸하는 빛만이 비추고 있습니다. 예전에 애굽이 하나님께 돌이켰듯이 다시 돌이킬 것입니다. 이사야 19장을 읽어 드리겠습니다.

---

6 신월(Crescent): 이슬람교의 초승달 무늬 – 역주.

그 날에 애굽 땅에 가나안 방언을 말하며 만군의 여호와를 가리켜 맹세하는 다섯 성읍이 있을 것이며 그 중 하나를 멸망의 성읍이라 칭하리라 그 날에 애굽 땅 중앙에는 여호와를 위하여 제단이 있겠고 그 변경에는 여호와를 위하여 기둥이 있을 것이요 이것이 애굽 땅에서 만군의 여호와를 위하여 징조와 증거가 되리니 이는 그들이 그 압박하는 자들로 말미암아 여호와께 부르짖겠고 여호와께서는 그들에게 한 구원자이자 보호자를 보내사 그들을 건지실 것임이라 여호와께서 자기를 애굽에 알게 하시리니 그 날에 애굽이 여호와를 알고 제물과 예물을 그에게 드리고 경배할 것이요 여호와께 서원하고 그대로 행하리라 여호와께서 애굽을 치실지라도 치시고는 고치실 것이므로 그들이 여호와께로 돌아올 것이라 여호와께서 그들의 간구함을 들으시고 그들을 고쳐 주시리라 그 날에 애굽에서 앗수르로 통하는 대로가 있어 앗수르 사람은 애굽으로 가겠고 애굽 사람은 앗수르로 갈 것이며 애굽 사람이 앗수르 사람과 함께 경배하리라 그 날에 이스라엘이 애굽 및 앗수르와 더불어 셋이 세계 중에 복이 되리니 이는 만군의 여호와께서 복 주시며 이르시되 내 백성 애굽이여, 내 손으로 지은 앗수르여, 나의 기업 이스라엘이여, 복이 있을지어다 하실 것임이라

(사 19:18-25).

우리는 하나님께서 애굽으로부터 아들을 부르셨듯이 또 부르실 것을 분명히 느낄 수 있습니다. 하나님께서 말씀하신 대로 나일 강 유역에 살며 압정에 시달리는 사람들 중에 그를 섬길 자손이 있을 것입니다. 제가 여러분께 소개시켜드리고 싶은 말씀이 있습니다. 이것은 위로가 가득한 말씀입니다.

> 목자가 그의 몸에 옷을 두름 같이 애굽 땅을 자기 몸에 두르고 평안
> 히 그 곳을 떠날 것이며(렘 43:12).

생각해 보십시오. 요셉이 채색 옷을 자기 몸에 둘렀듯이 예수님은 애굽 땅을 영광스런 옷으로 둘렀습니다. 그리고 "애굽으로부터 내 아들을 불렀다"(마 2:15)라는 말씀이 진리임을 보이셨습니다.

우리는 하나님께서 이상한 의외의 곳에서 그의 아들을 부르신다는 것을 알 수 있습니다. 우리들 중 어떤 성도님은 이 시간 후 민트 길이나 켄트 길, 아니면 다른 길에 있는 하숙집 같은 허름한 곳으로 돌아갈 것입니다.

그곳에서 어떤 선한 것이 나올 수 있겠습니까?

"애굽으로부터 내 아들을 불렀다"(마 2:15)라고 말씀하신 주님이 계시기에 분명히 나올 수 있다고 생각합니다.

강도의 땅에서도 케치의 워렌[7]에서도 성자는 나올 것입니다. 여러분 중에는 런던에서 좀처럼 품위 있는 사람을 찾기 힘든 누추하고 구석진 곳을 아는 분이 있을 것입니다. 그런 형편없는 곳을 그냥 지나치지 마십시오. 우리 주님이 그런 애굽으로부터 아들을 불러내실 것입니다.

때때로 최악의 땅이 가장 희망의 땅이 되기도 합니다. 여기 아무도 오지 않고 경작하지 않은 땅이 있습니다. 꺼리지 않고 기꺼이 일하는 일군에게 추수할 곡식이 있는 것입니다! 용감한 손으로 쟁기질 하고 버리진 땅을 경작하는 여러분! 우리 주님이 여러분께 "애굽으로부터 내 아들을 불렀다" (마2:15)라고 말씀하십니다.

여러분 중 많은 분들은 이스라엘 중에 거하고 계셔서 매일 복음을 듣고

---

7   케치의 워렌(Ketch's Warren: 영국의 지역으로 16세기부터 많은 수의 사람이 교수형으로 죽은 우범 지역 – 역주).

있지만 불순종한 채로 남아있습니다. 그러나 어떤 분들은 이 세상에서 가장 낮고 험한 곳에 있지만 하나님께서 부르실 것입니다. 그분들은 "애굽으로부터 내 아들을 불렀다"(마 2:15)라고 말씀하시는 하시는 하나님께 순종할 것입니다.

그러나 영적인 관점에서 이 본문을 보고자 합니다. 모든 사람은 영적으로 애굽에 있습니다. 그러나 하나님은 그의 아들들을 부르고 계십니다. 죄는 바로와 같아서 이 폭군 같은 죄가 그 아들을 순순히 내어주려 하지 않습니다. 그러나 "애굽으로부터 내 아들을 불렀다"(마 2:15)라고 말씀하시는 하나님으로 인해 내어주게 될 것입니다.

이스라엘 사람들이 바로의 파멸 속에 살았듯이 우리는 은혜를 무너뜨리는 이 세상의 파멸 속에 살아가고 있습니다. 여러분은 지금은 좋은 것을 생각할 수 없지만 곧 웃을 수 있을 것입니다. 집에 가면 곧 말씀을 잊어버리라고 강요당하는 가운데 겨우 말씀을 붙들고 있습니다. 그럼에도 불구하고 "애굽으로부터 내 아들을 불렀다"(마 2:15)라고 주님은 말씀하십니다.

여러분은 구원될 것입니다. 예수 그리스도께만 여러분의 소망을 두십시오. "영접하는 자들에게는 하나님의 자녀가 되는 권세를 주셨으니"(요 1:12)라고 말씀하시며 애굽으로부터 그의 모든 아들을 불러내실 것입니다.

하나님께서 애굽에 어두운 기운을 허락하셔서 애굽 사람들이 역병으로 고생하고 있을 때처럼 여러분은 하나님이 허락하신 어두움 가운데 있을지 모르겠습니다. 그러나 여러분이 그의 자녀라면 그리고 하나님의 선택된 자의 징표인 예수님만 의지한다면 하나님께서 그 어두움으로부터 여러분을 불러내실 것입니다. 애굽에서의 그 흐릿한 밤으로부터 여러분을 불러내시고 여러분은 그리스도의 복음의 빛을 기쁨으로 바라보게 될 것입니다.

애굽 사람들이 끔찍할 정도로 이방 신에 둘러싸여 있었던 것처럼 아마 하나님을 믿지 않는 미신의 한 가운데 여러분이 있을 수 있습니다. 그러나 하나님은 그곳으로부터 그의 백성을 불러내십니다. 저는 제사장들이 변화되는 것을 기다립니다. 복음의 지도자들이 한때 우상에 빠져있던 사람들을 찾아내는 것을 보기를 원합니다.

이런 일이 안 일어나라는 법이 있겠습니까?

"애굽으로부터 내 아들을 불렀다"(마 2:15)고 말씀하십니다. 루터가 수도원으로부터 나와 천둥번개와 같은 하늘의 소리로 말씀을 전했을 때 하나님께서 축복하시고 자유케 하셨습니다. 하나님은 다른 사람들도 불러내실 것입니다. 무지와 우상으로부터 사람들을 불러내어 그의 은혜의 영광을 찬양하게 할 것입니다. 주님은 희망 없는 사람들을 위해 기도하라고 하십니다. 저는 하나님께 "주님 가장 더럽고 추악한 애굽으로부터 그들을 건지소서"라며 울부짖습니다.

여기계신 여러분은 애굽이 무엇인지 그 안에 있는 것이 무엇인지 잘 알고 있습니다. 여러분이 그 애굽에 있어도 구원자가 나타나 곧 해방이 이를 것임을 잘 알고 있습니다. 그의 피로 애굽과 에티오피아와 시바를 속죄하시는 것을 잘 알고 있습니다.

오! 그는 자기 피 값으로 사신 사람들을 자신의 능력으로 구원하실 것입니다.

우리 주님께 영원히 영광 돌려 드립니다. 아멘.

Sermons about Christmas

9장
그가 큰 자가 되고

1883년 12월 2일 뉴윙턴, 메트로폴리탄 태버나클에서 찰스 스펄전 목사가 전한 주일 저녁 설교문이다.

그가 큰 자가 되고(눅 1:32).

단적으로 말해 다음 본문은 우리 주 예수 그리스도의 인성을 말해 주는 것이라고 생각합니다. 왜냐하면 그리스도가 마리아에서 나셨다는 부분은 그의 인간적 속성을 드러내기 때문입니다. 이와 관련된 성경 본문은 다음과 같습니다.

보라 네가 잉태하여 아들을 낳으리니 그 이름을 예수라 하라 그가 큰 자가 되고 지극히 높으신 이의 아들이라 일컬어질 것이요 주 하나님께서 그 조상 다윗의 왕위를 그에게 주시리니 영원히 야곱의 집을 왕으로 다스리실 것이며 그 나라가 무궁하리라(눅 1:31-33).

지극히 높으신 이의 능력이 마리아를 덮으셔서 태어나신 '거룩한 이'의 인성에 대하여 주의 천사가 전했습니다. 그의 신성에 관하여 다른 모습으로 전해야 합니다. 그는 사람으로 동정녀에게 나셨습니다. 그가 나시기 전에 "그가 큰 자가 되고"(눅 1:32)라고 마리아는 들었습니다.

인간이신 예수 그리스도는 낮고 낮은 곳으로 내려오셨습니다. 어려서는 큰 자가 아니었습니다. 매우 연약한 모습으로 엄마 품안에 있었습니다. 후에도 큰 자는 아니었습니다. 무시당하고 멸시당하며 결국 십자가에 못 박히셨습니다. 정말로 너무 가난한 그에게 머리 둘 곳조차 허락되지 않았습니다.

먹고 마시며 포도주를 즐기는 사람과 어울린다고도 하고 귀신들렸다고 비난하기도 하고 미쳤다고까지 말하며 심지어 '친구'라고 여기며 말하던 많은 사람들조차 그를 내 쫓았습니다. 이 땅의 위대한 사람들과 비교하여 생각해 볼 때, "그가 어디서 왔는지 알지 못하노라"(요9:29)는 말을 들을 정도로 예수님은 그저 무시당하는 갈릴리 사람일 뿐이었습니다. 그의 삶 전체는 시저 시대 때 황실이나 황제에 어울릴 법하지만 실제로는 가난한 자들의 낮고 낮은 삶과 더 잘 어울렸습니다. 심지어 예수님의 원수들은 예수님을 비방할 적절한 말을 찾을 수가 없었습니다. 법정에서 유죄판결을 받을 때도 고통당하실 때도 그는 낮아져야만 했습니다.

핏방울 같은 땀으로 뒤덮였을 때, 노예의 값으로 팔렸을 때, 경비대장들이 강도를 잡는 것 같이 검과 몽치와 횃불로 대적했을 때 말입니다.

어느 누가 그를 큰 자로 여겼습니까?

결박하고 죄인으로 여기며 재판받는 자리로 끌로 왔을 때 어느 누가 그를 큰 자로 생각했습니까?

그에게 침을 뱉으며 그의 얼굴을 가리고 주먹으로 칠 때 어느 누가 그를 큰 자로 바라보았습니까?

멸시당하시고 십자가를 지시고 두 강도 사이에 매달리셨을 때 어느 누가 그를 큰 자로 여겼습니까?

진정으로 그는 낮아지셨습니다. 거룩한 아들의 고통을 바라보는 어머니의 마음은 칼로 심장을 도려내는 것 같았습니다. 그가 죽었고 장사되었다는 말을 들었을 때 마리아는 고통스러운 마음을 부여잡고 하늘로부터 온 그의 관한 말씀을 깊이 생각했을 것입니다.

천사가 말하길 그가 큰 자가 될 것이라 했는데 누가 그를 이렇게 비참하게 만들었을까?

지극히 높으신 이의 아들이라 일컬어질 거라 했는데…

아! 죽음의 흙으로 돌아가시고 사람들은 그의 무덤을 봉해 버리고 그의 이름을 악한 것으로 여기며 내쫓아 버렸구나!

여전히 저는 이 본문이 그리스도의 인성에 가장 적합하다고 생각하며 기뻐합니다.

> 이 땅에 사람으로 나시어
> 우리 죄와 고통 지시고
> 영원한 보좌에 앉으신
> 영광의 하나님이 통치하시네.

멸시 천대 당하신 바로 그분이 영광스럽게 아버지의 보좌에 앉아 계십니다. 비록 사람이셨지만 그는 왕의 왕 주의 주로 기름 부음 받으셨습니다. 가장 낮고 천한 곳에서부터 높임을 받으시고 지극히 높은 곳에서 영원무궁토록 통치하고 계십니다.

베드로와 사도들이 다음과 같이 증언했습니다.

> 이 예수를 하나님이 살리신지라 우리가 다 이 일에 증인이로다 하나님이 오른손으로 예수를 높이시매(행 2:32-33).

스데반도 말했습니다.

> 보라 하늘이 열리고 인자가 하나님 우편에 서신 것을 보노라(행 7:56).

우리가 이것을 믿고 그 안에서 기뻐한다면 그의 인성과 신성이 하나가 되어 결코 분리될 수 없다는 것을 깨닫게 될 것입니다. 신약에서 그리스도에 대해 성령님이 말씀하실 때마다 우리 주님의 두 성품을 엄격하게 구분하지 않는다는 것을 알 수 있습니다. 두 성품은 그리스도 안에서 온전히 연합되어 있습니다. 성령님께서 신조를 작성하는 사람처럼 신학적 정확함으로 말하시지 않으십니다. 그러나 나누어지지 않는 성품을 지닌 중보자 되신 그 분의 진리를 알고 기뻐할 수 있는 사람이라면 이해할 수 있는 그런 말로 증거하십니다.

예를 들어 "하나님의 피"에 관한 성경본문을 읽는다면 바울이 사도행전 20:28에서 "하나님이 자기 피로 사신 교회를 보살피게 하셨느니라"고 말하시는 것을 알 수 있습니다. 엄밀히 말하면 하나님의 피는 아닙니다. 이 표현은 두 성품에 관한 혼란스러움을 나타내 줍니다. 그러나 이것은 의도된 것이었습니다. 두 성품이 같이 연합되어 있어서 성령님께서 세밀히 그 차이를 분리하지 않으신다는 것을 분명히 알 수 있습니다.

성령님은 우리 주님이 진정으로 하나님이시기도 하고 사람이시기도 한 연합된 모습을 말씀하고 계십니다. 주님은 '우리 구원자이신 하나님'이면서 동시에 '사람이신 예수 그리스도'라고 불리십니다. 인간, 하나님, 우리 주 예수 그리스도의 성품이 한 사람의 몸에 연합되어 있습니다. 각 성품은 한 사람에게로 향합니다. 여기서 저는 다음의 노래로 주저함 없이 찬양할 수 있습니다.

> 왕관과 보좌를 내어 주신 그가
> 나무에 달리고 피 흘리고 고통 당하네.
> 생명의 왕자가 호흡을 멈추고
> 영광의 왕이 죽음을 맞이하네.
>
> 어둠속에 숨겨진 빛이여
> 그의 영광을 가리우네.
> 전능한 창조주 하나님이 죽으시네.
> 사람을 위해 피조물의 죄로 인해 죽으시네.
> 고동당하신 예수님
> 멸시천대 받으신 예수님
> 권능의 손으로 죄인을 구속하신
> 창조주의 얼굴이 상하네.

따라서 신학을 세세하게 지키는데 온 힘을 기울일 것이 아니라 "그가 큰 자가 되고"(눅 1:32)라고 말씀하시는 그분의 약속을 선포하며 신성과 인성을 가지신 우리 주님을 자유롭게 말할 수 있어야 합니다.

여러분들이 설교 전 저를 위해 기도하는 동안 저는 오늘 밤 제 설교 주제를 잘 전달할 수 있도록 달변가의 혀와 천사의 입을 갖게 해 달라고 기도했습니다. 그러나 곧 제 기도를 뒤로하고 주제가 잘 전달되길 바라며 제가 전달하는 말이 가장 평범하길 바랐습니다. 말이 다소 문법에 안 맞고 좀 거칠어도 그건 중요하지 않습니다. 유창한 말이 항상 잘 전달되는 것이 아니라는 것을 알기 때문입니다.

제가 전달하려는 이 주제가 모든 언변을 뛰어 넘습니다. 어떤 미사여구로도 그의 높으신 영광에 이를 수 없고 오히려 간결한 말들이 이 숭고한 주제와 가장 잘 어울릴 수 있습니다. 예수님은 그런 분이십니다. 말로 표현 할 수 없는 영광스러운 주님 옆에 있는 훌륭한 말들은 그저 화려한 장식에 불과합니다. 저는 '그는 위대하시다'라는 말 이외에 더 드릴 말이 없습니다.

제가 주님의 위대하심을 천사의 합창으로 노래한다 할지라고 이 논쟁을 마무리 지을 수 없을 것입니다. 주님의 위대하심을 전할 때 그 위대하심의 겉옷자락만 건드려도 만족할 것입니다. 주님께서 바위의 작은 쪼개진 틈에 우리를 끼어넣어 우리가 그의 성품의 극히 작은 뒤의 일부만 보게 된다 할지라도 그 모습에 압도당할 것입니다.

심지어 우리 눈으로는 예수님의 영광의 얼굴을 볼 수 없습니다. 본다 할지라도 감히 묘사할 수 없습니다. 돌아오기 힘든 셋째 하늘에 이끌려 간다할지라도 우리가 본 것을 말하도록 허락되지 않을 것입니다. 이 시간 인자의 영광의 끝자락만이라도 만질 수 있다면 그것이야말로 더할 나위 없는 큰 성공일 것입니다.

그가 자신을 밝히 드러내는 때가 아직 오지 않았습니다. 주님이 명백히 밝히실 때가 올 것입니다. 그는 재림의 때가 되서야 밝히실 것입니다. 그의 백성들이 "자기 아버지 나라에서 해와 같이 빛나리라"(마 13:43)고 말씀하셨습니다. 자녀들을 크게 축복하시며 의의 해같이 천국의 얼굴을 또렷이 나타내실 것입니다.

1. '여러 면에서 위대하신' 주님

사랑스런 우리 주 예수님이 '여러 면에서 위대하시다'라고 말하면서 이 주제에 접근하겠습니다. 저는 '모든 관점'에서 말하려고 합니다. 이 진리는 너무 방대하여 한 가지 입장에서만 개관할 수 없기 때문입니다. 이성이 우리를 실망시킬 수 있고, 인생이 우리를 실망시킬 수 있고, 시간이 우리를 실망시킬 수 있습니다. 그러나 그를 이해하는 무한한 묵상에는 영원함과 완벽함만이 필요할 뿐입니다. 이런 관점에서 저는 우리 주 예수 그리스도가 결단코 위대하시다고 말씀드리고 싶습니다.

먼저, '그의 성품의 완벽함'을 생각해 보시기 바랍니다. 예수님같이 우리의 사랑을 받는 그런 존재는 없습니다. 그는 비할 데 없이 훌륭한 분입니다. 그는 하나님이시며 유일하신 분입니다. '빛 중에 빛'이고 '신 중에 신'이신 분입니다. 예수님은 하나님 아버지와 동일하신 분입니다.

오, 하나님의 위대함이여! 여호와는 무궁하시고 측량할 수 없이 무한하시며 우리의 이성을 뛰어넘는 분이십니다. 모든 것을 충만하게 하시고 다른 것들로 채워지지 않는 분이십니다. 그는 우리의 생각을 훨씬 뛰어 넘는 진정으로 위대하신 분이십니다. 이 모든 것이 독생자에게 사실입니다.

태초에 말씀이 계시니라 이 말씀이 하나님과 함께 계셨으니 이 말씀은 곧 하나님이시니라 그가 태초에 하나님과 함께 계셨고 만물이 그로 말미암아 지은 바 되었으니 지은 것이 하나도 그가 없이는 된 것이 없느니라(요 1:1-3).

이는 만물이 주에게서 나오고 주로 말미암고 주에게로 돌아감이라 그에게 영광이 세세에 있을지어다 아멘(롬 11:36).
또한 그가 만물보다 먼저 계시고 만물이 그 안에 함께 섰느니라
(골 1:17).

우리 주 예수님은 또한 사람이셨습니다. 그러나 특이한 점은 그는 완벽히 그리고 온전히 하나님이셨지만 진정으로 참 사람이기도 했습니다. 그는 인성을 지닌 신 같은 존재도 아니었고 신성을 지닌 사람 같은 존재도 아니었습니다. 저는 이것을 표현하면서 말의 한계를 느낍니다.

사실, 본질에 대해 혼란스러울 것은 없습니다. 그는 하나님이시고 사람이십니다. 그는 완전한 하나님이시며 완전한 사람이십니다. 그는 사람인 적이 없으신 참 하나님이시고 한 번도 신인 적이 없으신 완벽한 사람이십니다. 이 놀라운 연합을 생각해 보십시오! 어떤 흠도 죄도 없으신 완벽한 인간과 하나가 되신 이 영광스러운 하나님의 연합을 생각해 보십시오.

그는 큰 자라서 가장 위대하신 것이 아니라 모든 작은 것들에 불구하고 위대하신 분이십니다. 그는 모든 것 중에서 특별하신 분이 아니라 아무것도 아닌 것 중에서 전부가 되신 분이십니다.

누가 그와 비길 수 있겠습니까?

그는 하나님과 동등 됨을 취하지 않으시고 모든 피조물의 장자가 되셨습니다. 죽은 자들 가운데서 부활하심으로 먼저 나신 이가 되셨습니다. 그리고 영광 받은 자들의 근원이자 목적이 되셨습니다.

하지만 그의 성품을 다 파악할 수 없습니다.

누가 그의 나심을 분명히 밝힐 수 있겠습니까?

그는 우리와 함께 계시지만 믿을 수 없을 만큼 우리 위에 계십니다. 우리는 유한하며 죄 많고 타락했습니다. 그러나 그는 어디에도 구속 받지 않으시고 거룩하시고 신령하신 분입니다.

여호와가 우리를 바라보실 때 우리는 "사람이 무엇이기에 주께서 그를 생각하시며 인자가 무엇이기에 주께서 그를 돌보시나이까"(시 8:4)라며 묻습니다. 하지만 하나님은 "그가 맏아들을 이끌어 세상에 다시 들어오게 하실 때에 하나님의 모든 천사들은 그에게 경배할지어다"(히 1:6)라고 말씀하십니다.

어찌 '그는 위대하시다'라고 그의 성품을 진정으로 표현하지 않을 수 있겠습니까?

그는 '그의 사역의 원대함'에 있어서도 위대하십니다. 그가 우리를 위해서 우리의 구원자 되심을 기억하십시오. 형제자매여, 여러분의 족쇄를 한번 보십시오. 여러분 중에는 멍에에 메어 영혼까지 구속받는 사람들도 있습니다. 그런 노예 상태로부터 우리를 구하시기 위해 그분이 이 땅에 오셨습니다.

시온이 겹겹이 폐허가 되어 연기가 피어오르며 파괴되는 것을 보십시오. 그가 다시 회복하여 재건하시러 오셨습니다. 폐허가 된 것을 다시 세우고 원수들이 무너뜨린 살아계신 하나님의 성전을 회복하시는 것이 그의 사역입니다. 이 일을 이루시려 그가 제사장으로, 예언자로, 왕으로 오셨습니다. 각각의 역할에 비교할 수 없는 영광이 깃들여 있습니다.

그는 구원자요, 희생이요, 대속물이요, 보증이요, 지도자요, 친구요, 주님이요, 생명이요, 전부가 되십니다. 모든 역할들이 하나님의 성품에 어울린다는 것을 기억하십시오.

그의 모든 사역을 언급할 수 있을지 몰라도 기억하기는 쉽지 않을 것입니다. 아버지 영광의 형상을 표현하신 그가 모든 사역을 다 감당하시고 그의 백성을 완전히 구속하시고 그들을 자녀 삼으셨습니다. 그의 모든 사역에서 그는 최고의 영광을 받으시기에 합당하십니다. 이점에서 그는 위대하십니다.

여러분은 왕의 전령이 웨스트민스터 대성당 앞에서 무덤에 잠들어 있는 위대한 영웅의 다양한 직함을 호명하고 있을 때 그 앞에 서 있은 적이 있습니까?

그는 용감히 싸우고 적들을 무찔러 여왕과 나라의 큰 영광을 받았습니다. 그는 어느 곳의 왕자이자 어느 곳의 공작이고 어느 곳의 백작이기도 합니다. 그의 직함은 너무나 많고 화려합니다. 다 나열하기도 힘듭니다.

헛되고 헛되니 모든 것이 헛되도다(전 1:2).

하지만 어떤 화려한 장식으로 그 무덤을 꾸민들 무슨 의미가 있겠습니까? 저는 그리스도의 무덤 앞에 서 있습니다. 그의 사역은 너무나 위대합니다. 게다가 그의 사역은 묻히지도 않고 그는 죽은 자 가운데 있지 않습니다. 그는 살아계시고 여전히 그의 사역으로 웅장한 영광을 받고 계십니다. 그는 여전히 그의 백성들의 전부이십니다. 아버지 하나님께 이 나라를 전하시기까지 여전히 그의 모든 사역을 수행하고 계십니다. 하나님은 모든 것이 되는 분이십니다.

오, 그가 붙들고 계시는 이 능력 있는 사역 속에 그리스도의 장엄함을 보십시오! 그는 수천의 사람들 중 선구자가 되셨습니다.

그와 같으신 이가 누가 있겠습니까?

> 그의 어깨에는 정사를 메었고 그의 이름은 기묘자라, 모사라, 전능하신 하나님이라, 영존하시는 아버지라, 평강의 왕이라 할 것임이라
> (사 9:6).

> 호산나 다윗의 자손이여 찬송하리로다 주의 이름으로 오시는 이여
> (마 21:9).

오늘 밤 우리의 마음을 모아 하나님께서 허락한 그 영광스러운 사역을 행하신 주님의 위대하심에 찬양을 돌려드립시다.

그의 성품과 그의 사역만으로도 이 주제가 길어질 수 있습니다. 하지만 형제자매 여러분! 우리 주 예수님은 그의 '놀라운 성취'로도 위대하신 분이십니다. 경시받을 일을 하지 않으셨습니다. 그의 이름은 신실하고 진실하십니다.

주님은 한직에 머물러 계실 분이 아니셨습니다. 그는 아버지가 명하신 일을 마치시기를 강력히 원하셨습니다. 영광이 그의 이름을 비출 때 위대한 일을 행하셨고 성취하셨습니다. 그분께서 백성의 죄를 지시고 십자가에 달리셨습니다. 십자가에서 그 모든 것을 완성하셨기에 영원히 그들의 죄를 묻지 않으실 것입니다.

주님은 무덤으로 내려가셔서 잠시 동안 머물러 계셨습니다. 그러나 무덤의 장막을 깨뜨리며 죽음의 권세를 발아래 두시고 부활하셔서 영원한 생명의 빛으로 나오셨습니다. 그는 지극히 높은 부르심에 응답하시고 그것을 이루셨습니다. 그의 승리가 완성되었고 원수는 완전히 패했습니다.

사망아 너의 승리가 어디 있느냐 사망아 네가 쏘는 것이 어디 있느냐 (고전 15:55).

길을 여는 자가 그들 앞에 올라가고 그들의 왕이 앞서 가며 여호와께서는 선두로 가시리라(미 2:13).

주님은 이렇게 말씀하시며 그 약속에 날이 다가왔을 때 그 무덤으로부터 일어나셔서 모든 믿는 자들에게 천국 문을 열어주셨습니다. 황금 문을 여시며 포로들을 이끄셨습니다. 가장 비천한 그의 백성을 위해 그 고귀한 선물을 포기하시고 그로 인해 그들을 풍요롭게 만드셨습니다.

이것이 주님의 목적이었고 그 계획은 한 점의 오차도 없이 실행되었습니다. 우리의 대표자 되신 그 분이 그 장막 아래에서 이날까지 우리를 위해 십자가를 지심으로 우리의 면류관과 보좌를 소유하시러 내려오셨습니다. 그 위에 놓인 유업과 무거운 빚을 다 지불하시면서 우리가 그 상속으로 들어갈 그 날의 마지막까지 우리의 영혼이 머물 가나안을 소유하셨습니다.

이만하면 그분이 위대하다는 것이 입증된 것이 아닙니까?

정복자들은 위대하지만 주님은 그들보다 더 위대하십니다. 해방시키는 자들은 위대하지만 주님은 그들보다 더 위대하십니다. 자유를 주는 자들은 위대하지만 주님은 그들보다 더 위대하십니다. 구원자들은 위대하시만 주님은 그들보다 더 위대하십니다. 사람에게 큰 기쁨을 주는 사람들은 위대하지만 그의 백성에게 영원한 기쁨을 주고 영원한 소금 언약[1]으로 그들을 정하신 분에게 무어라 말할 수 있겠습니까?

---

1 민 18:19, 이는 여호와 앞에 너와 네 후손에게 영원한 소금 언약이니라

그의 위대하심으로 인해 오, 가브리엘이여! "그가 큰 자가 되고"(눅 1:32)라고 말하는 것은 당연한 것입니다.

주님은 '그의 공로'로 위대하십니다. 그리스도와 같은 공로를 베푸신 이가 없습니다. 그 율법에 완전히 순종하심으로 그의 삶과 죽음이 모든 믿는 자의 머리부터 발끝까지 전부 다 덮습니다. 그의 고위한 행위로 그들을 덮습니다. 솔로몬의 모든 영광도 믿는 자의 그것과 비할 바가 아닙니다. 그의 피로 흰 눈같이 정결케 하시고 그의 의로움으로 "사랑하시는 자 안에서"(엡 1:6) 거저 주셨습니다. 그가 무엇을 요구하시던 간에 그는 지극히 높은 자로 여김을 받으실 공로가 있으신 분입니다.

주님은 그의 백성들이 영원한 생명의 완성을 위해 필요한 모든 축복을 받기를 원하십니다.

형제자매 여러분! 그의 의로우심으로 우리를 옷 입히시고 그의 피로 우리를 정결케 하시는 것을 생각하면 그는 정말 위대하십니다. 단지 우리만이 아니라 그의 영원한 공로로 수천의 사람들을 구속하시고 신부 삼으셔서 하나님 앞에서 결코 끊어지지 않을 맹세를 하셨습니다. 그것은 아버지의 마음을 항상 기쁘게 하는 완전한 순종의 맹세입니다.

오! 이 무슨 은혜입니까?

지옥에서 천국으로 우리를 옮기시고 병든 우리를 건강하게 변화시키시고 오물 더미에서 왕자의 자리로 우리를 올리셨습니다. 무한한 권능으로 우리 죄를 사하시사 용납하시고 의로 덧입혀 주시고 축복을 베풀어 주시고 믿는 자들을 지켜주시고 더할 나위 없이 구해 주시는 우리 주 예수님은 모든 뛰어나신 이름 위에 뛰어나십니다.

이 주제를 말하는 데 결코 지치지 않습니다. 그리고 멈출 수 없습니다. 우리 주 예수 그리스도가 '구원하시는 자들의 수'에 있어서도 위대하신 분이라는 점을 언급하지 않을 수 없습니다. 저는 초라한 예수님이나 보잘 것 없는 천국 또는 보좌 앞에 작은 무리가 구원받거나 구원받는 사람이 거의 없을 거라는 생각을 해본 적이 없습니다.

은혜의 말씀을 공격하는 사람들의 마지막 안식처 같은 이런 거짓말에 기꺼이 답변할 준비가 되어 있으니 들어보십시오. 그들은 하나님께서 엄청난 수의 피조물을 그냥 망하도록 내버려 두시고 임의로 아주 적은 수만 선택해 구원하신다고 믿고 있습니다. 그들은 또한 "너희는 너희들만의 작은 베델이나 살렘으로 가는 소수만이 하나님의 선택 받은 자라고 생각한다"고 말합니다. 이것은 임의로 그들이 만들어낸 것이지 우리는 아무 말도 하지 않았습니다.

우리는 하늘의 수많은 별만큼이나 바다의 무수한 모래알만큼이나 셀 수 없이 많은 무리들을 위해 그리스도가 친히 그 값진 피를 흘리시고 구속하셨다는 사실을 믿고 기뻐합니다. 성화된 자들이 가는 천국을 바라볼 때 선택받은 그 제한된 자리에 겨우 수십 명의 성자들이 모여 있는 광경을 볼 수 없습니다. 오히려 셀 수 없이 많은 광채가 주께 구속된 자들의 빛나는 표정으로부터 나와 제 눈이 부실 지경입니다. 영광스러운 자들이 지극히 높은 그분의 이름을 그 얼굴 앞에 놓아서 제가 찬란하게 빛이 난다고 말한 것입니다.

옆으로 빗겨난 길을 떠나 더 많은 무리가 밤은 없고 낮만 있는 천국의 밭으로 모여 가면서 어린 양의 피로 그의 구속하심을 찬양하는 모습을 보니 내 마음은 기쁨으로 넘칩니다.

어린 양의 피에 그 옷을 씻어 희게 된 자들이 아닙니까?

만물의 으뜸이신 우리 주님을 따르는 자들입니다. 그 주님이 적들을 다 무찌르실 것입니다. 주께 구속된 자들이 저 구름 같이 창문가의 비둘기들

같이 날아오를 것입니다. 주의 백성들이 그의 권능의 날에 새벽이슬 같이 셀 수 없이 많을 것입니다. 그는 영광중에 그를 따르는 자들의 주인 되시어 큰 자가 될 것입니다.

이 땅에 많은 사람들이 천국으로 가는 자신의 길을 찾으러 더 위대한 주인을 따르려 하고 있습니다. 하나님의 사람들이 현재 우리가 보는 것보다 훨씬 많아지는 그 날은 올 것입니다. 마치 시내의 잔잔한 물결 소리를 들은 돌들이 생생한 사람이 되는 것인 양 하나님의 사람들은 시냇가의 버들이나 풀처럼 솟아나올 것입니다. 우리 주 예수 그리스도의 자손은 계산 할 수 없을 만큼 많아질 것입니다.

주님은 위대하십니다. 영원한 영광 중에 그의 오른 손으로 구원의 팔을 펴서 엄청난 수의 죄인들을 실패 없이 안전하게 구하시는 위대한 구원자이십니다. 실제 이스라엘 족속이 많아지듯이 영적 이스라엘 또한 많아질 것입니다. 주님은 그의 무리로 시온을 무성하게 하실 것입니다. 이스라엘의 왕이 큰 자가 될 것입니다.

형제자매 여러분! 우리 주 예수 그리스도는 '그의 백성들의 판단' 안에서 위대하신 분입니다. 제가 만일 가장 높은 곳에 계신 주님을 오늘 밤 찬양하려고 하면 형제들이 저를 따라 우리 주님을 더 높일 것입니다. 그러면 저는 제 자리에서 다시 일어나 우리 주 하나님을 높이기를 쉬지 않을 것입니다. 그리고 난 후 다시 행복한 일상으로 돌아와 세 번째로 다시 일어나서 예수님을 찬양하고 높일 것입니다.

주님만 허락하신다면 우리는 그만두지 않을 것입니다. 왜냐하면 우리 주 예수님을 높이는 일이 다른 어떤 것과도 비할 수 없는 일이기 때문입니다. 저는 그의 백성이라면 누구라도 주님께 큰 빚진 자로서 겸손한 마음을 갖지 않을 수 없다고 생각합니다. 그들은 "당신이 아닌 나만을 위해 주님이 하신 일이 있다. 당신이 아닌 나에게 더 위대하신 이유가 있다"라고 말할지 모르겠습니다.

형제자매 여러분! 어떤 면에서 주님이 저보다 여러분들에게 더 위대하신 이유가 있을 거라고 생각합니다. 저도 그 점을 인정합니다. 그러나 저에게 주님은 하늘보다 더 높고 영원보다 더 넓고 천국보다 더 기쁘고 존귀 그 자체보다 더 존귀한 분이십니다. 영혼의 소원대로 주님께 말할 수 있는 기회가 있다면 작은 이탤릭체가 아닌 큰 대문자로 말할 것입니다. 하고 싶은 대로 말할 수 있는 기회가 있다면 바람과 파도를 대변자로 세우고 온 우주를 큰 입으로 만들어 임마누엘을 찬양하도록 할 것입니다.

모든 영원한 것들이 한 가지 말이 아닌 여러 말로 말한다 하더라도 그의 사랑의 아름다움을 다 표현 할 수 없고 그의 신실함과 진리의 확실함을 다 말할 수 없습니다. 우리가 그에 대해 판단할 수 없지만 만약 한다면 그의 명성, 뛰어남, 그리고 그의 아름다움에 압도되어 다 표현 할 수 없을 것입니다.

오! 그분은 호흡이 있는 모든 피조물의 찬양을 받으셨습니다.

오! 그의 면류관을 매 순간 아름다운 보석으로 장식했습니다.

오! 호흡이 있는 모든 영혼이 호산나와 할렐루야만 계속해서 표현했습니다.

주님은 모든 찬양을 받으시기에 합당하신 분이십니다.

여러분은 하늘의 수많은 노래가 충돌하는 소리를 들은 적이 있습니까?

많은 물소리와 바다의 큰 파도소리 같습니다. 그러나 이 모든 것이 그에게 속합니다.

여러분은 "거문고 타는 자들이 그 거문고를 타는 것 같은"(계 14:2) 그 아름다운 소리를 들은 적이 있습니까?

그 거문고 타는 것도 다 주님을 위한 것입니다.

여러분은 영광 받은 자들의 말할 수 없는 기쁨을 상상해 본 적이 있습니까?

영원한 모든 것이 그의 영광을 노래합니다. 하늘과 땅이 그의 영광을 보다 환하게 비칠 것입니다.

누가 한창 정오일 때 그 해를 바로 볼 수 있겠습니까?

누가 하나님의 아들의 무한한 위대함을 표현할 수 있겠습니까?

모든 찬양을 주님에게 돌려드립시다. 그는 그의 피로 우리 영혼을 구하시고 구속된 자에게 자유를 주셨습니다. 우리 하나님을 위하여 우리를 나라와 제사장으로 삼으시고 영원무궁토록 다스리실 것입니다. 진실로 그는 위대하시고 영원히 큰 자가 되실 것입니다.

오, 형제자매 여러분! '하늘의 영광' 중에 계신 그리스도가 얼마나 위대하신지요! 우리는 그 영광을 본 적이 없습니다. 그러나 우리 중 몇몇은 곧 보게 될 것입니다.

우리는 아직 그 경계에 있지만

머지않아 하늘나라에 가까이 갈 것입니다.

한 개의 과정만이 우리 사이에 남아있는 전부라고

지금 축복받는 자들과 함께 이야기할 것입니다.

우리가 천국에 갈 간절히 바라는 이유는 그리스도의 위대함을 볼 수 있기 때문입니다. 그의 영광을 볼 수 있는 천국에서 그리스도의 위대함은 "창세 전에 주님이 아버지와 함께 가졌던 영화"(요17:5)이고 여기 이 땅에서 그리스도의 위대함은 아버지께 하라고 허락하여 주신 일을 이루어 받은 그의 영광입니다. 우리 주님이 "아버지여 내게 주신 자도 나 있는 곳에 나와 함께 있어 나의 영광을 그들로 보게 하시기를 원하옵나이다"(요 17:24)라고 말씀하셨습니다.

그의 나라의 중심부에 어떤 영광과 위엄이 우리 주님을 둘러싸고 있습니까?

이 성은 도대체 무엇이고 그 광명은 어디에서 오는 것입니까?

해가 희미한 빛을 내고 달도 그 빛을 잃었지만 "이는 하나님의 영광이 비치고 어린 양이 그 등불이 되심이라"(계 21:23)고 말씀하십니다. 온 성이 구원자의 영광을 비춥니다.

황금 길을 무리지어 행진하는 이들은 누구입니까?

살아있어 움직이는 태양과 비견할 이 빛나는 무리는 누구입니까?

새벽별처럼 밝게 빛나는 자는 누구입니까?

그들의 밝음이 어디서 오는지 물어본다면 달이 태양의 광채를 받아 비추듯이 그들은 그리스도의 영광을 받아 비춘다고 말할 것입니다. 여러분이 밝게 빛나는 자들 사이에 앉아 말하는 것을 들어보면 그들 모두가 "우리에게가 아니라 우리를 사랑하신 그 분에게 존귀와 영광을 돌려 드립니다"라고 말하는 것을 들을 것입니다.

그 모든 간증 속에 "그가 나를 사랑하셨고 나를 위해 자신을 내어 주셨습니다"라는 말이 들어 있을 것입니다. 그들은 "'그'가 '나'를 사랑하십니다. '그'는 얼마나 위대하신 분인지요"라는 말을 꼭 넣을 것입니다. 그들이 그의 영광을 가리키며 어떻게 말하는지 들어보십시오." '그'가 '나'를 사랑하십니다. '이 작은 나'를 말입니다." 그가 그들같이 보잘 것 없는 사람을 사랑하신 것에 놀라며 찬양을 돌려드릴 때 그들의 목소리는 아주 낮게 잠길 것입니다.

저는 '아버지의 보좌에 계신 그리스도의 영광'을 언급하는 것조차 두렵습니다. 몇몇 위대한 신학자들이 그리스도의 영광에 대해 글을 써왔지만 그들이 죽고 천국에 갔을 지라도 가장 빛나는 페이지를 장식하기 위해 다시 돌아오고 싶어 했을 거라고 저는 장담합니다.

현자라도 어떻게 알 수 있겠습니까?

눈을 깜박이는 부엉이들이 어떻게 한 낮을 알 수 있겠습니까?

우리같이 어제는 아이였던 미천한 피조물들이 지존자의 오른 손에 계신 장자로부터 오는 영광과 예부터 항상 계셨던 무한하신 이를 어떻게 알 수 있겠습니까?

천사가 우리에게 말해주어야 합니다. 잘 이해할 수 없지만 행여나 이해했다고 하더라도 그것이 우리를 압도하여 우리는 주님 앞에서 죽은 자처럼 쓰러질 것입니다. 하늘이 우리 주님의 영광을 말하고 있지만 영원토록 말 하여도 그 영광의 반도 못할 것입니다. 확실히 우리 주 예수님을 생각해보면 이것은 사실입니다.

그가 큰 자가 되고(눅 1:32).

2. '위대한 일을' 하신 주님

실례가 아니면 주제를 조금 바꾸어 "그가 큰 자가 되고"를 다른 관점에서 보고자 합니다. '그가 위대한 일을 하시기에' 더욱 큰 자이십니다. 그는 구원자이자 위대하신 분입니다. 제가 이미 말씀드린 대로 회복하러 오셨을 때 커다란 파멸이 있었습니다. 바람이 저 깊은 곳에서부터 불어왔고 사람의 집의 네 모퉁이를 강타했습니다. 그 집은 무너져 쓰러졌습니다.

악마들은 하나님이 직접 만드신 것이 무너진 것을 보자 웃으며 승리의 개가를 불렀습니다. 사람들은 수치심에 밑으로 숨었고 천국은 사라져버렸으며 죄는 의기양양하여 승리에 도취되었습니다. 불타오르는 불검이 우리를 내쫓은 에덴의 문에 서있습니다. 그것은 너무나 큰 파멸이었습니다.

그리스도가 오셨을 때 그는 큰 구원을 베푸셨습니다. 그는 더 좋은 천국을 예비하시고 더 좋은 생명나무를 심으시고 이전 보다 훨씬 더 좋은 땅을 소유하도록 하셨습니다. 오, 그는 위대한 구원자이십니다. 그는 멸망의 혼란 중에서도 일하셨고 아담이 파멸시킨 것을 회복하셨습니다.

사랑하는 여러분! 우리는 '큰 죄'로 뒤덮인 사람이었습니다. 우리 중 일부는 특별히 그렇습니다. 그러나 "그가 큰 자가 되고"(눅 1:32) 그 큰 죄를 위한 일을 하셨습니다. 죄가 큰 사람들이여, 큰 자이신 그가 여러분을 포위하고 괴롭히는 어려움을 제거하셨습니다.

그런 분이 그런 여러분을 구하려 오신 것을 생각할 때 얼마나 기쁜지요? 죄가 크다면 얼마나 크겠습니까?

죄를 사해주시는 그의 능력이 또한 크십니다.

갈보리를 바라보십시오. 눈물이 앞을 가리지만 단번에 죄를 없애기 위해 그가 드린 희생을 바라볼 수 있을 것입니다. 구약의 성막과 죄에 대해 생각해 보십시오. 아론은 하늘로 연기를 올리며 그의 수송아지를 드렸습니다. 그러나 아무 일도 일어나지 않았습니다. 어린 양과 염소와 숫양을 가져다 그 피로 제단을 적셨습니다. 성막의 모든 흙이 수송아지와 염소의 피로 흠뻑 젖었습니다. 그러나 어떤 일도 일어나지 않았습니다. 이런 것으로는 죄를 없앨 수 없었습니다.

지금 예수님께서 가지고 오신 더 위대한 희생을 보십시오. 지극히 높으신 우리의 제사장이 흠 없는 자신을 하나님께 온전히 드렸습니다.

얼마나 위대하신지요! 그의 큰 제단위에 더 이상 동물을 태워 희뿌연 연기를 하늘로 올려 보내는 일은 없습니다. 대신 약속된 대속물이신 그의 몸과 영혼이 우리 인간을 위해 희생 제물로 드려졌습니다. 단번에 그리고 영원히 우리 죄를 끝낼 대속제물의 영광의 값을 우리 중 어느 누구도 지불할 수 없습니다.

자세히 그리고 신중히 생각해 보십시오. 하나님과 동등하시어 순전하고 죄 없으신 그가 우리가 받아야 할 저주를 받으시고 우리를 위해 죄를 지시고 공의를 위해 우리를 대신해 자신을 희생 제물로 드렸다는 것을 가볍게 생각하지 마십시오. 이것은 보통의 일을 넘어서는 기적 중의 기적이고 경이로움 중에 경이로움입니다.

우리를 대신해 죄를 지신 그가 우리를 대속하시고 완전하신 그가 형벌의 고통을 받으시고 모든 선이신 그가 죄인으로 여김을 받으시고 최고의 사랑이신 그가 사랑의 하나님께 버림받으셔야 했던 이 모든 일들이 우리의 머리로는 생각할 수 없는 일입니다. 세계에서 가장 높다고 하는 알프스 산맥을 뛰어 넘는 일입니다.

예수님이 영광스럽게 자신을 내어드림이 얼마나 위엄 있고 가치 있는 일인지요! 우리의 죄가 너무 크지만 그의 희생이 더욱 큽니다. 예수님의 속죄가 우리의 죄를 덮고 풍성한 의로움만이 남아 있습니다.

사랑하는 여러분!

우리가 그런 지극히 높은 제사장을 모시고 있다는 것이 얼마나 은혜인지요?

여러분이나 제가 오늘밤 큰 죄로 인해 힘들어 한다면 '큰 용서'가 있을 것입니다. 그 용서는 너무 커서 그 죄를 여호와의 뒤에 남기고 소멸시켜 없애버립니다. 그 용서는 우리 영혼 속에 기쁨과 평화의 노래를 영원히 울려 퍼지게 합니다.

> 그는 용서하시는 분 우리는 죄인
> 죄가 크지만 용서도 크셔라
> 우리의 아픔을 치유하시는 그의 선하심도 크셔라
> 우리의 원수를 멸하시는 그의 사랑도 크셔라.

우리에게 그 큰 구원을 주신 그는 정말로 큰 자이십니다.

저의 진정한 친구인 여러분! 그 큰 희생으로 죄 사함 받은 여러분과 제가 가나안으로 향하는 광야를 지나고 있습니다. 매일매일 우리를 짓누르고 있는 '큰 필요들'이 많이 있습니다. 우리는 궁핍하지만 예수님 안에서 그 모든 것을 공급받을 수 있습니다. 우리가 많은 음식을 필요로 할 때 하늘의 양식이 내려와 각자의 오멜[2]을 채웁니다. 우리가 생수의 강을 요구할 때 반석을 쳐서 끊이지 않는 물이 나오게 하셨습니다. 흘러나온 물은 결코 끊어지지 않습니다.

우리는 많은 요구를 하지만 그리스도는 '다 공급'해 주십니다. 천국에 가기까지 우리는 우리가 알고 있는 것보다 더 많은 것을 필요로 할 것입니다. 우리의 현실은 울퉁불퉁한 길이 놓여 있고 우리를 부양할 자는 몸져 누워있고 모든 일에 용기를 내기 힘들고 관대히 봐줄 것이 없습니다. 그러나 영원하신 분의 공급은 정말로 완벽합니다.

---

2 오멜(Omer): 성경에 나오는 부피의 단위중 하나, 보리 한 묶음이라는 뜻으로 하루분의 양식을 의미, 에바의 10분의 1, 출 16:12-18; 33; 29:40 – 역주.

베헤못[3]처럼 단숨에 요단강물을 마실 수 있을 만큼 은혜에 목마르십니까? 강물보다 더 많은 은혜가 여러분에게 임할 것입니다. 충분히 마시길 바랍니다. 그리스도가 여러분에게 하나님의 무한한 바다 같은 은혜로 채워 주실 것입니다.

스스로 제한하지 마시고 여러분의 구원자를 의심하지 마십시오.

왜 이스라엘의 거룩한 분의 은혜를 제한하려고 합니까? 그의 풍성한 공급을 경험하고 그의 베푸시는 은혜를 찬양하십시오. 그리고 천국에서 영원토록 감사의 보물을 그의 발 앞에 놓으십시오.

그렇습니다. 그는 '위대한 준비'의 그리스도입니다. 그분은 그의 백성을 위해 '위대한 천국'을 예비하시며 오늘도 보좌 앞에 계십니다. 그곳은 위대한 구원, 위대한 평화, 위대한 기쁨, 위대한 승리, 위대한 발견, 위대한 교제, 위대한 환희, 위대한 영광으로 이루어진 곳일 것입니다.

주님은 구속된 자들을 위해 작은 천국이나 초라한 연회나 소소한 기쁨을 준비하시는 분이 아닙니다. 그는 위대한 창조주이십니다. 많은 사람들이 커다란 행복을 영원히 느낄 수 있게 위대한 천국을 만들고 계십니다.

그가 큰 자가 되고(눅 1:32).

셀 수 없이 많은 주의 백성들이 거하는 천국에서 그는 큰 자이십니다. 천국으로 향하는 진주 문에 이르러 황금 길을 걷는다면 우리는 오늘밤 그가 큰 자가 되는 것을 맹세하는 것이 부끄럽지 않을 것입니다. 우리는 그의 거룩한 천사 앞에서 영광을 돌려 드릴 것입니다. 우리의 찬양이 주님

---

3 베헤못(Behemoth): 거대한 동물, 욥 40:15-24 - 역주.

을 더 위대하게 할 수 있다면 가장 큰 목소리로 밤이고 낮이고 찬양을 돌려드릴 것입니다. 이 세상 전부터 우리를 사랑하시고 이 세상 끝날 까지 우리를 사랑하실 그분께 수천수만의 사람들이 영원한 할렐루야를 부르며 기쁨에 동참할 것입니다.

그가 큰 자가 되고(눅 1:32).

주님은 분명 큰 자이십니다. 우리가 사는 동안 마리아처럼 "내 영혼이 주를 찬양하며 내 마음이 하나님 내 구주를 기뻐하나이다"(눅 1:46-47)라고 찬양할 것입니다.

3. 곧 나타날 그의 위대하심

'주님의 위대하심이 곧 나타날 것'에 대해 좀 더 말씀 드리며 마치려고 합니다 구름 아래 있는 것처럼 흐릿한 눈으로 주님을 바라보는 사람들이 있습니다. 그들은 여전히 불확실하고 헛된 생각으로 그분을 과소평가합니다. 그러나 항상 그럴 수는 없을 것입니다. 지금은 한밤중이라 그의 영광을 보기가 힘든 것입니다. 한밤중이 아니라 하더라도 그들은 완전히 볼 수 없는 상태라 못 보기는 매한가지 일 것입니다. 그러나 그 어둠은 오래지 않을 것입니다. 사람의 마음이 영원히 어둡지 않을 것이기 때문입니다.
새벽이 오는 것을 이 눈으로 보고 있습니다.
지금 맑게 울리는 나팔 소리가 들리십니까?
실제 우리 귀로 그 소리를 알아차릴 수 있을 거라 생각하지 않습니다.

믿음의 귀로만 들을 수 있기 때문입니다. 나팔 소리가 대단히 크고 길게 울려 퍼집니다. 이 소리를 뒤이어 한 목소리가 들립니다.

보라 신랑이로다 맞으러 나오라(마 25:6).

"보라 그가 오신다! 보라 그가 오신다! 보라 그가 오신다!"
그 외치는 군대 소리를 듣지 못하십니까?
저는 지금 그 외치는 소리를 듣고 있습니다. 온 세상이 기쁨의 노래를 부르게 하십시오. 그가 오십니다. 나팔 소리가 그를 선포합니다. 저는 어떻게 예정된 일들이 일어날지 그 순서에 대해 말씀드릴 수는 없습니다. 그러나 제가 아는 것은 왕의 왕, 주의 주이신 우리 주님이 영원히 다스리신다는 것입니다. 할렐루야!

그가 큰 자가 되고(눅 1:32).

모든 민족들이 그의 발 앞에 엎드릴 것입니다. 반역한 적들도 그를 왕으로 모실 것입니다. 온 우주가 하나님의 영광으로 가득 찰 것입니다. 어디에도 주님의 빛이 비추지 않은 곳이 없습니다.

그가 큰 자가 되고(눅 1:32).

모든 무릎을 꿇게 하시고 모든 입으로 예수 그리스도를 주라 시인하여 하나님 아버지께 영광을 돌리게 하셨느니라(빌 2:10-11).

성경에 쓰여 있습니다. 형제자매 여러분! 오늘날 잘못된 신학이 전 세계에 퍼져있는 것에 대해 걱정하지 마십시오. 그리스도가 패한 것인 양 생각하며 염려하지 마십시오. 그는 어떤 짧은 화살로도 뚫을 수 없는 흠 하나 없는 빛나는 갑주를 입고 계십니다. 날카로운 눈매로 전쟁터를 살피고 언덕을 오르면서 잠시 동안 머물고 계십니다. 전쟁의 날에 그 불쌍한 종들은 너무 나약하여 대부분 되돌아 갈 것입니다. 하지만 그대로 내버려 두실 것입니다. 하늘과 땅의 육체의 무기가 얼마나 약한지 보게 될 것입니다.

형제자매 여러분! 용기를 가지십시오. 임마누엘이신 그분이 서둘러 오십니다. 여러분은 길에서 그분이 타고 오는 말발굽 소리를 들을 수 있을 것입니다. 그가 가까이 오십니다. 흰 말을 탄자들이 "이기고 또 이기려고" (계 6:2)하는 그를 따르며 출발합니다. 왜냐하면 전쟁은 주님께 속한 것이기 때문입니다. 그는 그 원수를 우리 손에 넘기실 것입니다. 주님은 영원 무궁토록 다스릴 것입니다. 왕의 왕께 할렐루야!

그가 모든 원수를 그 발 아래에 둘 때까지 반드시 왕 노릇 하시리니 (고전 15:25).

복음의 힘 있는 진보가 있어 그리스도가 사람 가운데 큰 자가 되는 날이 올 것입니다. 잠자고 있는 죽은 자를 깨우려 더 이상 다른 나팔소리를 들을 필요가 없을 때가 올 것입니다. 부활하신 자가 오십니다. 단번에 부활하십니다.

오, 모든 사람이 심지어 죽임당한 사람들이 무덤을 떠날 그 때에 그리스도가 얼마나 위대하신 분인지 알게 될 것입니다. 그는 부활의 첫 열매로 부활하게 된 자들 중에서 가장 빛나시며 영광 중에 계실 것입니다.

오, 얼마나 영광스러운 날이 될는지요! 무수한 자들이 생기를 얻어 죽음을 이기고 승리하신 것을 볼 그날에 형제자매 여러분이 예수님께 찬양을 돌리지 않을 수 없을 것입니다.

그 후에 '심판'이 있습니다. 오, 보좌에 앉아 의의 저울을 들고 우리 몸이 행했던 행위대로 심판하실 그 날에 그리스도가 얼마나 위대한지요!

저는 그날에 그분의 하나님 되심을 어느 누구도 부인할 수 없을 거라 확신합니다. 그 두려운 시간에 어느 누구도 그의 적들을 찬양할 수 없을 것입니다.

땅이 흔들이고 하늘은 무너져 내립니다. 별들이 떨어집니다. 태양은 그 빛을 잃습니다. 달은 검은 털로 짠 상복 같이 검어집니다. 원수들로부터 울부짖는 소리가 들립니다.

> 산들과 바위에게 말하되 우리 위에 떨어져 그의 얼굴에서 우리를 가리라(계 6:16).

고요하고 조용한 가운데 승리하신 그의 얼굴은 그들에게 두려움이 될 것입니다. 그들은 떨며 울부짖을 것입니다.

> 보좌에 앉으신 이의 얼굴에서와 그 어린 양의 진노에서 우리를 가리라(계 6:16).

그러나 그들은 숨을 수 없습니다. 어느 곳으로 날아간다 할지라도 사랑의 눈이 진노의 불꽃보다 더 잔인해져서 그들을 찾을 것입니다. 부드러운 기름이 맹렬히 불타오를 것입니다. 지옥은 그 화염 속에 있습니다. 먹잇감을 가지고 있는 사자보다 거룩함과 진리로 분노하시는 그의 사랑이 더 맹렬합니다. 그 날에 그의 사랑을 아는 사람들은 그에게 놀랄 것입니다. 그의 진노를 아는 사람들은 "그가 큰 자가 되고"(눅1:32)라는 말을 말 그대로 느낄 것입니다. 지옥에서도 그와 같은 큰 자가 없음을 알게 될 것입니다.

그 때에 그가 "철장으로 그들을 깨뜨리고 질그릇 같이 부수실 것입니다"(시 2:9). 그들이 위엄 있는 왕의 보좌 앞에 섰을 때 후회와 절망의 울부짖음으로 위엄에 눌린 온 우주를 향해 예수님은 위대하시다고 선포할 것입니다.

> 그의 아들에게 입맞추라 그렇지 아니하면 진노하심으로 너희가 길에서 망하리니 그의 진노가 급하심이라 여호와께 피하는 모든 사람은 다 복이 있도다(시 2:12).

마침내 '그의 택하신 모든 자들을 모으실 때' 그는 큰 자가 될 것입니다. 그 때에 그 피로 구속된 모든 영혼이 그를 경배하기 위해 그의 궁전에 모일 것입니다. 오, 동서남북 먼 곳에서부터 빛나는 불과 영광이 넓게 원을 그리며 그와 그의 보좌 둘레를 에워싸고 하나님의 아들 앞에 모두가 경배하며 그 가운데 계신 주님을 "할렐루야"로 찬양할 때 이 얼마나 놀라운 광경인지요!

어느 누구도 거기계신 주님을 의심하거나 반대할 수 없을 것입니다.

오, 모두가 그분께 최고로 찬양을 올려 드리는 것이 이 얼마나 놀라운 광경이란 말입니까!

그 놀라운 사랑에 모든 심장이 뛰고 모든 혀가 그의 존귀를 노래할 때

분열이나 불화나 어떤 거슬리는 화음도 없습니다.

셀 수 없는 무리가 사랑하는 주님을 경배합니다. 그들이 다시 한 번 "할렐루야"를 외칠 때 경배의 향기가 영원 무궁히 올라갑니다.

"할렐루야, 할렐루야, 할렐루야, 주 우리 하나님 곧 전능하신 이가 통치하시도다. 그의 아들은 영원무궁토록 영광의 보좌에 앉아 높임을 받으시리라"고 말하는 큰 음성이 들릴 것입니다. 진실로, 그는 큰 자가 될 것입니다.

오, 불쌍한 죄인들이여! 오늘밤 신뢰함으로 그분을 높이시길 바랍니다. 하나님의 아들이신 그분을 갈망함으로 높이시길 바랍니다. 오늘 저녁 식탁을 대하실 때 그분을 간절히 원하는 마음으로 높이시기를 바랍니다. 넘치는 기쁨으로 그와 함께 먹고 마시는 것을 귀히 여기십시오. 간절함과 갈급함으로 그에게 나아가 그분을 여러분 안으로 모시고 "그는 나의 양식이오, 나의 잔이오, 나의 생명이오, 나의 전부입니다"라고 말하시길 바랍니다.

그러는 동안 내내 여러분의 영이 찬양하며 여러분의 몸이 경배하며 뛰게 하십시오. 여러분의 손과 마음과 입술로 "할렐루야, 할렐루야, 할렐루야! 우리를 사랑하사 우리를 위해 죽으시고 다시 사신 그분께 영원무궁토록 영광이 있을 지어다"라고 찬양하십시오.

죽임 당하신 어린 양께, 모든 영광 돌리리

셀 수 없이 많은 면류관을 머리에 둘러

빛의 천사들이 찬송과 영광과 부와 능력을

영원히 돌릴지어다.

Sermons about Christmas

10장
위대한 탄생과 우리의 성숙

1884년 12월 21일 뉴웡턴, 메트로폴리탄 태버나클에서 찰스 스펄전 목사가 전한 주일 오전 설교문이다.

> 이와 같이 우리도 어렸을 때에 이 세상의 초등학문 아래에 있어서 종노릇 하였더니 때가 차매 하나님이 그 아들을 보내사 여자에게서 나게 하시고 율법 아래에 나게 하신 것은 율법 아래에 있는 자들을 속량하시고 우리로 아들의 명분을 얻게 하려 하심이라 너희가 아들이므로 하나님이 그 아들의 영을 우리 마음 가운데 보내사 "아빠 아버지"라 부르게 하셨느니라(갈 4:3-6).

우리 주 예수 그리스도가 이 땅에 나심은 정결하고 순수한 기쁨의 원천입니다. 우리는 그의 십자가 사건을 슬프고 후회스러운 일과 연관 지어 많이 생각합니다. 그러나 베들레헴에서 그가 태어나심에는 기쁨만이 있습니다. 천사의 노래는 이 기쁜 소식에 잘 어울립니다. 평화의 기쁜 소식으로 온 세상을 가득 채우는 것은 그의 낮아지심과 어울리는 일입니다.

베들레헴의 별들도 불길한 빛을 비추지 않습니다. "한 아기가 우리에게 났고 한 아들을 우리에게 주신 바 되었는데"(사 9:6)라며 기뻐 노래합니다.

영원한 하나님이 하늘에서 친히 내려와 자신이 만들었지만 자신을 대적했던 피조물의 본성을 취하신 그 행위는 사람에게 전혀 해로운 일이 아니었습니다. 우리의 성품을 가진 하나님은 우리를 대적하시는 분이 아니라 우리와 함께하시는 분입니다. 두 팔로 그 아기를 안아 올려 주님의 구원을 보시길 바랍니다. 이 구원은 사람에게 파멸을 의미할 수 없습니다.

이 세상 사람들이 위대한 탄생을 기리며 캐럴을 부르고 연회를 베풀면서 그 날을 성대한 축제로 즐기는 것은 놀라운 일이 아닙니다. 그들은 그 신비로운 일에 대한 영적인 의미도 모른 채 사람에게 그저 좋은 것으로 인식하며 자신들만의 방식으로 그 날을 보내고 있습니다. 그러나 매일을 주님의 날로 지키는 우리는 평화의 왕자 품안에서 영원히 기뻐하며 우리 주님의 인성 속에 있는 위로의 근원을 발견합니다.

진실로 하나님의 백성에게 성육신은 졸졸 흐르는 시내들이 합쳐져 큰 강을 이루는 것처럼 우리의 지식을 더해주는 사려 깊은 기쁨의 주제입니다. 예수님의 탄생은 우리에게 희망을 주는 것 뿐 아니라 좋은 것에 대한 확신을 줍니다. 단지 우리의 성품을 입고 오신 그리스도의 오심에 대해 말하는 것이 아닙니다. 그의 사랑의 위대함을 나타내시고자 우리와 한 몸을 이루시고 우리와 연합하신 것을 말하고 있습니다. 그는 그의 이름을 믿는 자 모두와 하나가 되십니다.

인간의 육체를 입고 오신 우리 주 예수 그리스도를 통해 하나님이 교회에 주신 특별한 뜻에 관해 본문에 비추어 생각해 보고자 합니다. 사랑하는 여러분, 잘 아시다시피 주님의 재림은 교회에 놀라운 변화를 줄 것입니다.

그 때에 의인들은 해와 같이 빛나리라(마 13:43).

우리는 주님의 재림을 기다립니다. 주님께서 교회를 지금보다 더 높은 자리로 올려 주실 것입니다. 군인들은 승리의 개가를 부를 것이고 일하는 자들은 기뻐할 것입니다. 지금은 전쟁의 때이지만 주의 재림은 승리와 안식을 주실 것입니다. 오늘날 왕께서 우리에게 전쟁에 나가라고 명하시지만 옛적 영광스러웠던 시온을 곧 그가 다스리실 것입니다.

그가 오실 그 때에 우리는 그와 같이 될 것입니다. 있는 모습 그대로의 그분을 만나볼 것입니다. 신부는 자기 보석으로 단장하며 신랑을 맞을 준비를 할 것입니다. 모든 피조물이 교회와 함께 탄식하며 함께 산고의 고통을 겪고 있지만 해산의 날이 올 것입니다. 하나님의 자녀가 되는 영광스러운 자유에 들어갈 때가 올 것입니다.

이것은 재림에 대한 약속입니다.

그러면 초림의 결과는 무엇이었습니까?

하나님의 교회에 대한 섭리 속에 이 둘은 어떠한 차이가 있습니까?

분명 차이가 있습니다. 바울은 우리에게 말씀하십니다.

우리도 어렸을 때에 이 세상의 초등학문 아래에 있어서 종 노릇 하였더니 때가 차매 하나님이 그 아들을 보내사 여자에게서 나게 하시고 율법 아래에 나게 하셨다(갈 4:4-5).

어떤 사람은 "그가 여기서 말하는 사람은 유대인이다"라고 말합니다. 그러나 바울은 이전 장에서 유대인과 이방인으로 나누어진 교회에 대항해 명백히 말씀하셨습니다. 그에게 교회는 하나이며 우리가 종 노릇 했다고 말했을 때는 이미 갈라디아 교인들이 많은 수의 이방인 크리스천으로 이루어졌다는 것을 말하고 있는 것입니다. 그러나 진실로 그는 유대인이나 이방인으로 나누어 생각하지 않았습니다. 모두를 하나님의 개 교회이자 한 일부로 생각했습니다.

그 당시에는 선택된 백성을 주로 이스라엘 민족으로 생각했지만 항상 우리 눈에 보이는 것을 넘어 선택된 백성이 있었습니다. 하나님의 마음에 선택된 백성은 항상 유대인이나 이방인이 아닌 예수 그리스도 안에 속한 사람들이었습니다. 그래서 바울은 그리스도가 오실 때까지 교회는 초등 교사나 후견인이 아래에 있는 어린아이 같고 아직 분별력이 없어서 율법 아래에 있어야만 하는 젊은이와 같다고 했습니다.

그리스도가 왔을 때 그의 위대한 탄생은 교회의 성장의 서막이 되었습니다. 믿는 자들은 더 이상 아이로 있지 않고 그리스도 예수 안에서 어른이 되었습니다. 우리 주님은 그의 초림으로 미성년 상태에 있던 교회를 성숙의 상태로 이끄셨습니다. 그래서 교회가 그 유업을 소유하고 그 권리와 자유를 주장하며 만끽할 수 있게 되었습니다.

학교 교사 같은 율법 아래에 있던 자가 그 규제와 징계에서부터 나와 완전한 상속자의 자유와 권리를 얻게 된 것은 놀라운 일입니다. 그러나 그것은 옛적에 믿었던 자들을 위한 변화였습니다. 구약 아래에 가장 높은 자와 신약 아래에 가장 낮은 자 사이에는 놀라운 차이가 있습니다.

> 여자가 낳은 자 중에 세례(침례) 요한보다 큰이가 없도다 그러나 하나님의 나라에서는 극히 작은 자라도 저보다 크다(마 11:11; 눅 7:28).

세례(침례) 요한은 열아홉 살의 청년으로 비견될 수 있습니다. 그는 여전히 율법아래 아이이고 여전히 후견인 아래 있으며 그의 재산에도 접근할 수 없습니다. 그러나 예수님 안에 믿는 자들은 아무리 작은 자라도 그의 어린 시절을 지나 "이 후로는 종이 아니요 아들이니 아들이면 하나님으로 말미암아 유업을 받을 자"(갈 4:7)가 되었습니다.

오늘 우리가 이 본문을 보는 동안 성령님께서 축복해 주시길 원합니다.

첫째, '하나님의 아들의 기쁜 사역에 대해 생각'해 보고자 합니다.

둘째, 우리 본문에 나온 대로 '그 사역에 따라오는 기쁜 결과'에 대해 살펴보고자 합니다.

셋째, 우리의 상속권에 대해 살펴보고자 합니다.

1. 하나님의 아들의 기쁜 사역을 생각하기

'하나님의 아들의 기쁜 사역에 대해 생각'해 보는 것에 여러분을 초대합니다. 하늘의 주님이 이 땅에 오셨습니다. 하나님 자신이 인간의 본성을 입으셨습니다.

할렐루야! 이 위대한 일이 가장 적절한 그 때에 이루어 졌습니다. "때가 차매 하나님이 그 아들을 보내사 여자에게서 나게 하시고."(갈 4:4).

시간이 흐르고 흘러 정한 기한이 다 차서 하나님의 아들이 등장할 때가 되었습니다.

왜 사천여년의 긴 시간 동안 세상이 어둠 속에 있어야 했는지 왜 교회가 그 기간을 온전히 다 채워야 했는지 우리는 알 수 없지만 예수님께서 때가 차서 이 땅에 보내지신 것은 분명히 말할 수 있습니다. 우리 주님은 그의 예정된 시간보다 일찍 오시거나 늦게 오신 것이 아닙니다. 그는 그의 시간을 정확히 지키셨고 그 때에 "내가 왔나이다"(시 40:7)고 말씀하셨습니다. 왜 그리스도가 그 때에 왔는지 호기심어린 눈으로 바라본다 해도 그 이유를 알아낼 수 없습니다. 하지만 그것에 관하여 진지하게 생각해 볼 수 있습니다.

예수님의 탄생은 항상 있었던 태양처럼 역사상 가장 장엄하게 빛나는 순간입니다. 예수님의 태어나심은 인류 운명에 있어서 북극성과 같고 인류 연대기의 중요한 시점이며 과거와 미래의 물이 만나는 지점입니다.

왜 이 일이 그 때에 일어난 것일까요?

이 사건은 확실히 예견된 일이었습니다. 그 시간을 정확하게 지목한 예언들이 많았습니다. 저는 지금 그 예언으로 여러분을 붙들고 싶지 않습니다. 그러나 여러분 중에 구약에 익숙하신 분들은 많은 성경 구절이 실로[1]가 오는 때와 위대한 희생이 드려져야 하는 시기에 대해 주목하고 있다는 것을 잘 알고 있을 것입니다.

완전하신 주님이 모든 일의 때를 정하십니다. 하나님의 섭리 안에 느슨한 천이나 바느질이 빠진 부분은 있을 수 없습니다. 우연히 생긴 일도 없습니다. 우주의 큰 시계가 정확하게 움직이듯 하나님의 섭리아래 모든 사건들은 한 점의 오차도 없이 움직이고 있습니다.

모든 사건 중에서 가장 정확하고 현명한 시간에 일어나야만 했던 일이 있었습니다. 그리고 그 사건은 그렇게 일어났습니다. 하나님께서 의지적으로 때와 장소를 정하셨습니다. 그 하나님의 의지가 그 사건의 때와 장소에 대해 우리에게 말해 줄 수 있는 가장 큰 이유입니다.

우리가 이해할 수 있는 어떤 이유를 제시한다면 교회와 교회의 성숙의 때와 연관 지어 그 이유를 생각해야 합니다. 성인의 나이인 스물한 살이 약속의 나이인 것에는 이유가 있습니다. 그 나이가 되면 다 성장한 성숙

---

1 실로(Shiloh): 창 49:10, 이 설교에서는 메시야를 예언하는 것으로 해석 - 역주.

한 어른이 됩니다. 열 살이나 열한 살 또는 열두 살이면 성인으로 보기 힘 듭니다. 아마 모든 사람들이 그런 청소년의 나이는 부적합하다고 생각할 것입니다. 그런 반면에 서른을 성인의 나이로 본다면 불필요하게 그 나이를 미루는 것으로 생각할 것입니다.

현명한 사람들이라면 하나님의 교회가 주님이 오시는 날보다 앞서서 복음을 인내하기는 힘들었을 것이라고 생각할 수 있습니다. 또한 그 시간을 지나서 우울한 상황 가운데에 교회를 지키는 것도 쉽지 않은 일일 거라고 생각할 수 있습니다. 우리가 완전히 이해할 수 없어도 그 날은 가장 적절한 때에 이루어졌습니다.

사람의 생명처럼 교회의 생명에 대해 정확히 예상을 한다는 것은 불가능한 일입니다. 그러나 하나님 한 분만이 교회의 때와 적절한 시간을 아십니다. 지난 사천년간 그분의 섭리로 교회는 가르침을 받아왔고 젊었을 때에 멍에를 메는 적절한 시간이 있었다는 것에 의심할 여지가 없습니다.

한 사람이 성숙해 져서 어른이 되는 시기는 그 주변 사람들의 상황을 고려하여 법이 정해 줍니다. 다섯 살이나 여섯 살짜리 아이가 주인이 되는 것은 종에게는 맞지 않는 것입니다. 열 살이나 열두 살짜리 소년이 무역상이 되어 자기 계좌를 갖는 것은 상인들의 세계에 맞지 않는 것입니다. 부양가족이나 친척, 이웃을 고려하여 적합한 때가 있는 것입니다. 남은 사람들을 고려하여 교회의 적합한 시기가 있다는 것에도 그렇습니다.

세상은 자신의 어두움을 알아야 합니다. 그래야 빛이 비출 때 그 빛을 중히 여길 수 있습니다. 세상은 그 속박의 굴레에 지쳐 힘들어하는 시간이 있어야 합니다. 그래야 위대한 구원자를 환영할 수 있습니다. 세상의 지혜가 스스로 자신의 어리석음을 증명하는 것이 바로 하나님의 계획입니다. 세상의 지성과 기술이 스스로 지칠 때까지 일하는 것을 허락하신 이유입니다.

그리고 나서야 그의 아들을 보내셨습니다. 사람들이 자신의 힘이 약하다는 것을 완전히 깨달은 후에 그의 의로움과 힘을 보이셨습니다. 절대 군주가 온 세상을 다 지배하고 유혈의 시대가 끝난 후에 전쟁의 신전 문이 닫혔을 때 신실한 사람들이 고대하던 주님이 갑자기 나타나셨습니다. 그 때가 찼을 때 구원자이신 우리 주님이 오셨습니다. 추수 때가 되어야 곡식을 거두어들이는 것처럼 한 번 더 시간이 무르익고 그의 임재를 위한 준비가 다 되었을 때 다시 오실 것입니다. 초림을 생각해 볼 때 '주님이 인간을 향해 오셨다'는 것을 잘 알 수 있습니다.

때가 차매 하나님이 그 아들을 보내사(갈 4:4).

우리는 주님을 향해 가지 않았지만 주님은 우리를 향해 오셨습니다. 세상 사람들이 회개는 해도 자신을 만드신 분을 찾았다는 것을 어디서도 볼 수 없습니다. 오히려 무한한 사랑으로 그 침묵을 깨시고 원수들을 축복하시고자 주님이 오셨습니다. 하나님의 은혜가 얼마나 자발적인 일이었는지 보십시오. 모든 선한 것들이 그에게서 시작되었습니다.

하나님께서 그의 백성이 영적인 어린 아이에서 어른으로 성장해 가는 모든 단계마다 관심을 갖고 계신다는 것이 얼마나 기쁜 일인지요. 이삭이 젖을 뗐을 때 아브라함이 성대한 잔치를 베풀었던 것처럼 우리 주님은 그의 백성이 성년이 될 때 잔치를 베푸실 것입니다. 그의 백성이 율법아래 아직 성년이 되지 못했을 때 하나님께서 이끄시고 가르치셨습니다. 하나님은 율법의 멍에가 그들에게 좋은 것이고 그것을 지킬 때 편안해 진다는 것을 알고 계셨습니다. 그러나 그들의 때가 왔을 때 기뻐하셨습니다.

오, 시편 기자가 "하나님이여 주의 생각이 내게 어찌 그리 보배로우신지요 그 수가 어찌 그리 많은지요!"(시 139:17)라고 말한 것을 보십시오!

기뻐 외치십시오!

새로운 하나님의 섭리가 우리 가운데 축복으로 임하셨습니다. 위대한 사랑 안에 있는 하나님의 선물을 모든 지혜로 가득 부어 주셨습니다. 때가 차매 그의 백성에게 특권을 주시기 위해 하나님 자신이 친히 오셨습니다. 그의 백성 중에 축복을 놓치는 사람이 하나도 없기를 바라시는 것이 그분의 뜻입니다. 우리가 아이라면 이것은 하나님의 뜻이 아닙니다. 우리가 어른이 되길 바라십니다. 우리가 굶주렸다면 그것은 하나님의 소망이 아닙니다. 그 분은 하늘의 양식으로 우리를 먹여주시길 원하십니다.

"하나님이 그 아들을 보내사"(갈 4:4)에 나와 있는 하나님의 중재를 기억하십시오. "하나님이 그 아들을 보내사"(갈4:4)에서 '보내사'라는 단어에 주목하여 보기를 원합니다. 저는 그 표현을 생각하면 너무나 기쁩니다. 그 속에 예수님의 전 사역이 담겨져 있다고 생각하기 때문입니다. 그리스도가 행하신 모든 것은 아버지의 권위와 권한에서 나온 것입니다.

베들레헴에서 나신 그가 우리의 본성을 취하시고 하나님의 권위 아래 이 모든 일을 행하셨습니다. 사람들 중에 하나님의 메신저로 대사로 오셔서 두 손으로 선물을 주셨습니다. 그는 하늘의 법정의 전권을 위임받으셨습니다. 그리스도의 모든 말씀 뒤에는 영원하신 분의 보증이 있습니다. 그리스도의 모든 약속 뒤에는 하나님의 맹세가 있습니다. 아들이 스스로 하는 것이 하나도 없고 그와 동행하시는 아버지와 함께 일하십니다.

여러분이 그리스도께 기대었다면 아마추어 구원자나 위임받지 않은 구속자에게 의지한 것이 아닙니다. 지극히 높으신 분의 보냄을 받은 분께 의지한 것입니다. 그가 하시는 모든 일은 하나님의 위임으로 된 것입니다. "이는 내 사랑하는 아들이니 너희는 그의 말을 들으라"(막 9:7)고 아버지께서 말씀하셨습니다. 그의 말을 듣는 것은 지극히 높으신 분의 말을 듣는 것입니다. 베들레헴으로 보내심을 받은 우리 주님을 기뻐합시다.

이번에는 눈을 돌려 다음 말을 살펴보도록 합시다.

때가 차매 하나님이 '그 아들'을 보내사(갈 4:4).

보내심을 입은 하나님의 사람을 보십시오. 하나님은 천사나 어떤 고귀한 피조물을 보내신 것이 아니라 '그의 아들'을 보내셨습니다.

어떻게 우리가 하나님의 아들을 알 수 있었겠습니까?

그 아들의 영원한 관계는 우리가 도저히 알아낼 수 없는 신비한 일 중의 하나로 영원히 남아 있을 것입니다. 우리가 하나님의 깊은 뜻을 보기 위해 하나님의 언약궤를 연다면 벧세메스[2] 사람들의 죄와 같은 결과를 받을 것입니다.

그리스도가 하나님이신 것은 분명 확실합니다. 그가 '그 아들'로 불리신 이유이기도 합니다. 그는 이 세상에 나시기 전부터 계셨습니다. 하나님께서 그 아들을 '보내셨기' 때문입니다. 그는 이미 계신 분이십니다. 그렇지 않다면 '보내심'을 받을 수 없습니다. 아버지와 함께 계신 분이지만 아버지와는 완전히 다른 분으로 아버지와는 다른 본성을 가지셨습니다. 그렇지 않으면 하나님께서 그 아들을 보내셨다고 말할 수 없습니다.

하나님 아버지는 여자에게서 나지 않으시고 율법 아래에 계시지도 않습니다. 우리는 그리스도와 하나님이 함께하신다는 것을 알고 확신하지만

---

[2] 심상 6:19 - 벧세메스 사람들이 여호와의 궤를 들여다본 고로 그들을 치사 (오만)칠십 인을 죽이신지라 여호와께서 백성을 쳐서 크게 살륙하셨으므로 백성이 애곡하였더라 – 역주.

하나님의 아들은 확실히 다른 본성을 가지고 계십니다.

　하나님께서 우리를 높이고자 독생자를 보내심에 찬양하십시오. 사람에게 보내신 전령은 다름 아닌 하나님 자신의 아들이었습니다.

　이 얼마나 존귀한 일입니까?

　마리아에게 나신 분은 바로 천사들의 주인이십니다. 그 분은 다른 피조물과 같지 않고 여자의 가슴에 안겨 강보에 싸여 있습니다.

　오, 이 얼마나 위엄 있는 일이며 결과적으로 효율적인 일입니까!

　우리를 구하시러 오신 그 분은 우리와 같은 약한 피조물이 아닙니다. 우리의 본성을 취하신 그 분은 천사가 가졌던 제한된 능력을 가진 존재가 아닙니다. 그는 지극히 높으신 분의 아들이십니다. 그 존귀한 이름에 영광을 돌려드립시다. 이 사실에 기쁨으로 거하시길 바랍니다.

> 구원의 기쁜 소식을 전하러 예언자들이 보내심을 받았네
> 이 존귀한 소식을 들을 자 누구인가
> 가장 따뜻한 사랑을 거부할 수 있을까?
>
> 할렐루야가 끊이지 않는 천국에 계신 그분
> 전능하신 하나님이 오셨네
> 평화의 왕자가 우리에게 오셨네.
>
> 우리를 만드신 그가 죄와 지옥에서 우리를 구하시네
> 나락으로 떨어진 우리를 회복시키시네.

　본문의 모든 단어를 생각하며 계속 말씀 드리겠습니다. "여자에게서 나

게 하시고"(갈 4:4)에 나온 대로 '하나님은 그의 아들은 진짜 사람으로 보내셨습니다.' 개정된 번역에서는 "여자에게서 태어나시고"라고 되어있을 것입니다. 여러분들은 아마 '나게 하다'와 '태어나다'라는 두 의미를 합하여 "여자에게서 태어나게 하시고"라고 말하면 더 잘 이해하실 것입니다.

그리스도는 이 세상에 태어난 다른 어느 아기처럼 참으로 어머니의 본질을 가지고 있습니다. 하나님은 그리스도의 인성을 따로 만들지 않으셨습니다. 그 인성을 특별한 방법으로 유한한 존재인 인간의 몸에 넣으셨습니다. 따라서 그는 우리와 같은 사람이며 다른 종족의 인간이 아닌 것입니다. 그는 단순히 인간이 되신 것이 아니라 여러분과 같은 인간이 되신 것입니다. 이것은 정말입니다. 여자의 몸에서 난 우리의 형제처럼 그는 그렇게 나셨습니다.

의도하지 않았지만 말씀드리지 않은 부분이 있습니다. 그가 남자가 아니라 여자에게서 태어나셨기에 그 본성이 어떻게 거룩한지를 보여야 합니다. 성령님이 동정녀 마리아에게 임해서 태생적으로 우리가 가지고 있었던 원죄와 상관이 없는 '거룩한 분'을 잉태할 수 있었습니다. 여기에 죄에서 먼 참된 인성 그리고 이 참된 인성을 통한 순전한 인성이 있습니다. 여자의 몸에 나신 그 분은 우리 인간의 나약한 육체를 가지셨습니다. 남자의 몸에서 나신 것이 아니어서 악의 성향을 가지거나 악을 기뻐하지 않으셨습니다.

우리에게 오신 그리스도 안에서 기뻐하시길 바랍니다. 뾰족한 탑 안에 있는 것이 아니라 여러분 마음속에 있는 기쁨의 종을 울리십시오. 하나님의 아들이신 그가 "여자에게서 나셨다"라는 소식보다 여러분의 귀에 더 기쁜 소식은 없습니다.

여기에 더하여 하나님은 그의 아들은 "율법 아래에 나게"(갈 4:4)하셨습니다. 율법 아래에 태어나게 하셨다는 말과 같은 의미입니다. 그가 여자에게서 나시었기에 율법 아래에 나게 되신 것입니다. 하나님의 아들이 율법 아래에 나셨습니다.

이 얼마나 경이롭고 놀라운 일입니까?

그가 율법을 만드신 분이시고 율법을 주신 분이시고 재판관으로 율법을 집행하시는 분이십니다. 그가 여자의 몸에서 나자마자 율법 아래에 놓이게 되었습니다. 이것은 자발적인 일이었고 필요한 일이었습니다. 그분은 기꺼이 사람이 되셨고 사람의 위치를 받아들이셨고 율법의 대상자인 사람의 자리에 서 계셨습니다. 사람들이 그분을 데려다 율법에 따라 할례를 행했을 때 그분이 율법 아래에 놓인 것이 만천하에 선포되었습니다.

여러분은 그의 삶 전부를 통틀어 그 분이 어떻게 하나님의 명령을 겸손하게 순종하였는지 볼 수 있습니다. 심지어 모세에 의해 주어진 그 율법을 성실히 따랐습니다. 사람의 유전이나 미신을 경멸하셨지만 경외함으로 하나님의 법도를 따랐습니다.

우리를 대신해 하나님께 나아가는 것을 생각해 볼 때 그는 공의의 법 아래에 놓여 있었습니다. 그는 아버지의 명령에 순종했습니다. 그는 첫째 계명과 둘째 계명을 온전히 준행했습니다. 그의 마음을 다하여 하나님을 사랑하셨고 그의 이웃을 그 자신 같이 사랑하셨습니다. "나의 하나님이여 내가 주의 뜻 행하기를 즐기오니 주의 법이 나의 심중에 있나이다"(시 40:8)라고 말씀하셨습니다. "나는 항상 그가 기뻐하시는 일을 행하므로"(요 8:29)라고 아버지께 진심으로 말 할 수 있었습니다.

왕의 왕께서 그 법 아래에 계시고 특별히 그 법을 준행하는 것 뿐 아니라 형벌을 받으러 오신 것은 정말이지 너무나 놀라운 일입니다.

> 사람의 모양으로 나타나사 자기를 낮추시고 죽기까지 복종하셨으니 곧 십자가에 죽으심이라(빌 2:8).

우리의 보증이자 대속물이신 그가 율법의 저주 아래 놓이셨습니다. 원래 우리를 위한 것이었던 그 저주 아래 놓이신 것입니다. 죄 없으신 분이 우리의 자리에 오셔서 우리의 본성을 가지시고 공의의 엄정한 심판 아래에 놓이셨습니다.

마침내 죽음의 형벌에 고개를 숙일 수밖에 없었습니다.

> 그가 우리를 위하여 목숨을 버리셨으니(요일 3:16).

우리를 하나님께 이끌기 위해 의로우신 분이 불의한 자들을 대신해 돌아가셨습니다. 이 성육신의 비밀 안에 죄 많은 인간을 위해 자신을 놀라운 대속물로 주신 이 사건을 믿는 자들의 놀라운 진보가 있습니다. 그의 강림이 영적 성숙과 자유의 시대를 열기 시작했습니다.

2. 주님의 성육신의 기쁜 결과에 대해 숙고하기

우리 주님의 성육신이 가져다 준 기쁜 결과를 심사숙고해 보길 원합니다. 전에 말씀드린 '그리스도의 오심이 믿는 자들의 미성숙한 시기를 종식시켰다'라는 주제에 돌아가려고 합니다. 그리스도가 오시기 전 유대인 중에 있던 하나님의 백성들은 하나님의 자녀이긴 했지만 어린 아이와 같은 상태였습니다. 그들은 예표, 기호, 환영, 상징과 같은 것으로 가르침을 받았습니다. 그러나 예수님이 오셨을 때 그런 어린아이 같은 가르침은 끝이 났습니다. 본질이 밝혀지니 그 환영은 사라졌습니다.

상징이 되신 분이 직접 나타나셨으므로 상징들은 더 이상 필요 없게 되었습니다. 우리 주 예수 그리스도가 아버지에 관해 분명히 보여주시며 직접 가르쳐 주신 것과 제사장들이 주홍빛 양털과 우슬초와 피로 그들을 가르쳤던 것에 얼마나 많은 차이가 있겠습니까? 주님의 사도를 통한 성령님의 가르침과 고기와 포도주와 거룩한 성일로 배우는 가르침 사이에 얼마나 많은 차이가 있겠습니까? 이전의 섭리는 안개같이 희미하고 커튼으로 가려진 것 같고 쉽게 접근할 수 없었지만 지금은 담대히 보좌에 나아가 우리가 다 수건을 벗은 얼굴로 거울을 보는 것 같이 주의 영광을 볼 수 있게 되었습니다.

그리스도가 오셨기 때문에 지금 더 이상 유치원 같은 곳을 다닐 필요가 없습니다. 우리가 아는 대로 주님의 가르침을 받을 영적 대학을 다니기 위해 유치원은 그만 두어야 합니다. 율법의 견디기 어려운 일들은 다 끝났습니다.

헬라인들은 소년일 때 잔인한 훈련을 받아야만 했습니다. 학교에 가면 까다로운 교사들이 그들을 매우 거칠게 다루었습니다. 소년들은 몸으로 가르침을 받아들여야 했고 지식의 나무는 원래 자작나무라고 여겼습니다. 따라서 매를 아끼지 않았으며 극기 훈련이나 고생스러운 일도 줄이지 않았습니다.

이것은 율법 아래 있던 처음 믿는 자들에게 똑같이 벌어진 일이었습니다. 베드로는 그것을 조상과 자신들도 능히 메지 못하던 멍에라고 불렀습니다(행 15:10). 율법이 우레와 타오르는 불 가운데 주어졌습니다. 따라서 사랑의 확신을 주기보다는 무서움을 불러일으키기에 훨씬 알맞았습니다.

우리에게 매일 위로가 될 수 있는 진리는 좀처럼 알 수 없고 선포되지도 않았습니다. 예언자들이 그리스도에 관해 이야기하기도 했지만 하나님을 버린 백성들을 향해 애통과 심판의 메시지를 쏟아놓는데 더 많이 열중했습니다. 생각건대 그리스도와 함께 하루는 모세와 함께 반세기에 해당할 것입니다.

예수님이 오셨을 때 믿는 자들은 아버지와 그의 사랑, 그의 풍성한 은혜, 그리고 그들을 위해 예비하신 나라에 관해 듣기 시작했습니다. 영원한 사랑, 구속하시는 은혜, 신실한 언약에 관한 교리가 밝혀지고 그들은 예수님의 인자하심과 위대한 아버지의 은혜, 그리고 존귀한 성령님의 내주하심에 대해 들었습니다.

마치 노예에서 자유자로 변화된 것처럼 어린 아이에서 어른으로 바뀌었습니다. 옛적 경륜을 특권으로 소유한 그들은 축복을 받았습니다. 이교도의 어두움과 비교할 때 그것은 놀라운 빛이었습니다. 그러나 이 모든 것은 그리스도가 가져오신 가장 절정의 것과 비교해 보면 한낮 촛불에 불과합니다.

율법이 "너희는 이것을 먹어서는 안 된다, 거기에 가서는 안 된다, 이것을 입어도 안 된다, 거기에 모여도 안 된다"라고 말하며 사람들에게 멍에를 강하게 씌웠습니다. 어디를 가든지 여러분은 속박 아래에 놓여 있었고 가시 울타리 속을 걷고 있었습니다. 율법은 이스라엘 민족에게 매번 죄를 일깨워 주고 이런 저런 범죄에 빠져드는 성향을 끊임없이 경고했습니다. 경고를 받는 것은 당연히 해야 되는 일입니다. 왜냐하면 젊어서 멍에를 지고 순종을 배우는 것이 유익하기 때문입니다. 그러나 그것은 매우 불편한 일입니다.

예수님께서 오셨을 때 얼마나 달라졌는지 한 번 보십시오. 너무 기쁜 나머지 사실이 아닌 것 같은 정말 꿈만 같은 일이 일어났습니다. 베드로도 처음엔 믿을 수가 없어서 확신할 만한 환상이 필요했습니다. 그가 본 것은 네 귀에 매어 땅에 내려지는 큰 보자기 같은 것이었고, 그 안에는 잡아먹는 것이 금지된 각종 짐승들과 네 발 가진 짐승이었습니다.

베드로가 "주여 그럴 수 없나이다 속되고 깨끗하지 아니한 것을 내가 결코 먹지 아니하였나이다"(행 10:14)라고 말했습니다. "하나님께서 깨끗하게 하신 것을 네가 속되다 하지 말라"(행 10:15)는 주님의 말씀에 베드로는 정말 깜짝 놀랐습니다.

"먹고 마시는 것과 여러 가지 씻는 것과 함께 육체의 예법일 뿐이며 개혁할 때까지 맡겨 둔 것"(히 9:10)이 변화의 첫 번째 순서입니다. 바울은 "내가 주 예수 안에서 알고 확신하노니 무엇이든지 스스로 속된 것이 없으되"(롬 14:14)라고 말했습니다. 예식에 있어 금지나 육체의 문제에 관한 명령은 지금 다 폐하여 졌습니다. 우리에게 큰 자유함만이 있습니다.

따라서 우리가 다시 육체의 멍에를 다시 메고 고통당하는 것은 정말 어리석은 일인 것입니다. 예언자들이 전에 말한 대로 마침내 우리 주님이 그의 아들을 보내사 우리를 영적인 어른으로 가장 높은 자리에 이끄셨을 때 우리의 어린 아이 같은 모습은 끝이 났습니다.

본문에서 말한 대로 그리스도가 오셔서 "율법 아래에 있는 자들을 속량" 하셨습니다(갈 4:5). 예수님이 태어나시고 율법 아래로 오셔서 율법을 완성하시는 이 모든 것이 종의 멍에에서 모든 믿는 자들을 자유케 하신다는 것을 의미합니다. 우리들 중 어느 누구도 거룩하시고 정의롭고 선하신 하나님의 명령에 기뻐하며 삶의 잣대가 되는 율법에서 자유케 되는 것을 감히 바라지 못했습니다. 우리는 하나라도 빠뜨리거나 범하지 않도록 율법의 모든 가르침을 준수할 수 있기를 바랬습니다. 우리의 간전할 바람은 완전한 거룩함이었습니다.

그러나 우리는 하나님 앞에서 의롭다하심을 받을 수 없었습니다. 우리가 오늘 "예식으로 구원 받기를 원하십니까?"라는 질문을 받는다면 "하나님께서 허락지 않으십니다"라고 답할 것입니다. 혹자는 세례(침례)식이나 주의 만찬이 할례나 유월절을 대신한다고 생각합니다. 유대인들이 하나의 예식으로 구원받았듯이 우리는 다른 예식으로 구원받을 것이라고 생각하는 사람도 있습니다.

절대로 이런 생각을 하지 마시기 바랍니다. 한 순간이라도 하지 마시기 바랍니다. 하나님의 사람은 밖으로 보이는 의식이나 형식이나 제사장의 능력으로 구원받는 것이 아니라 "하나님이 그 아들을 보내사 여자에게서 나게 하시고 율법 아래에 나게 하신 것"(갈 4:4)으로 구원받습니다. 그 분이 율법을 준행하시어 믿음으로 그의 의가 모든 믿는 자들을 덮어 율법의 심판을 받지 않게 되었습니다. 항상 평등이 기준이 되는 세상 법도 우리를 구원해 줄 방법이 될 수 없습니다.

한때 우리는 율법 아래에 있었고 신의 은총을 얻고자 열심히 율법을 준행하였습니다. 그러나 지금 우리는 그럴 이유가 없습니다. "이를 행하라 그러면 살리라"(눅 10:28)는 말씀처럼 노예 같았던 우리는 고통을 벗어나기 위해 보상을 받기 위해 열심히 노력하였습니다. 그러나 더 이상 그럴 필요가 없습니다.

한때 우리는 주님이 우리를 사랑해 주시지 않을까 혹은 우리가 한 행위로 받는 것이 있지 않을까하여 주님의 뜻을 열심히 지키려고 했습니다. 우리는 이제 완전히 다른 상황에서 은혜를 자유롭게 확실히 즐길 수 있기에 그 은혜를 얻으려 노력하지 않습니다. 하나님은 순전한 은혜 중에 우리를 사랑하시고 까닭 없는 은혜 중에 우리 죄를 사해 주십니다.

우리의 의로운 행위로 구원받은 것이 아닙니다. 우리가 준행하길 소망하는 거룩한 행위로 구원받은 것이 아닙니다. 값없는 은혜로 이미 구원받았습니다. 이런 은혜이기에 행위는 더 이상이 필요 없으며 처음부터 마지막까지 은혜만이 우리의 기쁨이자 영광이 됩니다.

우리를 덮으신 의로움은 여자의 몸에서 나신 그 분을 통해 이루어졌습니다. 천국에 갈 수 있는 것은 우리의 손이나 마음이 아닌 우리를 사랑하사 자신을 내어주신 그분의 공로입니다. 율법 아래 나신 우리 주님으로 인해 율법에서 구원받았습니다. 위대한 하나님의 아들이 우리 대신 종 되셔서 더 이상 우리는 종이 아닌 자녀가 되었습니다.

어떤 분은 "뭐라고요? 그렇다면 더 이상 선한 행위는 필요 없다는 말입니까?"라고 말할지 모르겠습니다. 사실 필요합니다. 우리가 전에는 선한 행위에 대해 말만 했지만 지금은 실제로 행동으로 옮기고 있습니다. 율법 아래에 있지 않고 은혜 아래에 있는 우리를 죄가 더 이상 지배하지 못합니다.

하나님의 은혜로 우리는 거룩한 행위가 많아지기를 소망합니다. 우리가 하나님을 섬기면 섬길수록 우리는 더 행복해집니다. 그러나 이것이 우리를 구원하지는 않습니다. 왜냐하면 이미 구원받았기 때문입니다. 오, 하갈의 자손인 여러분은 약속으로 태어난 자녀의 자유를 진정한 상속자의 자유를 이해하지 못합니다. 아직 종노릇 하며 율법의 힘 아래에 있는 여러분은 어떻게 우리가 하늘에 계신 우리 아버지를 온 맘과 영을 다해 섬기는지 이해 할 수 없을 것입니다. 우리가 무엇을 얻으려고 하는 것이 아니라 그가 우리의 행위와 상관없이 우리를 사랑하시고 구원하셨기 때문에 섬기는 것을 이해 할 수 없을 것입니다.

그러나 정말 그렇습니다. 그리스도의 사랑에 메여 그의 존귀, 찬양, 영광의 거룩한 가운데 풍성히 거합니다.

율법으로부터 구원 받은 자들이 종의 영을 벗어난 것이 얼마나 큰 특권인지요!

전심으로 우리를 구속하신 구원자를 찬양합시다!

우리는 율법으로부터 구원받았습니다. 지금 우리 안에 두려움은 없습니다. 우리는 하나님의 자녀들이 때때로 "우리가 죄에 빠진다면 하나님의 사랑은 끊어지고 결국 망할 거라는 생각을 해보지 않았습니까?"라고 말하는 소리를 들었습니다. 이것은 하나님의 변함없는 사랑을 폄하하는 것입니다. 여러분이 실수하는 것은 바로 자녀가 종이라고 생각하는 것입니다.

여러분이 종을 데리고 있어서 그가 잘못된 행동을 할 때 "일을 그만하길 바란다. 여기 네 삯이 있으니 다른 주인을 섬겨라"고 말했다고 합시다.

여러분의 아들에게 이렇게 할 수 있습니까?

여러분의 딸들에게 이렇게 할 수 있습니까?

여러분은 "한 번도 그런 생각을 해 본적이 없다"고 할 것입니다. 여러분의 자녀는 여러분에게 생명 같은 존재입니다. 아들이 여러분에게 나쁜 행동을 하는데 왜 자녀에게 일한 삯을 주고 그의 길을 가라고 하지 않습니까? 여러분의 대답은 그 삯만큼 나를 섬기지 않았지만 아들이기 때문에 "그렇게 할 수 없다"일 것입니다. 그런 것입니다. 종과 자녀의 차이를 항상 기억하시고 행위의 언약과 은혜의 언약의 차이를 항상 기억하시기 바랍니다.

이것에 미심쩍은 마음이 생긴다는 것을 잘 알고 있습니다. 그것은 어쩔 수 없는 것입니다. 진실은 진실인 것입니다. 자녀가 무슨 일을 해도 자녀일 것이기에 잘못된 일을 할 수 있다는 말입니까? 아닙니다. 오히려 자녀를 돌아오게 하시려는 그분의 사랑을 느끼게 해줍니다.

진정한 하나님의 자녀라면 아버지께 혼이 나서 문 밖으로 쫓겨 나갈 것 같은 두려움이 아닌 다른 힘으로 죄에서 멀어집니다. 여러분이 행위의 언약 아래에 있다면 여러분을 돌아 봐야 합니다. 여러분이 의로움에 이르지 못하면 망하는 것입니다. 행위의 언약 아래에 있어 완벽하지 않으면 버림받은 자가 될 것입니다. 한 가지 죄가 여러분을 멸하고 한 가지 죄악된 생각이 여러분을 파멸로 이끌 것입니다.

여러분이 완벽히 순종하지 않는다면 여러분의 멍에를 지고 가야합니다. 하나님께서 여러분의 행위로 판단하신다면 "여종과 그 아들을 내쫓으라"(창 2:10; 갈 4:30)고 말씀하실 것입니다. 그러나 여러분이 하나님의 자녀라면 이것은 다른 경우가 되는 것입니다. 여러분의 불순종으로 징계하신다 할지라도 여러분은 여전히 그의 자녀인 것입니다.

어떤 분은 "아, 그러면 저는 제 마음대로 살 것입니다"라고 말할지도 모르겠습니다.

잘 들어보십시오! 여러분이 하나님의 자녀라면 어떻게 살고 싶을 것인지 말씀드리겠습니다. 여러분은 아버지의 말씀에 완벽히 순종하며 살기를 바랄 것입니다. 하늘에 계신 우리 아버지가 완벽하신 것처럼 매일매일 완벽해지기를 간절히 갈망할 것입니다.

은혜가 나누어준 아들의 성품은 그 자체로 율법입니다. 주님이 거듭난 사람들의 마음에 경외하는 마음을 주어 하나님에게서 멀어지지 않게 하십니다. 거듭나서 하나님의 자녀가 되면 여러분은 이전에 율법에 의해 강요받을 때나 징벌을 받을 때는 생각지도 못했던 순종을 주님께 돌려드리게 됩니다. 사랑이 너무나 강력해서 그 사랑의 힘을 아는 자는 모든 죄를 미워하게 됩니다. 은혜로 구원에 이르면 이를수록 우리의 사랑은 더욱 더 강해지고 순전하고 거룩하게 살려고 더욱 더 애쓰게 됩니다.

기독교인의 순종의 힘을 모세와 비교하지 마십시오. "내가 이것저것을 하지 않으면 주님은 나를 버리실 것입니다"라고 말하지 마십시오. 이 말은 여종과 그 아들에게 해당하는 말입니다. 진정한 하늘의 상속자에게는 어울리지 않는 말입니다.

여러분의 입에 담지 마십시오. 여러분이 아들이라면 하나님이 그 자녀를 버리실 거라고 생각하는 것 자체가 하나님을 수치스럽게 만드는 것입니다. 여호와의 사랑이 변할까봐 두려워한다면 영적인 상속권과 자유를 잊어버리는 일입니다.

아이가 단지 몰라서 하는 말이라면 이해할 수 있습니다. 신학교수들이 더 많이 아는 것도 아니고 사역자중 상당수가 반쪽자리 전도자라는 사실도 놀랄 것이 못됩니다. 그러나 그리스도 안에 거하는 사람이 되었다면 율법에서 구속하셨다는 것을 바로 알아야 하고 다시 종의 굴레로 돌아가서는 안 되는 것입니다.

> 하나님이 그 아들을 보내사 여자에게서 나게 하시고 율법 아래에 나게 하신 것은 율법 아래에 있는 자들을 속량하시고(갈 4:4-5).

그분이 무엇을 위해 오셨습니까? 그 다음 구절을 명심하십시오.

> 우리로 아들의 명분을 얻게 하려 하심이라(갈 4:5).

우리 주 예수 그리스도가 인간의 몸을 입고 오셔서 그의 백성이 "아들의 명분"을 충분히 깨달아 알아 만끽할 수 있게 하셨습니다. 저는 오늘 아침 여러분들이 그렇게 누리시길 간절히 바랍니다. 성령님께서 여러분이 그렇게 할 수 있도록 도와주실 것입니다.

아들의 명분을 받는다는 것이 무엇입니까?

지금 저는 사랑하는 주의 자녀로 그 사랑의 아래에 있습니다. 매일 혹은 매주 들르는 종이 아니라 그분의 자녀로 아버지 집에 오고 갑니다. 아버지와 함께 있기에 종의 자리를 구하지 않습니다. 아버지의 것이 모두 제 것입니다. 나의 하나님이 나의 아버지시고 아버지를 볼 때 마다 저는 기쁩니다. 저는 아버지를 무서워하지 않습니다. 어떤 것도 아버지를 멀어지게 할 수 없기에 그 안에서 기뻐합니다. 두려움을 몰아내는 그 완벽한 사랑을 느끼며 그 안에서 즐거워합니다.

오늘 아침 그 영 안으로 들어가시길 바랍니다. 이것이 바로 그리스도가 육체를 입고 오신 이유입니다. 그의 백성이신 여러분은 주님의 아들의 명분을 얻어 그분과 확실한 부모와 자식의 관계가 되었습니다. 그래서 모든 특권을 행사하며 누릴 수 있는 것입니다.

3. 우리의 상속권

오늘 드릴 말씀은 여러분의 상속권을 사용하시라는 것입니다. 아들이면서 아버지의 모든 재산을 상속받은 사람이 가난에 힘들어 하고 거지처럼 행동하는 것은 어딘가 이상한 일입니다. 아들은 아버지의 모든 것을 자신의 것으로 바라봅니다. 아버지의 재산으로 부유한 삶을 삽니다. 아버지가 만든 것을 자신의 것으로 취하면서 훔친다는 생각을 하지 않고 자유롭게 사용합니다. 저는 여러분이 아버지의 약속과 축복을 자유롭게 누리시길 바랍니다.

하나님은 여러분에게 좋은 것을 주실 것을 미루는 분이 아닙니다. 여러분 앞에 차려진 것들을 마음껏 누리십시오. 모든 것이 여러분의 것입니다. 여러분에게 필요한 것은 단지 믿음의 손뿐입니다.

여러분이 무엇을 해야 할지 물어보십시오. 약속을 받아들인다면 그것은 도둑질하는 것이 아닙니다. 용감히 취해서 "이것은 내 것이다"고 말하면 됩니다.

여러분이 가지는 아들의 명분은 큰 권리를 가져옵니다. 그것을 지체 말고 사용하면 됩니다.

> 자녀이면 또한 상속자 곧 하나님의 상속자요 그리스도와 함께 한 상속자니(롬 8:17).

사람들 중에 자녀만이 아버지가 죽었을 때 유일한 재산의 상속자입니다. 하늘의 아버지가 살아 계시므로 우리는 완전한 상속권을 가지고 있습니다. 우리 주 예수 그리스도가 그의 사랑하는 백성을 자신의 상속권 안에 들어오게 할 목적으로 한 여자에서 나셨습니다.

여러분은 하나님과 여러분 사이에 세워진 영원한 관계로 인해 기쁨을 느껴야 합니다. 왜냐하면 예수님이 여전히 여러분의 형제이기 때문입니다. 여러분은 아들의 명분을 얻었고 하나님께서 그것을 절대 포기하지 않을 것입니다. 거듭남에 관한 것은 있지만 생명이 소멸되는 것은 없습니다. 여러분이 하나님께 났다면 하나님께 난 것입니다.

별들이 숯이 되고 해와 달이 핏덩어리와 같이 변해도 하나님께 난 사람이라면 영원히 없어지지 않을 생명을 가지고 있는 것입니다. 그는 하나님의 자녀이며 영원히 하나님의 자녀가 될 것입니다. 상속자로 고귀한 혈통의 자손으로 영원히 사라지지 않을 하나님과 관계를 맺은 자녀로 하나님께 난 자들은 자유로이 다닙니다. 이것이 그리스도를 여자에게서 나게 하시고 율법 아래에 나게 하셔서 우리가 양자된 특권을 충분히 누리게 하신 이유입니다.

이번에는 좀 더 깊이 살펴보기를 원합니다. 그리스도가 여자에게 나셔서 우리에게 주신 그 다음은 "너희가 아들이므로 하나님이 그 아들의 영을 우리 마음 가운데 보내"(갈 4:6)주신 것입니다. 여기 보내주신 것에는 두 가지가 있습니다.

하나님께서 그의 아들을 보내셨고 지금 그는 그의 영을 보내십니다. 그리스도를 보내셨기 때문에 그 영을 보내신 것입니다.

지금 여러분은 그리스도의 성육신으로 인해 성령님의 내주하심을 알게 되었습니다. 빛의 영, 생명의 영, 사랑의 영, 자유의 영, 그리스도 안에 있는 그 한 영이 여러분 안에 있습니다. 물로 세례(침례) 받으실 때 예수님께 임하신 그 동일한 영이 여러분 안에 임하십니다.

오, 하나님의 자녀인 여러분은 여러분의 안내자이자 위로자이신 하나님의 영을 가지고 있습니다. 그가 영원히 여러분과 함께할 것입니다. 그리스도의 삶이 여러분의 삶이며 그리스도의 영이 여러분의 영입니다. 그런 까닭에 다시는 두려움의 멍에를 지는 영을 받지 않고 양자의 영을 받은 오늘이 바로 기쁨이 넘치는 날입니다.

따라서 '아빠 아버지라 부르게'(갈 4:6)하신 예수님은 '양자의 영뿐만 아니라 아버지라 부를 수 있도록'하신 분이십니다. 옛날 전통에 따르면 종들은 "아빠 아버지"라고 감히 부를 수 없었습니다. 진실로 하나님의 자녀로 아들의 명분을 얻지 않고서는 '아빠 아버지'라고 참되이 부를 수 없습니다. 오늘 여러분 모두가 그리스도가 이 세상에 나심으로 단번에 성년에 이르러 이 시간 분명히 "아빠 아버지"라고 말할 수 있는 형제자매가 되시길 간절히 바랍니다.

하늘과 땅의 창조주이신 위대한 하나님이 나의 아버지이십니다. 저는 예수님께서 자녀로 삼지 않으셨다고 말씀하실까봐 두려워하지 않고 이 이 사실을 고백합니다. 천둥과 광풍이 몰아치는 바다의 지배자이신 분이 나의 아버지이십니다. 그의 능력을 무서워함에도 불구하고 그분께 사랑으로 다가갈 수 있습니다. 이 세상을 멸하시며 "너희 인생들은 돌아가라"(시 90:3)고 말씀하시는 분이 내 아버지이십니다. 언젠가 심판의 때가 되면 나를 부르실 거라는 생각에 두려워하지 않습니다.

나의 하나님이 심판하기 위해 무덤에서부터 죽은 자들을 부르십니다. 저는 하나님이 부르시고 제가 대답하는 그 시간을 기쁨으로 고대합니다. 나와 함께하시는 나의 아버지 되시는 분이 흐뭇하게 바라보실 것입니다. 저도 미소 지으며 '나의 아버지'라 말할 것입니다.

저를 벌하시고 울 때도 "나의 아버지"라고 부릅니다. 모든 선한 것을 제게 주시지만 견딜 수 없도록 힘에 겨운 것은 없습니다. 그분이 나의 아버지 되시니 영원토록 모든 것이 형통합니다. 그분이 나의 아버지 되시니 괴로움이 기쁨이 되고 죽음이 생명이 됩니다.

살아계신 하나님의 자녀이신 여러분! 서로 서로에게 이렇게 말하며 기쁨으로 집에 돌아가시길 바랍니다.

나는 가졌네.

보좌 앞 천사들도 가지지 못한 것을 나는 가졌네.

하나님과 가장 친밀하고 사랑스런 관계가 되었네.

내 영이 "아빠 아버지 아빠 아버지"라 말하며 찬양하네.

하나님의 자녀이신 여러분!

여러분 중 율법 아래 매인 분이 계시다면 왜 아직도 거기에 계십니까?

구속된 여러분을 풀어 주십시오.

아직도 사슬에 묶여있는 것이 좋으십니까?

왜 자기 발을 망가뜨리는 전족을 신고도 기뻐하는 중국 여인처럼 묶여 있습니까?

포로된 자가 되고 싶습니까?

여러분은 율법 아래에 있지 않고 은혜 아래 있습니다.

여러분의 불신앙이 여러분을 율법 아래로 이끌도록 왜 가만히 내버려 두십니까?

여러분은 더 이상 종이 아닙니다. 왜 종처럼 두려워하십니까?

여러분은 자녀입니다. 아들입니다. 상속자입니다.

여러분의 특권을 누리십시오.

오, 버림받은 자손이여! 기뻐하십시오. 여러분은 하나님의 집에서 아들의 명분을 얻는 자입니다. 더 이상 남이 아닙니다. 이스마엘이 여러분을 비웃는 소리가 들리는 듯합니다. 계속 비웃으라고 하십시오. 아버지께 말씀드리면 아버지께서 "이 여종과 그 아들을 내쫓으라"(창 21:10)고 당장 말하실 것입니다. 값없는 은혜를 사람의 공로로 업신여겨서는 안 됩니다. 율법의 영이 더 이상 우리를 슬프게 할 수 없습니다.

우리 영혼이 기뻐합니다. 우리 영혼이 이삭과 같이 거룩한 웃음으로 가득합니다. 우리 주 예수님께서 우리를 위해 위대한 일을 행하셨기에 우리는 기뻐할 수 있습니다. 예수님께 영광이 영원히 있기를 원합니다. 아멘.

부록
크리스마스 핵심구절

1. 이사야 9:6 "크리스마스에 생긴 한 가지 질문"

   이는 한 아기가 우리에게 났고 한 아들을 우리에게 주신 바 되었는데 그의 어깨에는 정사를 메었고 그의 이름은 기묘자라, 모사라, 전능하신 하나님이라, 영존하시는 아버지라, 평강의 왕이라 할 것임이라 (사 9:6).

2. 호세아 11:1 "애굽에서 불러냈거늘"

   이스라엘이 어렸을 때에 내가 사랑하여 내 아들을 애굽에서 불러냈거늘(호 11:1).

3. 마태복음 1:23 "하나님이 우리와 함께 계시다"

   보라 처녀가 잉태하여 아들을 낳을 것이요 그의 이름은 임마누엘이라 하리라 하셨으니 이를 번역한즉 하나님이 우리와 함께 계시다 함이라 (마 1:23).

4. 마태복음 2:14-15 "애굽으로부터 불렀다"

요셉이 일어나서 밤에 아기와 그의 어머니를 데리고 애굽으로 떠나가 헤롯이 죽기까지 거기 있었으니 이는 주께서 선지자를 통하여 말씀하신 바 "애굽으로부터 내 아들을 불렀다" 함을 이루려 하심이라 (마 2:14-15).

5. 누가복음 1:32 "그가 큰 자가 되고"

그가 큰 자가 되고 지극히 높으신 이의 아들이라 일컬어질 것이요 주 하나님께서 그 조상 다윗의 왕위를 그에게 주시리니(눅 1:32).

6. 누가복음 2:7 "빈방이 없었다"

첫아들을 낳아 강보로 싸서 구유에 뉘었으니 이는 여관에 있을 곳이 없음이러라(눅 2:7).

7. 누가복음 2:10 "성육신, 그 두려움의 끝"

천사가 이르되 무서워하지 말라 보라 내가 온 백성에게 미칠 큰 기쁨의 좋은 소식을 너희에게 전하노라(눅 2:10).

8. 누가복음 2:10 "위대한 성탄"

천사가 이르되 무서워하지 말라 보라 내가 온 백성에게 미칠 큰 기쁨의 좋은 소식을 너희에게 전하노라(눅 2:10).

9. 누가복음 2:14 "첫 번째 크리스마스 캐럴"

지극히 높은 곳에서는 하나님께 영광이요 땅에서는 하나님이 기뻐하신 사람들 중에 평화로다(눅 2:14).

10. 누가복음 2:17-20 "크리스마스를 위한 거룩한 사역"

보고 천사가 자기들에게 이 아기에 대하여 말한 것을 전하니 듣는 자가 다 목자들이 그들에게 말한 것들을 놀랍게 여기되 마리아는 이 모든 말을 마음에 새기어 생각하니라 목자들은 자기들에게 이르던 바와 같이 듣고 본 그 모든 것으로 인하여 하나님께 영광을 돌리고 찬송하며 돌아가니라(눅 2:17-20).

11. 갈라디아서 4:3-6 "위대한 탄생과 우리의 성숙"

이와 같이 우리도 어렸을 때에 이 세상의 초등학문 아래에 있어서 종 노릇 하였더니 때가 차매 하나님이 그 아들을 보내사 여자에게서 나게 하시고 율법 아래에 나게 하신 것은 율법 아래에 있는 자들을 속량하시고 우리로 아들의 명분을 얻게 하려 하심이라 너희가 아들이므로 하나님이 그 아들의 영을 우리 마음 가운데 보내사 "아빠 아버지"라 부르게 하셨느니라(갈 4:3-6).

찰스 해돈 스펄전의
크리스마스 메시지

Sermons about Christmas

2015년 12월 10일 초판 발행
2025년 11월 10일 초판 2쇄 발행

지 은 이 | 찰스 해돈 스펄전
옮 긴 이 | 유지은

편　　집 | 이경옥 김일근
디 자 인 | 이수정 김윤정
펴 낸 곳 | 사)기독교문서선교회
등　　록 | 제16-25호(1980. 1. 18)
주　　소 | 서울시 서초구 방배로 68
전　　화 | 02) 586-8761~3(본사) 031) 942-8761(영업부)
팩　　스 | 02) 523-0131(본사) 031) 942-8763(영업부)
홈페이지 | www.clcbook.com
이 메 일 | clckor@gmail.com
온 라 인 | 기업은행 073-000308-04-020, 국민은행 043-01-0379-646
　　　　　 예금주: 사)기독교문서선교회

ISBN 978-89-341-1504-5 (03230)

* 낙장·파본은 교환해 드립니다.

이 도서의 국립중앙도서관 출판시 도서목록(CIP)은 서지정보유통지원시스템 홈페이지(http://seoji.nl.go.kr)
와 국가자료공동목록시스템(http://www.nl.go.kr/kolisnet)에서 이용하실 수 있습니다.
(CIP제어번호: CIP2015029891)